普通高等教育经济管理类“十三五”规划教材

统计学原理

TONGJIXUE YUANLI

主　编　吴有庆　刘雅琴
副主编　张守芳

華中科技大學出版社
http://www.hustp.com
中国·武汉

图书在版编目(CIP)数据

统计学原理/吴有庆,刘雅琴主编.—武汉:华中科技大学出版社,2019.8(2022.1重印)
普通高等教育经济管理类"十三五"规划教材
ISBN 978-7-5680-5656-4

Ⅰ.①统… Ⅱ.①吴…②刘… Ⅲ.①统计学-高等学校-教材 Ⅳ.①C8

中国版本图书馆 CIP 数据核字(2019)第 182437 号

统计学原理
Tongjixue Yuanli

吴有庆 刘雅琴 主编

策划编辑:聂亚文
责任编辑:郑小羽
责任校对:刘 竣
责任监印:朱 玢
出版发行:华中科技大学出版社(中国·武汉) 电话:(027)81321913
武汉市东湖新技术开发区华工科技园 邮编:430223
录 排:华中科技大学惠友文印中心
印 刷:武汉市籍缘印刷厂
开 本:787 mm×1092 mm 1/16
印 张:15.75
字 数:397 千字
版 次:2022 年 1 月第 1 版第 2 次印刷
定 价:42.00 元

华中出版

本书若有印装质量问题,请向出版社营销中心调换
全国免费服务热线:400-6679-118 竭诚为您服务

前言

“统计学原理”是经济管理类专业一门重要的专业基础课，也是一门重要的工具课程，对其他专业课程的学习起着重要的作用。为了进一步提高“统计学原理”的教学质量，我们组织既具有丰富的教学经验，又具有渊博的统计实践经验的“双师型”教师编写了这本教材。

本教材在编写过程中，突出了以下几个特点：

1. 趣味性

为了增强学生的学习兴趣，本书内容穿插了大量现实生活中的资料，介绍了一些统计知识在计算机中的运用，既丰富了教材内容，又有助于提高学生学习的积极性。

2. 应用性

遵循“必需、够用、能力为本”的理念，以培养学生的应用能力为宗旨，每个理论之后编写了大量计算分析例题，以增强学生的动手能力和分析问题能力。

3. 便捷性

每章章首都写明了本章的教学重点、难点、目的和要求，章末都有本章小结，并附有各种形式的练习题，既方便了教师讲课，又为学生牢固掌握知识提供了便利。

4. 新颖性

大量采用最新的案例，讲述最新的理念与观点，并致力于将统计知识融入实际。

本教材由吴有庆、刘雅琴担任主编，张守芳担任副主编。各章的编写分工如下：第 1、4、5、8、9 章由武昌工学院吴有庆编写，第 2、3、6、7、10 章由武昌工学院刘雅琴编写，第 11 章由武昌工学院张守芳编写。由吴有庆和刘雅琴对全书进行修改、定稿。

本教材在编写过程中参阅了大量书籍与资料，得到了一些会计师事务所及专家学者的全力配合与支持，在此谨向他们表示最诚挚的谢意！

由于作者水平有限，加之时间紧迫，书中难免有不足之处，恳请广大专家学者和读者批评指正。

编　者

2019 年 8 月

前言

目录

第1章 总论

☆ **教学目的与要求**

通过本章的学习，使学生了解统计及统计学的发展历程，掌握统计的基本概念及相关基本问题，从总体上对统计学有一个基本认识，为今后顺利学习统计学的基本理论和基本方法打好基础。

☆ **教学重点**

通过学习了解统计及统计学的发展历史，掌握统计的基本含义、统计学的性质及研究对象、统计的基本方法及工作过程。

☆ **教学难点**

统计学中的几个基本概念及其相互关系。

作为以归纳分析为主的学科，统计学可以从亚里士多德的“城邦政情”算起，但作为一门数据分析的学科则应从配第的《政治算术》算起。300多年来，统计学围绕如何收集、整理和分析数据这一主线而发展，构建起了庞大、多元、融合的应用方法体系。在这一过程中，“数据”始终是统计学的研究对象，为了得到它、认识它、剖析它和利用它，统计学家们可谓历经苦难，并取得了令人欣慰的伟大成就。不过，统计学不可能停止前进的步伐，因为“数据”还有太多未解之谜，并且还在不断增加新的谜面，尤其是随着大数据时代的来临，数据含义不断拓展，数据来源不断增加，迫使统计学站在一个新的起点上。

——李金昌(2014)《从政治算术到大数据分析》

1.1 统计概述

一、统计的含义

早在原始社会，人类的一般计数活动中就蕴藏着统计的萌芽。随着社会的发展，统计得到不断丰富与完善，统计与人们社会经济生活的联系越来越紧密，大到了解基本国情，如国家人口、国土面积，小到清点钱包里的零钱，都会用到统计。简言之，凡是与计数相关的活动都可以称为统计。当然，这只是一种形象的说法，准确地说，统计有以下三个层面的含义。

（一）统计工作

统计工作是从数量方面对社会经济现象进行调查研究的一项活动，即收集、整理、分析数据，进而用数据来说明事物发展的规律。统计工作包括统计设计、统计调查、统计整理和统计分析四个阶段。例如，每年新生入校都要进行点名以确定到校人数及入学率，这就是一个完整的统计工作过程。

（二）统计数据

统计数据是指统计工作过程中收集到的用以说明事物发展规律的各项数据资料，包括文字及数值资料。例如，我国进行人口统计之后，得到全国大陆居民总数13.95亿人（不包括港澳台居民和海外华侨人数）；一个班的学生人数为79人，女生占78%，男女生的比例为1∶3.55；国家统计局每年出版统计年鉴，反映国家的经济、文化和科技发展情况。

（三）统计学

统计学是通过应用数学以及其他学科的专业知识，来收集、整理、分析、评估数据，从而推断、预测所研究对象的未来发展情况的一门综合性学科。例如，我国进行人口统计时，往往采取普查的调查方式，运用总量指标和相对指标来说明人口分布状况，这些都是前人总结出来的统计方法。

统计工作、统计数据和统计学是相互联系、完整统一的整体。统计工作是基础，是实践活动，没有统计工作，不可能产生统计数据；统计数据是统计工作的指导目标和成果，只有确定需要什么样的数据，才能确定统计工作的具体流程，以及采用何种统计方法；而统计学是理论，来源于统计实践的规律总结，反过来又对实践工作进行指导。所以，三者是密不可分的整体（见图1-1）。日常生活中我们所提到的统计，不能仅看其中的一个方面，而应该从上述三个方面进行理解，这样才能完整、准确地理解统计的含义。

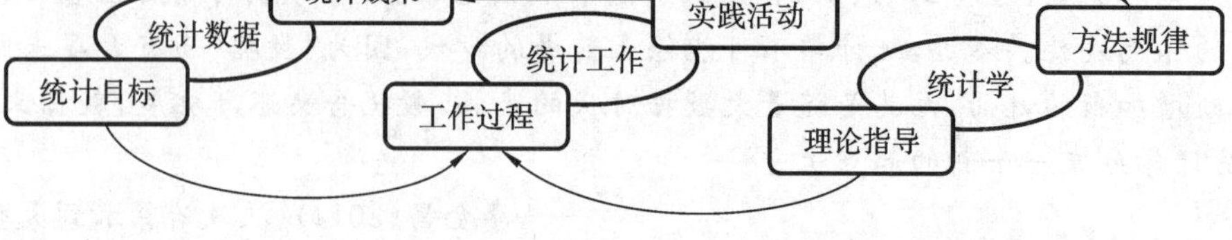

图1-1　统计三个层面含义之间的关系

二、统计的起源与发展史

早在原始社会末期，由于石器工具的广泛制作与运用，生产力得到提高，开始出现了剩余产品，随之产生了结绳记事等活动，人们开始有了数字概念和计数活动，这就是统计的萌芽。到了奴隶社会，出现了国家与阶级，统治阶级为了对内统治、对外扩张，满足赋税、征兵等的需要，开始对人口、土地和实物财产等进行登记和简单的统计计算工作。后来，随着人类社会经济活动的不断发展，统计活动也越来越频繁与丰富。

一般认为，统计作为一项社会经济活动，经历了以下四个阶段。

第一阶段，原始社会末期、奴隶社会初期，出现了统计活动的萌芽，结绳记事即为其中的代表。原始社会末期、奴隶社会初期，私有制出现，阶级分化，奴隶主阶级为了更好地贯彻其统治，产生了对奴隶、劳动工具、生产资料的具体数目进行清点的要求，逐步形成了最原始的统计活动。

第二阶段，封建社会时期，官方统计活动出现。商鞅提出“强国知十三数：竟内仓、口之数，壮男、壮女之数，老、弱之数，官、士之数，以言说取食者之数，利民之数，马、牛、刍藁之数。欲强国，不知国十三数，地虽利，民虽众，国愈弱至削”①。可以视之为中国古代版的人口普查。

第三阶段，资本主义社会进一步发展，统计得以专业化与完善。本阶段统计的发展具体表现为两个方面：一方面，统计活动领域继续扩大，从最开始的官方统计逐步深入居民生活的方方面面，与各个学科结合起来，如应用于生物研究领域、医学领域等；另一方面，“统计学”首次作为一门独立的学科被提出，奠定了统计学研究的基础，各种统计思想、观点相互融合，发展为现在的统计学且流派繁多。

第四阶段，现代社会，统计无所不在。尤其是在电子计算机技术应用到统计工作中以后，统计的应用范围得到了巨大的拓展，方法上也由原来单一的描述统计向推断统计转变，取得了重大的进步。在学科分类上，“统计学”有了更加独立的地位。

人类社会的发展推动了统计的进步，同样，统计活动的广泛应用和统计思想的不断改进也为人类的生活管理和认识事物的发展规律提供了更好的研究方法。统计学是一门社会学科，与人类社会发展相适应。

三、统计的职能和作用

（一）统计的职能

统计的职能是指统计本身所具有的功能，它是客观的，不以人们的意志为转移的。一般来说，统计具有信息、咨询、监督三种职能。

1. 统计的信息职能

统计的信息职能，是指统计机构和统计人员根据科学的统计指标体系和统计调查方法，系统地收集、整理、传递、存储和提供大量以数量描述为基本特征的统计信息的职能。

2. 统计的咨询职能

统计的咨询职能，是指统计机构和统计人员利用已经掌握的丰富统计信息，运用先进的技术手段和科学的方法，深入开展综合分析和专题研究，为领导和有关部门提供可供选择的各种咨询建议和对策方案，对科学决策和管理起到参谋和助手的作用。

3. 统计的监督职能

统计的监督职能，是指统计机构和统计人员根据统计调查和统计分析结果，从总体上客观地反映国民经济和社会运行状态。

统计的这三种职能是互相联系、相互作用的有机整体。其中，信息职能是统计的基本职能，是咨询职能和监督职能的基础；咨询职能、监督职能是信息职能的进一步深化和拓展。

---

① 《商君书·去强第四》。

（二）统计的作用

统计的作用是指统计在一定的社会条件下，在完成一定社会任务的过程中所起到的作用。在社会主义条件下，统计的作用主要表现在以下五个方面：①为党和国家各级领导机构的决策和执行服务；②为企事业单位进行管理服务；③为人民群众了解情况、参与社会经济活动、提高认识水平服务；④为科研机构和人员进行理论研究服务；⑤为促进各国人民之间的相互了解、发展国际交流与合作服务。

1952年，为了满足社会主义经济建设的需要，中央人民政府第十七次全体会议决定成立国家统计局。国家统计局是国务院直属机构，主管全国统计和国民经济核算工作，拟定统计工作法规、统计改革和统计现代化建设规划以及国家统计调查计划，组织领导和监督检查各地区、各部门的统计和国民经济核算工作，监督检查统计法律法规的实施。

为了科学、有效地组织统计工作，保障统计资料的真实性、准确性、完整性和及时性，发挥统计在了解国情国力、服务社会经济发展中的重要作用，促进社会主义现代化建设事业的发展，我国特制定了《中华人民共和国统计法》。

四、统计的工作程序

统计工作是通过对社会经济现象进行调查，获取统计数据，然后进行数据分析以揭示现象的数量特征的一项活动。因此，一项完整的统计工作一般包括统计设计、统计调查、统计整理和统计分析四个阶段。

（一）统计设计

统计设计是统计工作的首要阶段，其主要任务是根据统计研究对象的特点和研究目的等，对统计工作的各个方面做出全面的规划与安排，制订统计设计方案。统计设计的具体内容包括：明确统计工作的目的与任务，设计统计指标或者指标体系以及统计调查表，确定所要获取的资料及资料的获取方法与途径，对各环节的人力、物力与财力及进度进行安排，等等。统计设计的好坏直接决定了整个统计工作的效果，关系到统计工作的各个环节，在整个统计工作中占有重要地位。

（二）统计调查

统计调查是根据统计设计的要求收集原始统计数据的阶段，它的主要任务是有计划、有组织地收集完整的原始资料。统计调查工作既是认识事物的起点，又是进一步进行统计资料整理和分析的前提。统计调查工作做得如何直接影响着之后统计分析的结果，决定着统计工作的成败。

（三）统计整理

统计整理是对统计调查所得到的统计数据加以科学汇总，使之系统化、条理化的过程。本阶段的主要任务是按统计设计的标志将统计调查所得的资料进行科学的分类、汇总，并对已汇总的资料进行再加工和整理，为统计分析提供可靠的数据资料。统计整理起着联系统计设计与统计分析的作用。

（四）统计分析

统计分析是对经过统计整理得到的统计数据进行分析研究，得出统计对象的数量特征的过程。这一阶段的主要任务是对统计整理所得的资料计算各项分析指标，进而揭示所研究的社会经济现象的比例关系及发展趋势，阐明社会经济现象发展的特征和规律，根据分析结果得出科学的统计结论。这一阶段是统计研究的决定性阶段，直接关系到统计结果的有效性与准确性。

1.2 统计学概述

一、统计学的发展史

统计学是在统计实践的基础上，自17世纪中叶产生并逐步发展起来的一门社会学科。它是研究如何测定、收集、整理、归纳和分析反映客观现象总体数量的数据，以便给出正确认识事物规律的方法的方法论学科。统计活动源远流长，但统计学作为一门学科却起步较晚。

统计学(statistics)源于现代拉丁语statisticum collegium(国会)以及意大利语statista(国民或政治家)。最初的"统计学"与现在的统计学不太一样，发展过程中出现了统计学的不同流派，如数理统计学派、社会经济统计学派等，涌现了很多杰出的统计学家。在发展过程中，统计学至少经历了"城邦政情""政治算术"和"统计分析科学"三个发展阶段。

（一）"城邦政情"阶段

"城邦政情"(matters of state)阶段始于古希腊时期亚里士多德撰写的"城邦政情"或"城邦纪要"。他一共撰写了150余种纪要，内容包括各城邦的历史、行政、科学、艺术、人口、资源和财富等社会和经济情况的比较、分析，具有社会科学的特点。"城邦政情"式的统计研究延续了一两千年，直至17世纪中叶才逐渐被"政治算术"这个名词替代，并且很快演化为"统计学"(statistics)。"统计学"依然保留了"城邦"(state)这个词根。

（二）"政治算术"阶段

"政治算术"(political arithmetic)的特点是将统计方法与数学计算和推理方法相结合，分析社会经济问题更加注重运用定量分析方法。这一阶段一般以1690年英国威廉·配第出版《政治算术》一书作为起始标志。

《政治算术》是一部用数量方法(即"算数")研究社会问题(即"政治")的著作。在书中，威廉·配第以劳动价值论为基础，对英国、法国、荷兰三国进行了国情、国力(主要是经济实力)的数量对比分析，以此为依据，为当时英国的社会经济发展出谋划策。

威廉·配第在书中使用的数据有以下三类：

第一类是对社会经济现象进行统计调查和经验观察得到的数据。因为受历史条件的限制，书中通过严格的统计调查得到的数据少，根据经验得出的数据多。

第二类是运用某种数学方法推算出来的数据。其推算方法可分为以下三种：①以已知数或已知量为基础，循着某种具体关系进行推算的方法；②通过运用数据的理论性推理来进行推算的方法；③以平均数为基础进行推算的方法。

第三类是为了进行理论性推理而采用的例示性的数据。威廉·配第把这种运用数据和符号进行的推理称为"代数的算法"。从威廉·配第使用数据的方法看，"政治算术"阶段的统计学已经比较明显地体现了“收集和分析数据的科学和艺术”的特点，统计实证方法和理论分析方法浑然一体，这种方法沿用至今。

“政治算术”学派的另一位代表人物是约翰·格朗特。约翰·格朗特于1662年编写了《关于死亡率的自然观察和政治观察》，首次通过大量观察编制了初具规模的“生命表”，对死亡率与人的寿命做出了分析，并发表了关于 t 分布的论文，该论文是一篇在统计学发展史上具有划时代意义的文章，它创立了小样本代替大样本的方法，开创了统计学的新纪元。

（三）“统计分析科学”阶段

在“政治算术”阶段出现的统计与数学结合的趋势逐渐发展形成了“统计分析科学”(science of statistical analysis)。

19世纪末，欧洲大学开设的“国情纪要”或“政治算术”等课程的名称逐渐消失，取而代之的是“统计分析科学”课程。当时的“统计分析科学”课程的内容仍然是分析研究社会经济问题。

“统计分析科学”课程的出现是现代统计学发展的开端。现代统计学的代表人物首推比利时统计学家阿道夫·凯特勒，他将统计分析科学广泛应用于社会科学、自然科学和工程技术科学领域，因为他深信统计是可以用于研究任何科学的一般研究方法。

现代统计学的理论基础——概率论始于研究赌博的机遇问题(大约开始于1477年)。数学家们为了解释支配机遇的一般法则进行了长期的研究，逐渐建立了概率论的理论框架。在概率论进一步发展的基础上，到19世纪初，数学家们逐渐建立了观察误差理论、正态分布理论和最小平方法则。由于历史的原因，概率论的产生和形成在16至18世纪与统计学的关联性不大，统计学也很少将概率论应用到自己的领域。将统计学与概率论真正结合起来是19世纪阿道夫·凯特勒的功绩，故人们称他为“近代统计学之父”。

二、统计学的研究对象

任何一门学科都有其特殊的地位与独特的研究对象，统计学的研究对象是指统计研究所要认识的客体，一般来说，统计学的研究对象是社会经济现象的总体数量特征和数量关系。具体而言，统计学就是通过特有的统计指标和统计指标体系来表明社会经济现象的规模、水平、发展速度、效益等，进而揭示社会经济现象的发展规律。

由于统计研究具有客观、准确和可检验等特点，所以统计就成为实证研究采用的最重要的方法，被广泛应用于社会经济活动的各个领域。例如，国家要研究基本国情，掌握人口、土地资源、经济资源等，进而制定各项宏观政策；企业要了解本企业产品的市场占有率、客户对产品的认知度，从而掌握产品的盈利能力；等等。因此，统计学的研究对象几乎涉及社会经济活动的所有方面。

三、统计学的特点

（一）数量性

统计学研究的对象是客观现象的数量特征和数量关系。早期统计学所研究的问题有人口调查、出生与死亡的登记等，后来又扩大到社会经济和生物实验等方面。目前，不论是社会的、自然的还是实验的，凡是有大量数据出现的地方，都要用到统计学。凡能以数量来表现的均可作为统计学的研究对象。统计学的统计方法已渗透到其他科学领域，成为当前最活跃的学科之一。数量性，成为统计学的重要标志。

但是，也要认识到，统计学注重"数"并非忽视了"质"。人们对事物的认识总要经历由质到量再到质的一个完整的过程。对于统计学而言，必须对事物的本质有了客观认识后，才能考虑去收集数据并加以证明，确定其发展规律。例如，对我国人口状况的第一印象往往是人口大国，这是质的认识，但是否正确需要我们通过数据加以检验，经过人口普查，中国大陆目前的人口总数为 13.95 亿(未包括港澳台居民和海外华侨人数)，位居全球首位，的确是人口大国。虽然都说是"人口大国"，但后者是以数据说话，证明本质，更见其可靠。

（二）总体性

统计学研究的是总体现象的数量特征与规律性。总体是由许多个体组成的，各个个体在数量特征上受必然因素和偶然因素两种因素的支配。必然因素反映了个体的特征，但由于受偶然因素的影响个体特征又是有差异的。如何通过个体的差异来描述或推断总体的特征？为了研究这些问题，统计学应运而生。例如，每次考试，学生的分数是各不相同的，如果研究单个学生，会发现有众多差异，但如果将班级作为一个整体来研究，就可以以平均分来说明学生的整体状况：若平均分为 80 分，说明整体学习状况较好；若平均分为 30 分，说明整体学习状况较差。正是这种对于总体的研究，奠定了统计学的研究基础。同样，研究总体并非忽视个体，总体是由个体组成的，没有个体，也就没有了总体。

（三）具体性

统计学研究的对象总是具体事物的数量方面，而不是抽象的量，这是统计学与数学最本质的区别。统计学研究的是一定时间、一定空间和一定条件下某一具体事物的具体数量表现，而数学研究的仅仅是抽象的数量关系和空间形式。例如，某校 2018 届本科毕业生人数为 860 人，这意味着研究的对象是该校 2018 届本科生，不包括其他学校，不包括其他各届，也不包括 2018 届专科毕业生。

（四）统计学是一门方法论学科

在统计学界，对统计学的性质有实质性学科和方法论学科之争。我们认为统计学是实用性很强的方法论学科，就统计工作来说，它总是研究实际问题的，统计的方法也是从现实问题中产生的。然而统计学的发展有一个过程，早期的国势学派和政治算术学派虽然也利用一些统计方法来记述和分析现实问题，但当时还没有形成独立的统计学。随着统计方法应用的日益广泛，其内容也不断发展和充实，尤其是概率论的发展为统计方法提供了理论基础，使统计方法相对独立地形成了自己的科学体系，即统计学。其内容包括如何去收集资料，如何对所收集的资料加以整理、概括和表示，以及如何对取得的数据进行分析和推断等一系列方法和原理。这些方法和原理构成了统计学的基本内容。目前统计方法已成为进行科学研究和各种管理的重要工具，它是一门年轻而引人入胜的学科，并且还在不断地发展。

四、统计学的研究方法

（一）大量观察法

统计学要认识社会经济现象发展的特征和规律，必须从总体上(包括"全及总体"和"抽样总体")进行观察，即对研究总体的全部或足够多个单位进行调查和综合分析，这种方法称为大量观察法。这是由统计研究对象的大量性和复杂性决定的。大量复杂的社会经济现象是在诸多因素的综合作用下形成的，各单位的特征及数量表现有很大的差别，不能任意抽取个别或少数单位进行观察。必须在对研究对象进行全面分析的基础上，确定调查对象的范围，观察全部或足够多个调查单位，借以了解客观现象的规律性。运用大量观察法对同类社会经济现象进行调查和综合分析，使次要的、偶然的因素作用相互抵消，从而排除其影响，以研究主要的、共同起作用的因素所呈现的规律性。统计调查中的许多方法，如统计报表、普查、抽样调查、重点调查等，都是通过对大量单位进行观察研究，来了解社会经济现象及其发展情况的。

（二）综合分析法

综合分析法，是指对大量通过观察所获得的资料运用各种综合指标，以反映总体的一般数量特征，并对综合指标进行分解和对比分析，以研究总体的差异和数量关系。对大量原始数据进行整理和汇总，计算各种综合指标，以揭示现象在具体时间、地点以及各种因素的共同作用下所表现出的规模、水平、集中趋势和差异程度等，概括地描述总体的综合特征和变动趋势。常用的综合指标有总量指标、相对指标、平均指标、变异指标、动态指标等。

（三）统计分组法

根据统计研究的任务和事物的内在特点，将被研究的社会经济现象划分为性质不同的几个部分，称为统计分组法。统计分组法是贯穿于统计研究全过程的方法。通过对总体各个不同组成部分及其相互关系的分析，可以补充、丰富和深化对总体的认识。

统计分组的首要任务在于将复杂的社会经济现象划分为不同的类型。借助于类型分组，可以确定研究对象的同质总体，并划分总体的不同类型组，从而运用统计指标揭示现象发展的特征和规律性。此外，利用统计分组还可以反映总体的内部构成及其变化情况，以及研究各种标志之间的相互依存关系。统计分组要事先对研究对象的特征和发展规律进行理论分析，这样才能做出具体的分组分析。正确选择分组标志是进行科学分组的关键。

（四）归纳推断法

所谓归纳推断法，是指由个别到一般、由具体到概括的推理方法。归纳推断法可以使我们从具体的事实中得出一般的认识，扩大知识领域，增长见识，所以是统计研究中常用的方法。

（五）时间数列预测法

时间数列也叫时间序列、历史复数或动态数列，是将某种统计指标的数值按时间先后顺序排列所形成的数列。时间数列预测法就是通过编制和分析时间数列，根据时间数列所反映出来的发展过程、方向和趋势进行类推或延伸，借以预测下一段时间或以后若干年内可能达到的水平。其内容包括：收集与整理某种社会现象的历史资料；对这些资料进行检查、鉴别并排成数列；分析时间数列，从中寻找该社会现象随时间变化而变化的规律，得出一定的模式；以此模式去预测该社会现象将来的情况。

（六）指数分析法

指数分析法是利用指数体系，对现象的综合变动从数量上分析其受各因素影响的方向、程度及绝对数量。

（七）相关分析法

相关分析法是用于研究社会经济现象之间数量依存关系的一种数理统计分析方法，包括相关分析与回归分析。相关分析是对两个对等的经济数列，用数学方法测定一个反映它们之间变动的联系程度和联系方向的抽象化数值，即相关系数。回归分析是在两个或两个以上有联系的经济数列中，确定一个为因变量数列，其他为自变量数列，为它们设计一定的数学模型，并用统计方法（如常用的最小平方法）估计模型参数，得出回归方程，将该方程作为根据自变量值估计因变量值的依据。

（八）抽样推断法

抽样推断法在根据随机原则从总体数据中抽取部分实际数据的基础上，运用数理统计方法，对总体某一现象的数量性做出具有一定可靠程度的估计判定。抽样推断法是在抽样调查的基础上进行的统计方法，其主要内容为参数估计和假设检验。

这些具体方法都会在本书的相关章节进行具体介绍。同时，要注意各种方法的结合运用。一项统计工作的完成可以用到多种研究方法，比如在调查阶段使用大量观察法收集数据，在整理阶段使用综合分析法计算各类指标，在分析阶段使用时间序列或者指数进行分析。只有多种方法的结合运用，才能保证统计工作的顺利进行，得到可靠的统计资料。

五、统计学分支

统计方法已被应用到自然科学和社会科学的众多领域，统计学也发展成为由若干分支学科组成的学科体系。从统计方法的构成来看，统计学可以分为描述统计学和推断统计学；从统计方法研究和应用的角度来看，统计学可以分为理论统计学和应用统计学。

（一）描述统计学和推断统计学

1. 描述统计学

描述统计学（descriptive statistics）研究如何取得反映客观现象的数据，并通过图表形式对所收集的数据进行加工处理和显示，进而通过综合概括与分析得出反映客观现象的规律性数量特征。其内容包括统计数据的收集方法、数据的加工处理方法、数据的显示方法、数据分布特征的概括与分析方法等。

2. 推断统计学

推断统计学（inferential statistics）研究如何根据样本数据去推断总体数量特征，它是在对样本数据进行描述的基础上，对统计总体的未知数量特征做出以概率形式表述的推断。

描述统计学和推断统计学的划分，一方面反映了统计方法发展的前后两个阶段，另一方面也反映了应用统计方法探索客观事物数量规律性的不同过程。

统计研究过程的起点是统计数据，终点是探索出客观现象内在的数量规律性。在这一过程中，如果收集到的是总体数据（如普查数据），则经过描述统计之后就可以达到认识总体数量规律性的目的了；如果所获得的只是研究总体的一部分数据（样本数据），要找到总体的数量规律性，则必须应用概率论的理论并根据样本信息对总体进行科学的推断。

描述统计和推断统计是统计方法的两个组成部分。描述统计是整个统计学的基础，推断统计则是现代统计学的主要内容。由于在对现实问题的研究中，所获得的数据主要是样本数据，因此，推断统计在现代统计学中的地位和作用越来越重要，已成为统计学的核心内容。当然，这并不等于说描述统计不重要，如果没有描述统计收集可靠的统计数据并提供有效的样本信息，即使再科学的统计推断方法也难以得出切合实际的结论。从描述统计学发展到推断统计学，既反映了统计学发展的巨大成就，也是统计学发展成熟的重要标志。

（二）理论统计学和应用统计学

1. 理论统计学

理论统计学（theoretical statistics）是指统计学的数学原理，它主要研究统计学的一般理论和统计方法的数学理论。

由于现代统计学用到了诸多方面的数学知识，从事统计理论和方法研究的人员需要有扎实的数学基础。此外，由于概率论是统计推断的理论基础，因此广义上讲统计学也应该包括概率论。理论统计学是统计方法的理论基础，没有理论统计学的发展，统计学就不可能形成今天这样一个完善的科学知识体系。

在统计研究领域，从事理论统计学研究的人相对较少，大部分都是从事应用统计学研究的人。

2. 应用统计学

应用统计学（applied statistics）研究如何应用统计方法去解决实际问题。

统计学是一门收集和分析数据的学科。由于在自然科学及社会科学的研究领域中，需要通过数据分析来解决实际问题，因此，统计方法的应用几乎扩展到了所有的科学研究领域。例如，统计方法在生物学中的应用形成了生物统计学，在医学中的应用形成了医疗卫生统计学，在农业试验、育种等方面的应用形成了农业统计学。

统计方法在经济和社会科学研究领域的应用也形成了若干分支学科。例如，统计方法在经济领域的应用形成了经济统计学及其若干分支，在管理领域的应用形成了管理统计学，在社会学研究和社会管理中的应用形成了社会统计学，在人口学中的应用形成了人口统计学，等等。

以上这些应用统计学的不同分支所应用的基本统计方法都是一样的，即都是描述统计和推断统计的主要方法。但由于各应用领域都有其特殊性，统计方法在应用中又会形成各自的特点。

（三）统计学的新发展——大数据分析

如果说统计学在产生之初发挥了其客观描述现象数量特征的功能，并在长达几百年的科学研究、国家治理和生产管理中体现了其在探求现象规律（尤其是因果规律）方面的独特作用，那么，如今在新的数据环境下，则需在挖掘、发现信息知识方面展现其新的魅力，这就是统计学的新发展——大数据分析。

通过数据分析揭示事物的真相，是统计思维的永恒主题。大数据分析的目的是通过对历史数据和相关环境数据、市场数据等进行分析和挖掘，科学总结与发现其中蕴藏的规律和模式，并结合源源不断的动态流式数据预测事物未来的发展趋势。如果说大数据要求人们改变数据思维、重视数据资产、实现数据价值（数据变现），那么统计学的任务就是通过大数据分析帮助人们实现这个目的。对于统计学来说，开展大数据分析就是积极投身于数据科学研究之中。

六、统计学与其他学科之间的关系

统计学独特的研究方法以及广泛的研究领域，使得它与众多学科之间形成了密不可分的关系。

（一）与哲学的关系

辩证唯物主义和历史唯物主义是科学的世界观、方法论。它们阐述关于实践和认识的辩证关系，对统计发挥认识工具的作用，具有极为重要的指导意义。

（二）与经济学等实质性科学的关系

实质性科学，是指这类科学的内容及任务在于揭示客观事物发展变化的规律，以指导人们按照客观规律的要求去改造世界，如经济学、人口学、财政学、市场营销学等。

社会经济统计学的形成和发展需要实质性科学的理论指导，而各类实质性科学也要运用社会经济统计这一工具去认识客观事物的本质及发展规律。

（三）与数学的关系

从统计理论的发展来看，统计学产生于各种具体的科研数据分析，有数学家对统计中的概率问题进行了严格的数学逻辑推理，从而得到了统计学中重要的分支——数理统计学的诸多理论，而随着信息化社会的到来，统计学家面临着对海量数据的统计分析，从而使得统计学的另一个重要分支——数据挖掘得到了发展。

统计学与数学是两个不相同的学科。统计学着重于获取准确数据并对数据进行深层次的分析，从而得到一定的科学结论；而数学则注重于对规律的公式化描述，以及通过演绎推理的方式论证科学结论。对于统计学来讲，数学是统计学形成的基础之一，统计学中诸多的理论都以数学的演绎推理作为支撑；但同时，统计学还结合了其他学科的内容。

1.3 统计学的基本概念

一、统计总体与总体单位

（一）统计总体与总体单位的含义

凡是客观存在的，在同一性质基础上结合起来的许多事物的整体，就是统计总体，简称“总体”。组成统计总体的个体称为总体单位，简称“单位”。例如，一个工业企业，有以职工为单位组成的职工总体，有以设备为单位组成的设备总体，有以产品为单位组成的产品总体，有以销售行为为单位组成的销售总体等。

总体是多种多样的，常见的主要有两种：一种是以某种客观存在的实体为单位组成的总体，如以个人、家庭、学校、设备、产品、商品等为单位组成的总体，称作“实体总体”；另一种是以某种行为、事件为单位组成的总体，如以买卖行为、工伤事故、犯罪事件、体育活动等为单位组成的总体，称作“行为总体”。

一个总体所包括的单位数可以是无限的，这样的总体称为无限总体；也可以是有限的，则称为有限总体。在社会经济现象中，统计总体大多是有限的。在统计调查中，对无限总体不能进行全面调查，只能调查其中一小部分单位，据以推断总体。对有限总体既可进行全面调查，也可只调查其中的一小部分，如职工普查（全面）及职工抽查（小部分）。凡是调查总体的一小部分单位时，往往要根据局部资料来推算总体。为了保证推算的准确性，必须设法使局部资料具有较高的代表性。提高这种代表性的一个重要方法，就是使局部资料包括尽量多的单位。因为所包括的单位数如果太少，就会出现数值偏高或偏低的偶然现象，降低了代表性，如果单位数增多，这种偶然偏差就趋于互相抵消，从而提高了代表性，有可能据以显现出总体的真相来。例如，某市职工是一个总体，每个职工是一个单位，如果要了解该市职工工资的一般水平，只抽查少数几个职工是不行的，因为所抽查的那几个职工的工资可能偏高或偏低，不能代表全体；但如果抽查足够多的职工求其平均工资，则偶然性偏差就会大大减小，就可得出比较可靠的数据。

（二）统计总体的形成条件

作为统计研究具体对象的统计总体，其形成应满足以下三个条件。

1. 同质性

组成总体的所有单位必须在某些性质上是相同的。例如，工业企业总体，必须是由进行工业生产经营的基层单位组成的；如果是国有工业企业总体，则又多了一个所有制性质上的相同标志，它的范围便小于工业企业总体了。

2. 大量性

统计总体是由许多总体单位构成的。小型总体(抽样总体)的单位数要足够多。

3. 差异性

构成总体的各单位除了具有同质性外，还必须具有差异性，否则便不需要进行统计调查研究了。例如，职工总体中的每个职工在工种、性别、年龄、文化程度、工资等方面都有差异，这样才构成了社会经济统计调查的内容。

这三个条件缺一不可，必须同时具备，才能形成统计总体。

（三）统计总体与总体单位之间的关系

总体和单位不是固定不变的，随着研究目的的不同，它们是可以变换的。例如，我们研究某市的机械工业状况，每个机械厂是这个总体中的一个单位；如果我们把研究领域扩大为以工业局为单位的全部工业，则机械工业局即为总体单位。

二、标志与指标

（一）标志

1. 标志的含义

标志是说明总体单位(个体)属性和特征的名称。例如，当我们研究的总体是我国煤炭工业的状况时，每个煤炭工业企业是总体单位，企业的经济类型、职工人数、产量等都是每个煤炭工业企业的标志。对于每一名学生而言，性别、年龄、民族、籍贯等都是标志，都是说明学生属性和特征的名称。

标志的具体表现是在标志名称之后所表明的属性值或数值。例如，某学生的性别是女，民族是汉族，这里的“性别”和“民族”是品质标志名称，而“女”和“汉族”是这类标志的属性的具体表现。又如，某学生的年龄是18岁，统计学成绩是96分，则“年龄”和“统计学成绩”是标志，而“18岁”和“96分”则是它们的数值表现。

2. 标志的种类

标志按其表现形式可分为数量标志与品质标志两种。凡是表示总体单位数量特征的标志，称为数量标志,它能用数值来表示,如企业的职工人数、产量、产值,职工的年龄、工龄、工资等。凡是表示总体单位质的特征的标志,称为品质标志,如职工的性别、企业的经济类型、工人的工种等。

标志按其表现是否可变可以分为可变标志与不变标志两种。凡是总体内各单位的标志表现都相同的标志称为不变标志。例如,以全国所有的居民为一个总体进行研究,国籍都表现为“中华人民共和国”,故国籍为不变标志。凡是总体内各单位的标志表现有差异的标志称为可变标志。就拿上例而言,性别有男女之分,故性别为可变标志。可变与不变只是相对而言的,当总体发生变化时,不变标志可以变为可变标志,如以全球居民为总体进行研究,国籍为可变标志;可变标志也可以变为不变标志,如以全国所有女性居民为总体进行研究,性别为不变标志。

(二)指标

1. 指标的含义

统计指标是反映总体现象数量特征的概念。对统计指标的概念有两种理解和使用方法:一种是说明总体数量特征的名称,如全国总人口、工资总额、谷物总产量等。这是统计指标的设计形态,我们在讨论统计理论和进行统计设计时所说的统计指标就属于这一种;另一种是把指标名称和具体时间、地点的统计数值结合起来,如某年年末全国总人口 138 517 万人、北京市职工工资总额 202.5 亿元、河北省谷物总产量 2 136.4 万吨等。这是统计指标的完成形态。在实际工作中,对统计数据进行加工整理、分析研究时所说的统计指标是指后一种。

统计指标,就其完成形态而言,由以下要素构成:第一,定性范围,包括指标名称和指标含义。指标含义要明确总体现象的质的规定性,包括时间标准和空间标准。例如,我国人口普查的总人口,其指标含义是指在规定的时点,具有中华人民共和国国籍的、在国内一定区域居住一年以上的人口总和。指标含义比较复杂,指标名称是它的表现形式。第二,定量方法,包括计量单位和计量方法,是指标含义的量化规范。例如,总人口的计量单位是一个人,全国总人口的计算方法是各地区人口加上现役军人的人口总数。第三,指标数值,是指根据定性规范和定量方法,经过实际调查和数据处理所取得的具体时间和空间上的统计数值。

2. 统计指标的特点

(1) 数量性。没有质的规定性不能成为统计指标,有了质的规定性而不能用数量来表示也不能成为统计指标。有些抽象度较高的社会经济概念是难以量化的,不能直接用来作为统计指标的名称,必须将它分解或转化为可以量化的概念才能成为统计指标。例如,我国大部分地区的人民生活正在发生由温饱上升到小康的阶段性变化,为了衡量人民生活是不是达到了小康水平,只有人均收入水平或人均消费水平是不够的,党中央和国务院已经提出“生活质量达到或超过中等收入国家水平”的要求。“生活质量”是怎样衡量的呢? 可以把它分解为平均预期寿命、平均受教育年限、婴儿死亡率、每人每日摄取热量等可以量化的概念,然后用一定的方法加以综合计算。这样,“生活质量”便成为一个统计指标了。

(2) 综合性。统计指标反映的是总体的量,它是许多个体现象数量综合的结果。一个职工的工资不能成为统计指标,一个企业或一个地区的工资总额或平均工资才能成为统计指标。

(3) 具体性。统计指标是现象总体在一定时间、地点、条件下的数量特征的具体表现,不存在脱离质的内容的统计指标,也就是说,统计指标说明的是客观存在的、已经发生的事实,它反映了社会经济现象在具体地点、时间和条件下的数量变化。统计指标的六要素是指标名称、计量单位、时间、空间、计算方法、指标数值，缺一不可。指标数值应为具体的，而非数学中的抽象数字。

3. 统计指标的种类

(1) 统计指标按其所说明的总体现象内容的特征，可以分为数量指标和质量指标。

数量指标是反映总体某一特征的绝对数量。这类指标主要说明总体的规模、工作总量和水平，一般用绝对数表示。例如，某一地区的总人口、工业企业总数、国民生产总值等。

质量指标用于反映总体的强度、密度、效果、结构、工作质量等，例如，人口密度、劳动生产率、资金利润率等。这类指标一般用平均数或相对数表示。质量指标的数值并不随总体范围的大小变化而增减。例如，一个拥有 100 万人口的城市的第三产业在国民生产总值中所占的比重也可能小于某个拥有 30 万人口的城市的第三产业在国民生产总值中所占的比重。

(2) 统计指标按其具体内容和作用可以分为总量指标、相对指标和平均指标。

总量指标是反映总体现象规模的统计指标，它表明总体现象发展的结果，如上述总人口、国民生产总值等。

相对指标是两个有联系的总量指标和平均指标相比较的结果，又分两种情况：同一指标不同时期的数值对比可以说明事物的发展变化，如人口增长率、成本降低率；用总体中部分数值与总体数值相比说明事物的内部结构，如第三产业在国民生产总值中所占的比重。

平均指标是按某个数量标志说明总体单位一般水平的统计指标，如平均工资、平均成本等。

(三) 指标与标志的区别和联系

指标用于从整体上说明总体的数量特征，它与用于说明个体的标志之间存在着密切的关系。

1. 标志与指标的区别

(1) 指标用于说明总体特征，而标志则用于说明总体单位特征。

(2) 标志有不能用数值表示的品质标志与能用数值表示的数量标志，而指标都是用数值表示的，没有不能用数值表示的指标。

2. 标志与指标的联系

(1) 有许多统计指标的数值是从总体单位的数量标志值汇总而来的。例如，一个煤炭工业局(公司)的煤炭总产量，是从所属各煤炭工业企业的产量汇总而来的。

(2) 指标与标志(数量标志)之间存在着变换关系。由于研究目的的不同，原来的统计总体如果变成总体单位，则相对应的统计指标也就变成了数量标志，反之亦然。例如，如果调查研究各分支煤炭工业企业的产量情况，那么分支企业是总体指标；如果转为研究煤炭工业局的总产量情况，那么各分支企业就成了单位标志。

三、变异与变量

统计中的标志与指标的具体表现各不相同，如性别标志表现为男、女，年龄标志表现为不同的年岁，劳动生产率标志表现为不同的生产水平等，这种差别称为变异。变异是普遍存在的，这是统计的前提条件，有变异才有统计，没有变异就用不着统计。

可变的数量标志和所有的统计指标称为变量。变量的具体表现为变量值，如年龄这个数量标志的标志值可以是 20、30、40、50 等。在这里，把数量标志“年龄”称为变量，而把标志值“20”

"30""40""50"等称为变量值。例如,某地区职工工资总额为指标(变量),其指标值1 200万元为变量值。

变量按其变量值是否连续可分为连续型变量与离散型变量。连续型变量的数值都是连续不断的,相邻两值之间可取无限数值。例如,煤层厚度、煤层生产能力、产值等都是连续型变量,其数值要用测量或计算的方法取得。离散型变量的数值都是不连续的整数值。例如,职工人数、企业数、机器台数等,其数值的取得只能用计数的方法。

变量按其变量值受到影响因素的变化可分为确定性变量和随机性变量。确定性变量是指变量值的变化受某种或某几种确定性因素的影响,其变化沿着一定的方向呈上升或下降态势。例如,随着医疗卫生条件的改善,人们的寿命普遍提高了,一些传染病的流行受到了控制,甚至完全消失了,因此,人们患传染病的情况这个变量肯定是沿着下降的趋势发展的,而人们的寿命长短这个变量则肯定是沿着上升趋势发展的,这就是确定性变量。随机性变量是指变量值的变化受某种或某几种不确定性因素的影响,其变化不是沿着一定的方向发展,而是带有很大的偶然性。例如,影响某种机械产品零件质量的原因有很多种,若抽取一部分零件检验其尺寸是否符合规定,则带有一定的偶然性,这里的零件尺寸就是一个随机性变量。

【本章小结】

本章主要讲述了统计的基本知识,包括统计的含义、统计的特点、统计学的研究对象与基本方法、统计学所涉及的一些基本术语。

统计是一门古老的学科,有着几千年的历史。统计包含统计工作、统计数据与统计理论三个方面的内容。统计的职能是统计本身所具有的功能,它是客观的,不以人的意志为转移的,一般来说,统计具有信息、咨询、监督三种职能。

统计学是一门研究统计理论的社会学科,至少经历了"城邦政情""政治算术"和"统计分析科学"三个发展阶段。统计学的研究对象是社会经济现象总体的数量特征和数量关系。它具有数量性、总体性、具体性和方法论四个特点,其研究方法主要有大量观察法、统计分组法、综合分析法、归纳推断法等八种。

统计学涉及大量的专业术语,主要有统计总体与总体单位、统计标志与统计指标、变异与变量等,在学习过程中应注意区分、理解。

【练习题】

一、名词解释

统计学、大量观察法、统计分组法、统计总体、总体单位、标志、指标、变异、变量

二、单项选择题

1. 研究20岁男孩的平均身高,下列说法正确的是(　　)。

A. 某个男孩的身高为168 cm是统计指标　　B. 平均身高为170 cm是统计指标

C. 各个男孩的身高都是品质标志　　D. 各个男孩的身高都是统计指标

2. 标志是说明(　　)。

A. 总体单位特征的名称　　B. 总体单位量的特征的名称

C. 总体质的特征的名称　　D. 总体量的特征的名称

3. 变量是(　　)。

A. 可变的质量指标　　B. 可变的数量指标和标志
C. 可变的品质指标　　D. 可变的数量标志

4. 下列不属于连续型变量的是(　　)。
A. 销售收入　B. 职工人数　C. 身高　D. 树的高度

5. 构成统计总体的个别事物称为(　　)。
A. 统计总体　B. 总体单位　C. 调查对象　D. 统计指标

6. 下列属于数量标志的是(　　)。
A. 学生身高　B. 学生性别　C. 学生籍贯　D. 学生姓名

7. 学校超市的销售额属于(　　)。
A. 连续性变量　B. 离散性变量　C. 品质指标　D. 不变变量

8. 四个学生的身高分别为 168 cm、170 cm、169 cm、172 cm，则这四个数字都是(　　)。
A. 变量值　B. 品质标志　C. 数量指标　D. 质量指标

9. 要了解某市工业企业设备的情况，统计总体是(　　)。
A. 某市所有工业企业　　B. 某市所有工业企业的设备
C. 某个工业企业的设备　　D. 某市某种设备

10. 近代统计学之父是指(　　)。
A. 威廉・配第　B. 约翰・格朗特　C. 海尔曼・康令　D. 阿道夫・凯特勒

三、多项选择题

1. 统计包括(　　)三种含义。
A. 统计学　B. 统计数据　C. 统计工作　D. 统计研究对象

2. 下列各项中，属于连续型变量的有(　　)。
A. 学生人数　B. 粮食产量　C. 平均工资　D. 工业总产值

3. 下列各项中，属于离散型变量的有(　　)。
A. 学生人数　B. 设备台数　C. 家庭户数　D. 销售额

4. 下列各项中，属于统计总体特征的有(　　)。
A. 大量性　B. 同质性　C. 差异性　D. 归纳性

5. 下列各项中，属于数量指标的有(　　)。
A. 性别　B. 合格率　C. 销售收入额　D. 产品产量

6. 关于全国工业普查，下列说法中正确的有(　　)。
A. 所有工业企业是总体　　B. 各企业工资总额是标志
C. 各企业的劳动生产率是变量　　D. 全国工业企业年均工资是数量指标

7. 统计总体和总体单位之间的关系是(　　)。
A. 固定不变的　　B. 可以变换的
C. 总体单位有时可能成为统计总体　　D. 两者之间没有任何关系

8. 统计的职能有(　　)。
A. 信息　B. 监督　C. 预测　D. 咨询

9. 四个学生的年龄分别是 18 岁、19 岁、18 岁、20 岁，下列说法中正确的是(　　)。
A. 年龄为数量指标　　B. 年龄为变量
C. 18 为变量值　　D. 四个数据中没有指标值

10. 统计学的研究方法有(　　)。

A. 市场比较法　　B. 大量观察法　　C. 判断法　　D. 综合分析法

四、判断题

1. 统计学研究的是社会经济现象的数量特点。(　　)
2. 统计学着眼于社会经济现象的总体特征,不考虑具体现象的数量特征。(　　)
3. 学生身高属于统计指标。(　　)
4. 某班学生的平均年龄为 19 岁。这句话中既含有统计指标,又含有统计变量。(　　)
5. 某地区的平均工资属于离散性变量。(　　)
6. 统计的基本职能是反映和监督职能。(　　)

五、简答题

1. 统计有哪几种含义？它们之间有什么关系？
2. 统计学的特点及研究对象是什么?
3. 举例说明统计总体、总体单位、统计标志、统计指标、变量和变量值。
4. 统计学的发展经历了哪几个阶段?
5. 统计学主要有哪些研究方法?
6. 统计的职能和作用分别是什么?

第2章 统计设计

☆ **教学目的与要求**

通过本章的学习，使学生认识统计设计的意义，明确统计指标和指标体系设计的内容，掌握和运用统计设计的方法。

☆ **教学重点**

统计指标的概念、特点、构成要素及分类和统计指标体系的设计原则。

☆ **教学难点**

统计指标和统计指标体系的确定。

阿道夫·凯特勒

阿道夫·凯特勒(1796—1874)，比利时统计学家、数学家、天文学家、物理学家，国际统计会议之父、近代统计学之父、数理统计学派创始人，其主要著作有《论人类》《概率论书简》《社会制度》和《社会物理学》等。

据说，他曾偶然接触到人寿保险公司实际业务问题，促成他从事统计学的研究。1823 年他开始发表人口及犯罪方面的统计研究成果。1841 年，比利时中央统计委员会成立，他任终身主席。

凯特勒发现那些表面上看似乎杂乱无章、由偶然性占统治地位的社会现象，同自然现象一样，也具有一定的规律性。他认为统计学不仅要记述各国的国情，研究社会现象的静态，而且要研究社会生活的动态，揭示社会现象背后的规律性。凯特勒的这一思想为近代统计学的科学化奠定了基础。他还认为社会现象背后的规律性是社会内在固有的，而不是"神定秩序"，人们可以通过计算统计指标来揭示这些规律。凯特勒的这些思想给后世统计学家以深刻的影响。

2.1 统计设计概述

一、统计设计的含义

统计设计是统计工作的第一阶段，是根据统计研究的目的和研究对象的特点，确定统计指标和统计指标体系以及对应的分组方法，并以分析方法指导实际的统计活动。其基本任务是制订各种统计工作方案，是统计工作过程中不可缺少的重要环节之一，是统计工作的指导依据。

统计设计所制订的方案包括统计指标体系、统计分类目录、统计报表制度、统计调查方案、统计汇总或整理方案以及统计分析方案等诸多方面的内容。

现代统计不仅仅以单项统计活动为主体，而是把认识对象作为一个整体进行全面、综合的反映和研究，是一项复杂的系统工程，必须通过统计设计将各项统计工作进行有机组合与协调，合理设计统计调查对象与调查表，设计出较好的统计指标及指标体系，这样才能够提高统计工作的效率。统计设计的好坏直接决定着统计工作的质量。

一般来讲，统计设计是一项贯穿于统计全过程的工作。它表现为统计工作的第一个阶段，对统计工作进行统筹安排；同时，在统计工作过程中出现任何与设计不同的实际情况，统计设计需要依照实际进行修改。

二、统计设计的种类

1. 按研究对象分类

按研究对象范围的不同，统计设计可分为整体设计和专项设计。

整体设计是将统计研究内容作为一个整体，对其进行全面的设计，如一个企业统计工作的设计、全国工业统计工作的设计等。

专项设计是从研究对象的某一部分出发，对该部分的具体内容进行设计。专项设计是对认识对象的某个方面或某个部分进行的设计，如人口普查的设计、工业企业经济效益统计的设计。

2. 按工作阶段分类

按工作阶段的不同，统计设计可分为全阶段设计和单阶段设计。

全阶段设计是对统计工作的各个阶段所进行的全面设计，从确定统计内容、统计指标体系开始到分析数据全过程的系统安排，其中包括统计工作阶段的所有设计方案及工作阶段之间的协调统一。

单阶段设计则是对统计工作过程中某一具体阶段所进行的设计，一般体现为某一阶段的具体统计设计方案。

三、统计设计的内容

统计设计的内容是对统计研究对象的内容和统计工作过程统筹规划的综合。各项统计工作由于研究目的的不同，统计设计的内容会存在差异，但它们在主要内容上是具有共性的，一般包括以下几个方面。

1. 明确统计研究的目的和要求

任何一项工作，只有目的与要求明确，才有正确的工作方向与工作方法。要较好地完成一项统计工作，首先必须明确统计工作的目的与要求，进而有针对性地设计出一套适合该项统计工作的方案。没有明确的目的，统计工作就会陷于被动和盲目，不但会降低统计工作的效率，还会影响统计工作的质量。

2. 确定统计调查的对象

明确了统计研究的目的之后，就可以进一步确定统计调查的对象。确定统计调查的对象主要是界定统计调查的总体。只有调查对象明确了，才能使之后的实地调查具有针对性，才能获取与统计目的相关的统计数据。

3. 确定统计指标和统计指标体系

统计指标和统计指标体系是认识客观事物的工具，因此，确定统计指标和统计指标体系是统计设计的中心内容。无论是整体设计还是专项设计，无论是全阶段设计还是单阶段设计，都要解决好统计指标和统计指标体系的设计问题。

4. 设计统计分类和统计分组

统计分类和统计分组是指根据客观现象实际，对统计资料进行分类和分组，以获取相关的统计信息。例如，对某高校师资力量进行研究，就需要将师资情况按职称分类、按年龄分类、按文化程度分类等。确定统计分类和统计分组是统计设计的一项重要而复杂的工作，需要统计人员具有较广博的理论知识和实践经验，有时还需要聘请相关专家予以协助。

5. 设计统计调查表及调查方案

为了提高统计工作的效率，避免统计调查的盲目性，在实地调查之前，一般应设计好统计调查表，制订好统计调查方案。统计调查表是根据调查目的首先明确调查项目，然后将调查项目按照一定的顺序进行排列所形成的表格。事前设计好调查表，有利于统计调查工作有条不紊地进行，避免盲目、遗漏与重复调查。

6. 组织安排各阶段的工作进度

统计工作量大而烦琐，为了有步骤、有计划地实施统计工作，必须设计并安排好统计各阶段的工作进度，以保证统计工作按时、保质、保量地完成，如什么时间实地调查、什么时间完成数据整理工作、什么时候进行数据汇总、什么时候进行数据分析等。

7. 研究各部门各阶段之间的配合与协调

现代统计是一项系统工程，工作量大，往往涉及方方面面和多个部门，为了使各部门有机协调，避免不同部门之间相互推诿、相互争抢，必须规定各部门的工作内容及职责要求，搞好各部门之间的协调工作。

8. 设计统计分析的方法

统计分析的方法很多，一般情况下，应根据具体情况选择适当的分析方法。虽然不可能事先设计出很周密的统计分析方法，但必要的安排还是很重要的。例如，事先进行统计分析的设计可以检验统计调查、统计整理等环节中可能存在的问题与缺陷，使整个统计设计工作趋于完善。

2.2 统计指标与指标体系的设计

统计设计的内容繁多，同时所要设计的各内容又是相互联系的，其中，统计指标与指标体系的设计是重中之重。

一、统计指标体系的含义及分类

（一）统计指标体系的含义

通常情况下，统计指标指的是单个的统计指标或笼统的统计指标。单个统计指标只能从某个侧面来反映总体现象，但由于现象的复杂性以及各种现象之间的相互联系性，只用个别统计指标来反映总体现象是不够的，要了解和研究总体现象，就必须使用相互联系的多个统计指标同时反映，即需要采用指标体系来进行描述。

统计指标体系就是各种相互联系的统计指标所构成的一个有机整体，用来说明所研究现象各个方面相互依存和相互制约的关系。例如，工资总额＝平均工资×职工人数；商品销售额＝商品销售量×商品销售价格；等等。

统计指标体系对于统计分析和研究具有重要的意义。一个设计科学的统计指标体系，可以描述现象的全貌和发展全过程，分析和研究现象总体存在的矛盾以及各种因素对现象总体变动方向的影响程度，也可以对未来的指标进行计算，对现象未来的发展趋势进行预测。

（二）统计指标体系的分类

统计指标体系因各种现象之间联系的多样性和统计研究目的的不同而分为不同的类别。

1. 按研究问题的范围分类

根据所研究问题范围大小的不同，可以建立宏观统计指标体系、微观统计指标体系和中观统计指标体系。

宏观统计指标体系就是反映整个现象大范围的统计指标体系，如反映整个国民经济和社会发展的统计指标体系。

微观统计指标体系就是反映现象较小范围的统计指标体系，如反映企业或事业单位的统计指标体系。

中观统计指标体系是介于上述两者之间的统计指标体系，如反映各地区或各部门的统计指标体系。

2. 按反映内容分类

根据所反映现象内容的不同，统计指标体系可以分为综合性统计指标体系和专题性统计指标体系。

综合性统计指标体系是较全面地反映总系统及其各个子系统的综合情况的统计指标体系，如反映国民经济和社会发展的统计指标体系。

专题性统计指标体系则是反映某一个方面或问题的统计指标体系，如反映经济效益的指标体系就是专题性统计指标体系。

二、统计指标体系的设计原则

1. 科学性原则

统计指标体系的设计要符合总体本身的性质和特点，即统计指标体系要能够科学地反映出总体的真实情况。因此，进行统计设计时要根据各种经济理论对总体进行深刻的定性分析，以便使设计的指标数量、核心指标、指标口径、计算时间、计算方法和计量单位等符合科学性原则的要求。

2. 目的性原则

设计出来的统计指标体系既要有能够反映社会经济现象的各个方面、各个环节的指标，又要有能提供分析研究经济现象中各种基本数据之间关系的指标，以满足各项经济管理的需要。有些情况下，还要能满足国际统计对比的需要。

3. 联系性原则

联系性原则，又称为整体性原则，是指统计指标体系的设计要从整体上考虑各个指标之间的联系。总体的各个方面是相互联系和相互制约的，因而各个统计指标之间也应具有相互联系和相互制约的关系。因此，指标口径、时间、空间和计算方法的确定都要从全局出发，考虑指标之间的联系。

4. 统一性原则

统计指标体系的设计要力求与计划、会计和业务核算相统一，即设计时必须考虑计划、会计、业务核算的实际情况和统计的需要，尽可能使各种核算的原始记录统一。

5. 可比性原则

统计指标体系的设计，必须注意各地区各部门的一致性，以便于相互比较。随着社会经济的发展，统计指标体系也需要进行改革和充实。这时要注意保持各个指标在时间上的可比性，注意各个指标在不同时期的相互衔接和相对稳定，以便于分析、研究事物发展变化的规律。

三、统计指标体系设计的内容

1. 确定统计指标体系的具体构成

一个统计指标只能反映客观现象某一方面的总体特征。为了全面、系统地反映现象总体各方面的数量特征，就必须设计出一整套科学、完整的统计指标体系。设计统计指标体系是一项科学性很强的复杂工作。设计时必须根据统计目的与要求，结合客观现象的实际情况与特点进行全面的综合分析，力争使设计出来的统计指标体系达到统计的要求，能全面、客观、综合地反映所研究对象的数量规律和数量特征。同时，为了提高统计工作的效率，要尽量简化指标，不必要的指标一律不要，设计出来的统计指标体系应恰到好处。

完成统计指标体系的设计之后，还要进一步分清主次、掌握重点，也就是要在整个指标体系中明确哪些指标是主要指标，工作突出重点，以提高统计工作质量。必要时，还可以对重点指标进行层层分解，以进一步揭示客观现象的本质。

例如，对财务状况进行综合分析的杜邦分析法，它为了全面掌握企业的财务状况，从众多的偿债能力指标、营运能力指标、获利能力指标及发展能力指标中选择净资产收益率作为核心指标，然后对净资产收益率进行层层分解、层层深入，进而揭示企业的财务状况。

2. 确定各个统计指标的名称、含义、内容和计算范围

确定了统计指标体系之后，还必须明确每一个指标的名称、含义、计算口径等。要保证统计资料的质量，首先要有一个科学的统计指标名称。一个较好的指标名称应该使人一看就知其内容，如“2018 届本科毕业生数”就是指该校 2018 年毕业生中本科毕业生的人数。另外，名称还应该易于理解和记忆。统计指标要尽量避免含义模糊，同时，各项统计指标应明确各自的计算口径。只有计算口径统一、明确，才能得出正确的结论。例如，计算文盲率，那么分母的人口总数就不能是所有人口，不能包括刚出生的幼儿等，否则计算出来的文盲率肯定偏高，不合常理。

3. 确定各个统计指标的计算方法

只有指标的计算方法科学，得出的结论才会科学。用什么方法计算统计指标通常取决于统计指标的内容以及客观事物的实际特点。例如，计算产品成本，国家规定有品种法、分步法和分类法，到底选用哪种方法必须根据单位管理者的需要和单位的生产特点而定。

4. 确定各个统计指标的计量单位

统计指标的计量单位要根据统计指标所反映现象的性质来严格确定。对于实物量指标，要规定是否采用自然实物计量单位、采用什么样的实物计量单位，以及用什么样的方法折合为标准实物量计量单位。对于劳动量指标，要规定采用什么样的劳动单位，是用工时还是工作日，是用人工时还是机器工时等。对于货币计量，应明确货币单位，涉及货币换算的，还要指明汇率的具体情况。

5. 确定统计指标的空间范围与计算时间

明确了统计指标的含义、内容、计算口径及计算方法后，还必须对统计指标的时间与空间范围加以界定。统计指标的空间范围，主要指地区范围、组织系统范围，这些都应在设计统计指标时预先明确，如住房面积是否包括公摊面积等。统计指标的计算时间更为具体和复杂，既有时点的静态时间，又有时期的动态时间，如存货额与销售额就不一样。

统计指标和统计指标体系的设计是一项严谨的工作，要求准确掌握客观事物的本质和特征，充分考虑经济管理和社会管理的要求，并根据统计研究目的，结合客观事物的实际，尽可能利用现代科学理论进行操作。

四、我国现行的统计指标体系

在国务院的统一领导和组织下，经多方研究分析，我国提出了由国民经济、科技和社会指标组成的总体系，其框架包括如下三个部分。

1. 国民经济统计指标体系

国民经济统计指标体系主要包括社会再生产基本条件指标，反映社会产品和劳务资源的生产与使用状况的指标，反映国内生产总值的初次分配、再分配情况的指标，反映消费和积累方面的指标，反映国际收支状况的指标。

2. 科技统计指标体系

科技统计工作是科技管理部门重要的基础性工作。但由于科技统计指标体系繁杂，理解和操作的难度较大，导致科技统计数据的真实性难以保证，影响了科技统计对科技管理和决策的重要参考作用的发挥。我国近些年来开始研究科技统计指标体系，已初步形成适合我国国情并基本上与联合国建议的规范兼容、可比的科技统计指标体系，主要内容包括投入、活动、产出三个方面。

3. 社会统计指标体系

社会统计指标体系包括的内容较多，其中主要有人口、教育、社会保障、新闻、卫生、体育、环境保护等社会事业指标，以及社会条件、社会结构、社会关系和人们的物质文化生活、家庭生活、社会活动、思想意识倾向等指标。

【本章小结】

本章主要讲述了统计设计工作。统计设计是统计工作的准备阶段，设计的好坏直接影响到统计工作的效率。本章的内容主要包括统计设计的含义、原则和统计指标体系的设计。

统计设计是指根据统计研究的目的和研究对象的特点，明确统计指标、统计指标体系以及对应的分组方法，并以分析方法指导实际的统计活动。其基本任务是制订各种统计工作方案，是统计工作过程中不可缺少的重要环节之一，是统计工作的指导依据。按研究对象的范围，统计设计可分为整体设计和专项设计；按工作阶段，统计设计可分为全阶段设计和单阶段设计。统计设计的内容包括明确统计研究的目的和要求、确定统计调查的对象、确定统计指标及指标体系、设计统计分类与统计分组、设计统计分析的方法、组织安排各阶段的工作进度、研究各部门各阶段之间的配合与协调、设计统计调查表及调查方案等八个方面的内容。

统计指标体系就是由各种相互联系的统计指标所构成的一个有机整体，用来说明所研究现象各个方面相互依存和相互制约的关系。根据所研究问题范围大小的不同，可以建立宏观统计指标体系、微观统计指标体系和中观统计指标体系；根据所反映现象内容的不同，统计指标体系可以分为综合性统计指标体系和专题性统计指标体系。统计指标体系的设计要遵循科学性、目的性、联系性、统一性、可比性等原则。统计指标体系设计的内容包括确定统计指标体系的具体构成，明确各个统计指标的名称、含义、内容和计算范围，明确各个统计指标的计算方法，确定各个统计指标的计量单位，确定统计指标的计算时间与空间范围。

【练习题】

一、名词解释

统计设计、统计指标体系、整体设计、专项设计、宏观统计指标体系、综合性统计指标体系

二、单项选择题

1. 统计工作的第一阶段是（　　）。

A. 统计整理　　B. 统计分析　　C. 统计设计　　D. 统计调查

2. 统计设计的核心工作是（　　）。

A. 确定统计研究的对象　　B. 设计统计指标和统计指标体系

C. 确定统计分类和统计分组　　D. 明确各阶段的工作进度

3. 下列各项中，不属于统计指标体系设计原则的是（　　）。

A. 及时性原则　　B. 科学性原则　　C. 目的性原则　　D. 统一性原则

三、多项选择题

1. 按研究对象的范围，统计设计可分为（　　）。

A. 整体设计　　B. 单阶段设计　　C. 专项设计　　D. 长期设计

2. 按工作阶段,统计设计可分为(　　)。

A. 全阶段设计　　B. 单阶段设计　　C. 专题设计　　D. 短期设计

3. 下列各项中,属于统计设计的内容有(　　)。

A. 明确统计设计的目的　　B. 确定统计指标体系

C. 设计统计调查表　　D. 进行统计分析

4. 下列各项中,属于统计指标体系设计原则的有(　　)。

A. 联系性原则　　B. 科学性原则　　C. 可比性原则　　D. 统一性原则

5. 统计指标体系设计的内容包括(　　)。

A. 确定统计指标的名称及内容　　B. 明确统计指标的计算方法

C. 明确统计指标体系的构成　　D. 确定统计指标的空间范围

四、判断题

1. 统计设计是一项虚拟性工作,根据实际情况可有可无。(　　)

2. 统计设计应该贯穿于统计工作的全过程,而不是一项暂时性工作。(　　)

3. 统计设计包含统计分析与统计整理等内容。(　　)

4. 按工作阶段,统计设计可分为长期设计和短期设计。(　　)

5. 统计指标体系的设计属于统计分析的工作。(　　)

6. 根据所研究问题范围的大小,统计指标体系可以分为综合性统计指标体系和专题性统计指标体系。(　　)

五、简答题

1. 什么是统计设计?它有什么作用?

2. 统计指标体系设计应遵循哪些原则?

3. 统计设计包括哪些内容?

4. 统计指标体系设计的内容有哪些?

第3章 统计调查

☆ 教学目的与要求

通过本章的学习，使学生认识统计调查的意义和任务，了解统计协调方案包括的内容，掌握和运用各种调查方法。

☆ 教学重点

统计调查的概念、要求和种类，统计调查表的构成和设计方法，各种调查方法的特点及结合运用。

☆ 教学难点

根据统计目的和统计工作任务，结合调查对象的客观情况，选择适宜的调查方法。

3.1 统计数据的计量与分类

统计数据是在统计工作过程中所取得的反映国民经济和社会现象的数字资料以及与之相联系的其他资料的总称。表 3-1 所示即为中集集团 2018 年 8 月 14 日股票市场关键性指标数据。

表 3-1 中集集团股票市场关键性指标数据

2018-08-14

指标名称	本日数值	上日数值	比上日增减
总成交金额/亿元	0.78	0.71	0.07
总成交量/亿股	0.07	0.06	0.01
股票总股本/亿股	12.68	12.68	0
股票流通股本/亿股	12.68	12.68	0

续表

指标名称	本日数值	上日数值	比上日增减
股票总市值/亿元	151.57	148.91	2.66
股票流通市值/亿元	151.47	148.80	2.66
平均市盈率/(%)	14.21	13.96	0.25
平均换手率/(%)	0.52	0.48	0.04

表 3-1 中的数据都是通过统计调查获得的，为了很好地认识数据，掌握收集数据的方法，我们首先要对数据的计量尺度和分类有所了解。

一、统计数据的计量尺度

按照计量学的一般分类方法及对事物计量的精确程度，可将计量尺度从低级到高级、从粗略到精确分为四种，即定类尺度、定序尺度、定距尺度和定比尺度。

(一) 定类尺度

定类尺度也称类别尺度或列名尺度，能按照事物的某种属性对其进行平行的分类或分组，是最粗略、计量层次最低的计量尺度，也是最基本的计量尺度。例如，人口按照性别分为男、女两类。

定类尺度的特征表现为：

第一，定类尺度只是测度了事物之间的类别差，没有反映各类之间的其他差别。使用该尺度对事物所进行的分类，各类别之间是平等的并列关系，无法区分优劣或大小，各类别之间的顺序是可以改变的。

第二，在使用定类尺度对事物进行分类时，必须符合穷尽和互斥的要求。定类尺度是对事物最基本的测度，是其他计量尺度的基础。它具有“=”或“≠”的数学特性。仍以人口按性别分类为例，对于每一个人来讲，性别能且只能划分为男或者女，不可能出现两种表现的共同体，即不能出现交集。

第三，对定类尺度的计量结果，通常是通过计算出每一类别中各元素或个体出现的频率或频数来进行分析。频数是指每一类别个体出现的次数，频数比单位总数即得频率。例如，甲班学生共 50 人，按性别分类，男生 30 人即为频数，占班级总人数的 60%即为频率。

表 3-2 所示为深交所上市公司信息(节选)。

表 3-2　深交所上市公司信息(节选)

公司代码	公司简称	公司全称	所属行业	公司网址
000025	特力 A	深圳市特力(集团)股份有限公司	F 批发零售	www.tellus.cn
000026	飞亚达 A	飞亚达(集团)股份有限公司	F 批发零售	www.fiytagroup.com
000027	深圳能源	深圳能源集团股份有限公司	D 水电煤气	www.sec.com.cn
000036	华联控股	华联控股股份有限公司	K 房地产	www.udcgroup.com

续表

公司代码	公司简称	公司全称	所属行业	公司网址
000037	深南电A	深圳南山热电股份有限公司	D水电煤气	www.nsrd.com.cn
000038	深大通	深圳大通实业股份有限公司	L商务服务	www.chinadatong.com
000039	中集集团	中国国际海运集装箱(集团)股份有限公司	C制造业	www.cimc.com
000040	东旭蓝天	东旭蓝天新能源股份有限公司	D水电煤气	www.bahjdc.com

表3-2中,用来计量深交所上市公司信息数据的“公司简称”“公司全称”“所属行业”等使用的就是定类尺度,各类别之间平行,无先后和大小之分。

(二)定序尺度

定序尺度又称顺序尺度,是对事物之间等级差或顺序差别的一种测度。与定类尺度相比,定序尺度比较精确些。它在对事物进行分类的同时会给出各类的顺序,其数据仍表现为“类别”,但各类之间是有序的,可以比较优劣。例如,在对某集团员工满意度的调查中,满意度就可以划分为“很好”“较好”“一般”“较差”和“很差”五个等级,如表3-3所示。

表3-3　某集团员工满意度调查汇总表

序号	问题	选项					说明
1	你认为公司目前的工作环境如何?	A.很好	B.较好	C.一般	D.较差	E.很差	如果选D或E,你希望哪方面有所改进?
		14人	13人	255人	13人		
		4.90%	4.56%	89.47%	4.56%		
2	你认为工作时间的安排是否合理?	A.很合理	B.较合理	C.一般	D.较不合理	E.很不合理	
		10人	230人	24人	21人		
		3.50%	80.70%	8.42%	7.36%		
3	你对工作紧迫性的感受如何?	A.很紧迫	B.较紧迫	C.一般	D.较轻松	E.很轻松	
		16人	269人				
		5.61%	94.30%				
4	你认为工作的挑战性如何?	A.很有挑战性	B.较有挑战性	C.一般	D.较无挑战性	E.无挑战性	
		236人	28人	21人			
		82.80%	9.80%	7.30%			

不过,需要注意的是,定序尺度并不能测量出类别之间的准确差值,所以这类数据只能大致比较大小而已。

定序尺度的特征表现为:

第一,该尺度不仅可以将事物分成不同的类别,而且还可以确定这些类别的优劣或顺序,具有“>”或“<”的数学特性,但不能进行加、减、乘、除等数学运算。例如,考试成绩可以分为优秀、良好、中等、及格、不及格等。显然,每个同学都希望自己的成绩在前四个等级之中,因为优秀>良好>中等>及格>不及格。

第二，定序尺度对事物的分类同样要求互斥和穷尽。就拿上例而言，每个同学的考试成绩都可以归入优秀、良好、中等、及格、不及格中的一组，并且只能被划分到其中的一组中。

第三，定序尺度分析的统计量除频率和频数外，还有累计频数和累计频率。通常意义上的及格率就可以被看作是一种累计频率，如表 3-4 所示。

表 3-4　某班学生统计学成绩分布表

分组情况	各组人数/人	各组频率/(%)	各组累计人数/人	各组累计频率/(%)
优秀	5	10	5	10
良好	18	36	23	46
中等	12	24	35	70
及格	10	20	45	90
不及格	5	10	50	100
合　计	50	100	—	—

从表 3-4 所示的该班学生统计学成绩的分布来看，优秀水平的学生有 5 名，占班级总人数的 10%，前者为频数，后者为频率；及格水平的学生有 10 人，占班级学生总人数的 20%；同时，及格及以上(包含中等、良好、优秀)水平的学生累计共有 45 人，及格率为 90%，前者为累计频数，后者为累计频率。

以某集团现任高级管理层列表(见表 3-5)为例，该数据的计量尺度采用的就是定序尺度，总裁＞常务副总裁＞副总裁＞董事会秘书，副总裁及以上级别人员共 5 人。

表 3-5　某集团现任高级管理层列表

姓名编号	职　务	起始日期
A	总裁	2004-03-16
B	常务副总裁	2018-03-27
C	副总裁	2004-03-16
D	副总裁	2004-03-16
E	副总裁	2018-03-27
F	董事会秘书	2010-04-26

(三) 定距尺度

定距尺度也称间隔尺度，是对事物类别或次序之间间距的测度，一般以自然单位来衡量。相对于定类尺度和定序尺度而言，定距尺度能对事物进行准确测度。定距尺度不仅能比较各类事物的优劣，还能计算出事物之间差异的大小，所以其数据表现为“数值”。例如，每一度的温差都是相同的，为 1 度；百分制考试成绩，分值之间的间隔一般为 10 分，即 60～70 分为一档，70～80 分为一档，80～90 分为一档；在进行收入调查时，也可以把调查者按一定的收入差异分为不同的组，如 1 000～2 000 元的为较低收入者，3 000～5 000 元的为中等收入者。显然，定距尺度可以较方便地转换为定序尺度，例如，若考查课的成绩要以五级制表示，则需要将百分制分数转换为五级制分数，一般百分制中的“60～70 分”对应五级制中的“及格”，其他分数以此类推。但需要注意的是，通常定序尺度的数据不能转换为定距尺度的数据，如五级制分数不能转换为百分制分数。

定距尺度的特征表现为：

第一，定距尺度不仅能将事物区分为不同类型并进行排序，而且可以准确地指出类别之间的差距是多少。因此，定距尺度的计算结果表现为数值。例如，甲地区的温度是 20 ℃，乙地区的温度是 25 ℃，二者相差 5 ℃，其结果可以进行加减运算。

第二，没有绝对零点。例如，“0”表示水平为“0”，而不是没有或不存在，就像温度为 0 ℃并不代表没有温度。

（四）定比尺度

定比尺度也称为比率尺度，是对事物之间比值的一种测度。它与定距尺度属于同一层次，与定距尺度的区别在于是否有绝对零点。在定距尺度中，“0”表示某一个数值；而在定比尺度中，“0”表示“没有”或“无”。例如，摄氏温度是典型的定距尺度，因为在摄氏温度中，0 ℃表示在海平面高度上水结成冰的温度；但对于销售人员来说，“0”表示没有成交量，所以销量属于定比尺度。在实际生活中，“0”在大多数情况下均表示事物不存在，如长度、高度、利润、薪酬、产值等，所以在实际统计中，使用的多为比率尺度，即定比尺度。由于在定距尺度中，“0”表示特定含义，因此有些书中把定距尺度看作是定比尺度的特殊形式，两者不加以区别。

定比尺度的特征表现为：

第一，定比尺度除了具有对事物分类、排序、比较大小、求出差异的功能外，还可以计算出两个数值之间的比值，具有数学上加、减、乘、除四则运算的功能。

以某集团 2017 年各季度营业收入情况（见表 3-6）为例，营业收入数据采用的就是定比尺度，可以进行加、减、乘、除运算。

该集团 2017 年上半年的营业收入＝(1 467 598.70＋3 338 715.20)万元＝4 806 313.9 万元。

该集团 2017 年第四季度营业收入是第三季度营业收入的 1.41 倍：7 629 993.00÷5 396 270.60＝1.41。

表 3-6　某集团 2017 年各季度营业收入情况

2017 年	第一季度	第二季度	第三季度	第四季度
营业收入/万元	1 467 598.70	3 338 715.20	5 396 270.60	7 629 993.00

第二，定比尺度有一个固定的绝对“零点”，这也是它与定距尺度的唯一差别。例如，一个学生的数学成绩为 0 分，表示他的数学成绩水平为 0，并不表示他没有考试成绩或没有任何数学知识。可见，定距尺度中的“0”是一个有意义的数值，而定比尺度则不同，它有一个绝对“零点”。在定比尺度中，“0”表示“没有”或“不存在”，如某人这个月的收入为“0”，表示这个人这个月没有收入。

上述四种计量尺度对事物的测量层次由低级到高级、由粗略到精确逐步递进。高层次的计量尺度可以具有低层次计量尺度的全部特性，但不能反过来。表 3-7 给出了上述四种计量尺度的测量层次和数学特性。

表 3-7 四种计量尺度的比较

计量尺度 / 数学特性	定类尺度	定序尺度	定距尺度	定比尺度
分类(=、≠)	√	√	√	√
排序(>、<)		√	√	√
间距(－、＋)			√	√
比值(×、÷)				√

在统计分析中，一般要求测量的层次越高越好，因为高层次的计量尺度包含更多的数学特性，所能运用的统计分析方法越多，分析时也就越方便，因此，应尽可能使用高层次的计量尺度。

二、统计数据的分类

1. 根据计量尺度分类

根据计量尺度的不同，统计数据可以分为分类数据、顺序数据和数值型数据。

分类数据(categorical data)是对事物进行分类的结果，结果表现为类别，采用定类尺度计量，用文字表述。例如，人口按性别分为男、女两类。

顺序数据(rank data)是对事物类别顺序的测度，结果表现为类别，采用定序尺度计量，用文字表述。例如，产品分为一等品、二等品、三等品、次品等。

数值型数据是对事物的精确测度，结果表现为具体的数值，采用定距尺度或定比尺度计量，如身高为 175 cm、168 cm、183 cm。

前两类数据说明的是事物的品质特征，不能用数值表示，其结果均表现为类别，称为定性数据或品质数据①；后一类数据说明的是现象的数量特征，能够用数值来表现，因此称为定量数据或数量数据②。区分测量的层次和数据的类型十分重要，因为对不同类型的数据将采用不同的统计方法来处理。

2. 根据对客观现象观察的角度分类

根据对客观现象观察角度的不同，统计数据还可以分为截面数据和时间序列数据。

截面数据是一批发生在同一时间截面上的调查数据，也称静态数据，即不同主体在同一时间点或同一时间段的数据，是样本数据中的常见类型之一，如工业普查数据、人口普查数据、家庭收入调查数据。

时间序列数据是在不同时间点上收集到的数据，反映了某一事物或现象等随时间变化的变化状态或程度，如我国国内生产总值从 1949 年到 2011 年的变化。

时间序列数据可进行季度数据、月度数据等的细分，其中，具有代表性的季度时间序列模型就是因为其数据具有四季一样的变化规律，虽然变化周期不尽相同，但是整体的变化趋势都是按照周期发展的。

---

① 定性数据(品质数据)：说明事物的品质特征，一般不能以数值表示，只能以文字表述，是由定类尺度和定序尺度计量形成的。

② 定量数据(数量数据)：说明现象的数量特征，具体表现为数值，也称之为数值型数据，是由定距尺度和定比尺度计量形成的。

三、数值型数据的表现形式

数值型数据通常表现为绝对数、相对数和平均数(见图 3-1)。

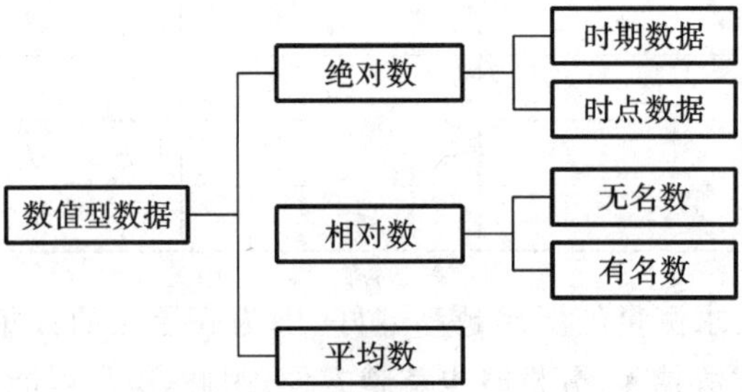

图 3-1　数值型数据的表现形式

(一) 绝对数

绝对数是反映客观现象总体在一定时间、地点条件下的总规模、总水平的综合指标,如一定总体范围内的粮食总产量、工农业总产值、企业单位数等。

绝对数一般采用实物单位、价值单位和劳动量单位三种形式。

实物单位是根据现象的自然属性和特点采用实物单位计量。实物单位有自然单位、度量衡单位、标准实物单位和复合单位。例如,全国居民总数 13.95 亿人,“人”为自然单位;学校操场总长度为 800 米,“米”是度量衡单位。

价值单位即货币单位计量,如国内生产总值、甲公司 2018 年销售总额等。

劳动量单位是以劳动过程中消耗的劳动时间为计量单位,如工时、工日、人工数等,为成本核算和计算劳动生产率提供依据。

绝对数按其反映的时间状态的不同,分为时期数据和时点数据。时期数据是反映现象在一段时间内发展过程的总量,具有连续统计和可加性的特点,其数值大小与所属时间长短有直接关系,如国内生产总值、销售总额、某节课迟到学生数等。时点数据是反映现象在某一时间点所处的状态,采用间断统计计量,不可加,数值大小与所属时间长短并无直接关系,如国民人口总数、国土面积、某校在校学生人数等。

绝对数实质上就是综合指标中的总量指标,本书将在第 5 章对这方面的内容做详细的介绍。

(二) 相对数

相对数是由两个有联系的指标对比产生的,是用以反映客观现象之间数量联系程度的综合指标,其数值表现为相对数。

相对数是比数数值与基数数值的商。其基本计算公式是:

$$\text{相对数}=\frac{\text{比数数值}}{\text{基数数值}}$$

分母是用作对比标准的指标数值,简称基数;分子是用作与基数进行对比的指标数值,简称比数。

根据研究目的和对比基础的不同,相对数可分为:

(1) 结构相对数,是将同一总体内的部分数值与全部数值进行对比求得的比重,用以说明事物的性质、结构或质量，如居民食品支出额占消费支出总额的比重、产品合格率等。

(2) 比例相对数，是将同一总体内不同部分的数值进行对比，表明总体内各部分的比例关系，如人口性别比例、投资与消费比例等。

(3) 比较相对数，是将同一时期两个性质相同的指标数值进行对比，说明同类现象在不同空间条件下的数量对比关系，如不同地区商品价格的对比，不同行业、不同企业间某项指标的对比等。

(4) 强度相对数，是将两个性质不同但有一定联系的总量指标进行对比，用以说明现象的强度、密度和普遍程度。例如，人均国内生产总值用“元/人”表示，人口密度用“人/平方公里”表示；也有用百分数或千分数表示的，如人口出生率用“‰”表示。

虽然有些强度相对数也有平均的含义，如人均国内生产总值、人均可支配收入，但国内生产总值、可支配收入并不是每个人口的标志值，它不是标志总量与总体单位数的对比，而是某一个经济指标与人口两个有联系的总量指标之比，说明经济发展强度、普遍程度(经济实力)，所以不要把强度相对数看作是平均数。

(5) 计划完成程度相对数，是某一时期实际完成数与计划数的对比，用以说明计划完成程度。

(6) 动态相对数，是同一现象在不同时期的指标数值的对比，用以说明发展方向和变化速度，如发展速度、增长速度等。

根据表现形式的不同，相对数可以分为：

(1) 无名数形式，没有计量单位。例如，性别比例为1∶1、GDP增长率达到了7%。

(2) 有名数形式，有具体的计量单位，如人口密度用“人/平方公里”。

(三) 平均数

平均数是指在一组数据中所有数据之和除以这组数据的个数。平均数是统计中的一个重要概念。

用平均数表示一组数据的情况具有直观、简明的特点，所以在日常生活中经常用到，如平均速度、平均身高、平均产量、平均成绩等。具体内容将在本书第6章介绍。

3.2 统计数据的直接来源

统计数据主要来源于两种渠道：一是直接的调查和科学试验，这是统计数据的直接来源，我们称之为第一手资料或直接的统计数据；二是别人调查或试验的数据，这是统计数据的间接来源，我们称之为第二手资料或间接的统计数据。

统计数据的直接来源主要有两个渠道：一是专门组织的调查，专门调查是取得社会经济数据的重要手段；二是科学试验，科学试验是取得自然科学数据的主要手段。本节主要研究的是专门组织的调查，即统计调查。

一、统计调查的含义

统计调查就是根据调查的任务和要求，采取科学的调查方法，有目的、有计划、有组织地及时收集各项反映社会经济活动和科学试验成果的原始资料的过程。

所谓原始资料，是指对调查单位收集的没有经过汇总整理，需要由个体过渡到总体的统计资料。

统计调查在统计工作的整个过程中，担负着提供基础资料的任务，所有的统计计算和统计研究都是在原始资料收集的基础上建立起来的。因此，统计调查是统计工作的基础环节，是统计分析的前提。只有搞好统计调查，才能保证统计工作实现对于客观事物规律性的认识。同时从预测未来的角度来看，统计资料还是制定政策的依据，并据此检查和监督政策的贯彻执行情况。

二、统计调查的要求

根据统计制度的统一规定，统计调查必须达到准确、及时两个基本要求，做到数字准、情况明、反映及时。

1. 准确性

统计调查的准确性是指提供的统计资料必须符合客观实际情况，保证各项统计资料真实可靠。

2. 及时性

各项调查资料不但要求准确，而且需要及时，因为过时的资料落在了形势发展的后面，失去时效，犹如“雨后送伞”，起不到统计的真实作用。

三、统计调查的种类

1. 按调查对象包括的范围分类

按调查对象包括范围的不同，统计调查可划分为全面调查和非全面调查。

全面调查是指对构成总体的所有单位的调查，如普查。

非全面调查是指对构成总体的一部分单位的调查，如典型调查、重点调查、抽样调查。

2. 按组织形式分类

按组织形式的不同，统计调查可划分为统计报表和专门调查。

统计报表，是指按照一定的表式和要求，自上而下地统一布置，自下而上地提供统计资料的一种定期的调查方式，如农业统计报表制度、工业统计报表制度。

专门调查，是指为研究某些专门问题而由调查单位组织的多为一次性的调查，如普查、抽样调查、典型调查。

3. 按调查登记的时间是否连续分类

按调查登记的时间是否连续，统计调查可划分为经常性调查和一次性调查。

经常性调查，是指随着现象的不断变化而连续不断地进行调查登记，如产品产量、原材料消耗量等，其数值变动很大。

一次性调查，是指间隔一定时间（一般为一年以上）对现象进行调查登记，如人口数、固定资产总值、生产设备数等，其数值变动不大。

4. 按收集资料的方式分类

按收集资料方式的不同，统计调查可划分为直接观察法、采访法、报告法、问卷调查法。

直接观察法，是指调查人员亲自到现场对调查对象进行观察、计量，以取得资料的调查。一般资料准确，但耗费的人力多、时间长。

采访法，是指调查人员对调查对象进行提问，据调查对象的答复取得资料的调查，又分为个别询问法和开调查会法。资料准确、全面，但需耗费较多人力。

报告法，是指调查单位按隶属关系，逐级向国家报告经济社会活动成果，以收集资料的调查方法。取得资料快，节省人力、物力。

问卷调查法，是指为特定目的，以问卷形式提问，把问卷发给被调查者，由被调查者自愿、自由回答的一种采集资料的方法。

四、统计调查方案

统计调查是一项复杂、严格的科学工作，必须有目的、有计划、有组织地进行，因此，在进行每项调查之前都应该制订一个周密的调查方案，而且正确地制订统计调查方案是保证统计调查有计划、有组织进行的首要步骤，是保证统计调查顺利进行的前提，也是准确、及时取得统计资料的重要条件。

1. 统计调查的目的和内容

统计调查的目的就是根据党的方针政策和当前的政治经济任务以及有关国情国力的基本情况，抓住实际上最为迫切的问题，从统计工作的整体和调查对象的实际出发，把需要和可能结合起来。调查的目的决定了调查的内容和范围。

2. 调查对象和调查单位

调查对象就是需要进行调查的社会经济现象总体，它是由性质上相同的许多调查单位组成的。

调查单位是组成所要调查的社会经济现象总体的个体，也就是所要调查的具体单位。

确定了调查对象使我们知道要了解的总体界限，而确定了调查单位则使我们知道从哪里去取得有关标志的情况和资料，即解决了向谁调查和由谁来提供统计资料的问题。

明确调查单位还需要把它与报告单位相区别。报告单位也称填报单位，它是负责向上报告调查内容，提交统计资料的单位。报告单位一般在行政上、经济上具有一定独立性，而调查单位可以是人、企事业单位，也可以是物。根据调查目的，调查单位与报告单位有时一致，有时不一致。例如，工业企业普查，每个工业企业既是调查单位又是报告单位，而对工业企业生产设备状况的普查，调查单位是工业企业的每台生产设备，而报告单位是每个工业企业。

3. 调查项目和调查表

调查项目就是调查中所要登记的调查单位的特征，这些特征在统计上又称标志。确定调查项目所要解决的问题：向调查单位调查什么？反映调查单位特征的标志是多种多样的，在调查中确定哪些调查项目应根据调查目的和调查单位的特点而定。

在统计调查中还必须设计调查表。所谓调查表，就是根据调查目的确定具体的调查项目，也就是统计调查所研究的内容。调查表所要解决的问题：向调查单位调查什么？

调查表是调查方案的核心部分，必须紧紧围绕调查目的与现象之间的相互联系，从现象的过去、现在和发展等方面出发，提出所要调查的项目，编制调查表。

（1）调查表的构成。

调查表一般由表头、表体和表脚组成（见表 3-8）。

表 3-8　2017 年湖北省主要农产品产量　←表头

产 品 名 称	产量/万吨	比上年增长/(%)
粮食	2 599.69	1.8
棉花	18.17	−3.6
油料	340.65	3.3
…	…	…

表体

资料来源:《2017 年湖北省国民经济和社会发展统计公报》　←表脚

表头用来表明调查表的名称以及填写调查单位的名称、性质、隶属关系等。

表体是调查表的主要部分,包括统计调查所要说明的社会经济现象的项目和这些项目的具体表现,即数字、计算单位等。

表脚包括调查者的签名和调查日期等,以便明确责任;若发现问题,便于查询。

(2) 调查表的形式。

调查表的形式一般有两种:单一表和一览表。

单一表是在一张表上只登记一个调查单位的调查资料。它可以容纳较多的调查项目,适于较详细的统计调查。

一览表是在一张表上登记若干个调查单位的调查资料。它的调查项目不宜过多。这种表的使用节省人力、物力,而且一目了然。

4. 确定调查的时间和方法

调查时间包括三个方面的含义:①调查资料所属的时间。如果所调查的是时期现象,就要明确规定是反映调查对象从何年何月何日起到何年何月何日止的资料;如果所调查的是时点现象,就要明确规定统一的标准时点。②调查工作进行的时间。这是指对调查单位的标志进行登记的时间。③调查期限。这是指整个调查工作的期限,包括收集资料及报送资料的整个工作过程所需要的时间。为了保证资料的及时性,对调查期限的规定,要尽可能短。

调查方法包括调查的组织形式和收集资料的具体方法的选择。

5. 制订调查工作的组织实施计划

为了保证整个统计调查工作的顺利进行,在调查方案中还应该有一个考虑周密的组织实施计划。其主要内容应包括:调查工作的领导机构和办事机构;调查人员的组织;调查资料的报送方式;调查前的准备工作,包括宣传教育、干部培训、调查文件的准备以及调查经费的预算和开支办法;调查方案的传达、布置、试点及其他工作等。

3.3 统计调查的组织形式

一、统计报表

统计报表是按照国家统一规定的表格形式、指标内容、报送程序和报送时间,由填报单位自下而上逐级提供统计资料的一种统计组织形式。

国家利用统计报表定期取得国民经济与社会发展情况的基本统计资料。统计报表是国家取得调查资料的主要方法之一，它已形成一种制度，即统计报表制度。执行统计报表制度，是各地区、各部门、各基层单位必须向国家履行的一种义务。

统计报表制度的内容包括以下几个方面。

第一，表式。它是由国家统计部门根据研究的任务与目的而专门设计的统计报表表格，用于收集统计资料。它是统计报表制度的主体。

第二，填表说明。它是对统计报表的统计范围、指标等做出的规定，具体有：①填报范围，即统计报表的范围，规定每种统计报表的报告单位和填报单位以及各级统计部门与主管部门的范围等。②指标解释，对列入表中的统计指标的口径、计算方法以及其他有关问题的具体说明。③分类目标，即对统计报表主栏中应进行填报的有关项目的分类。④其他有关事项的规定，即除了以上各项规定以外的一些注意事项，如报送日期、报送方式、报送份数等。

统计报表的资料来源主要是基层的原始记录、台账及基层的内部报表。

二、专门调查

1. 普查

普查是专门组织的一次性的全面调查，用来调查在一定时点上或一定时期内的社会经济现象的总量。

普查适用于收集某些不能用或不适宜用定期的全面统计报表收集的统计资料，如我国第四次人口普查、第三产业普查等。

普查可以摸清一个国家的国情、国力，特别是可以了解与掌握人力、物力、资源及其利用状况，为国家制定长远规划与政策提供可靠的依据。因此，普查具有资料包括的范围全面、详尽、系统的优点。但是，普查的工作量大，耗资也多，一般不宜经常使用。

普查一般遵循下列原则：①统一规定标准时点；②统一规定普查期限；③统一规定普查的项目和指标。

2. 重点调查

重点调查是在调查对象中选择一部分重点单位进行调查的一种非全面调查。重点单位的标志总量在总体总量中占据绝大多数比例。

当调查任务只要求掌握事物的基本状况与基本的发展趋势，而不要求掌握全面的准确资料，而且在总体中确实存在着重点单位时，进行重点调查是比较适宜的。例如，为了掌握全国钢铁产量，可以选出鞍钢、宝钢、武钢、包钢、首钢、攀钢、马钢等几个大型钢铁企业进行调查。

重点调查的组织形式有两种：一种是专门组织的一次性调查；另一种是利用定期统计报表经常性地对一些重点单位进行调查。

3. 典型调查

典型调查是一种非全面调查，它是根据调查的目的与要求，在对调查对象进行了全面了解的基础上，有意识地选择若干具有典型意义或代表性的单位进行的调查。

典型调查具有灵活性，通过少数典型即可取得深入、翔实的统计资料。但是，这种调查由于受“有意识地选择若干具有典型意义或代表性”的限制，在很大程度上受人们主观认识的影响。因此，必须同其他调查组织形式结合起来使用才能避免出现片面性。

典型调查具有以下作用：

(1) 研究尚未充分发展、处于萌芽状况的新生事物或某种倾向性的社会问题。

(2) 分析事物的不同类型,研究它们之间的差别和相互关系。

4. 抽样调查

抽样调查是一种非全面调查,它是按照随机原则从总体中抽取一部分单位作为样本进行观察研究,以抽样样本的统计量去推算总体指标的一种调查。

抽样调查与其他调查相比,既能节省人力、物力、财力,又可以提高资料的时效性,而且能取得比较准确、全面的统计资料。因此,这种调查组织形式在市场经济条件下使用得非常广泛。详细内容将在第 9 章介绍。

3.4 统计调查方法

不论采取何种组织形式进行调查,在取得统计数据时,都有一些具体的数据收集方法,包括询问调查、观察与实验。

一、询问调查

(一) 询问调查的含义与类型

询问调查又称直接调查法,是调查人员以询问为手段,从调查对象的回答中获得信息资料的一种方法。它是市场调查中常用的方法之一。

询问调查包括以下几种类型:①访问调查(派员调查),是指调查者通过与被调查者面对面交谈而得到所需资料的调查方法;②邮寄调查,是指通过邮寄将调查表或调查问卷送到被调查者手中,由被调查者填写,然后寄回调查表或调查问卷的一种调查方法;③电话调查,指通过打电话即语言交流收集资料;④座谈会,指把被调查者集中起来,让他们对调查主题发表意见,以获取资料;⑤个别深度访问,指一次只访问一名被调查者,详细了解被调查者的思想和行为动机。

(二) 问卷调查

1. 问卷调查的含义与分类

在日常生活中,我们接触最多的就是问卷调查,它属于询问调查的一种。

问卷调查法也称书面调查法或填表法,是用书面形式间接收集研究材料的一种调查手段,是通过向被调查者发出简明扼要的征询单(表),请其填写对有关问题的意见和建议来间接获得材料和信息的一种方法。

按照问卷填答者的不同,问卷调查可分为自填式问卷调查和代填式问卷调查。其中,自填式问卷调查,按照问卷传递方式的不同,可分为报刊问卷调查、邮政问卷调查、送发问卷调查;代填式问卷调查,按照与被调查者交谈方式的不同,可分为访问问卷调查和电话问卷调查。

2. 问卷的组成部分

问卷一般由卷首语、问题与回答方式、编码和其他资料四个部分组成。

(1) 卷首语。它是问卷调查的自我介绍部分。卷首语的内容应该包括:调查的目的、意义和主要内容,选择被调查者的途径和方法,对被调查者的希望和要求,填写问卷的说明,回复问卷的方式和时间,调查的匿名和保密原则以及调查者的名称等。为了引起被调查者的重视和兴趣,争取他们的合作和支持,卷首语的语气要谦虚、诚恳、平易近人,文字要简明、通俗、有可读性。卷首语一般放在问卷第一页的上面,也可单独作为一封信放在问卷主体内容之前。

(2) 问题与回答方式。它是问卷的主要组成部分,一般包括调查询问的问题、回答问题的方式以及对回答方式的指导和说明等。

(3) 编码。它就是把问卷中询问的问题和被调查者的回答,全部转变为A、B、C……或1、2、3……等代号或数字,以便运用电子计算机对调查问卷进行数据处理。

(4) 其他资料。这部分内容包括问卷名称、被访问者的地址或单位(可以是编号)、访问员姓名、访问开始时间和结束时间、访问完成情况、审核员姓名和审核意见等。这些资料是对问卷进行审核和分析的重要依据。

此外,有的自填式问卷还有一个结束语,结束语可以是简短的几句话,对被调查者的合作表示真诚感谢;也可稍长一些,顺便征询一下被调查者对问卷设计和问卷调查的看法。例如,在问卷的最后可设计这样一组问题:"您填写完这份问卷感到还有什么需要补充吗?如有,请写在下面……"。

问卷设计的原则:①具体性原则,即问题的内容要具体,不要提抽象、笼统的问题;②单一性原则,即问题的内容要单一,不要把两个或两个以上的问题合在一起提;③通俗性原则,即表述问题的语言要通俗,不要使用被调查者感到陌生的语言,特别是不要使用过于专业化的术语;④准确性原则,即表述问题的语言要准确,不要使用模棱两可、含糊不清或容易产生歧义的语言或概念;⑤简明性原则,即表述问题的语言应该尽可能简单明确,不要冗长和啰嗦;⑥客观性原则,即表述问题的语言要客观,不要有诱导性或倾向性语言;⑦非否定性原则,即要避免使用否定句形式表述问题。

只有满足以上原则的要求,问卷调查得到的数据才能具有针对性,满足数据调查所要求的真实性和完整性。

二、观察与实验

观察法是研究者根据一定的研究目的、研究提纲或观察表,用自己的感官和辅助工具直接观察被研究对象,从而获得资料的一种方法。科学的观察具有目的性和计划性、系统性和可重复性。调查人员边观察边记录信息。

实验法是在所设定的特殊实验场所中对调查对象进行实验,以取得资料的一种调查方法。

☆ 调查方案举例

调查方案设计

一、调查目的

大学生作为一个脱离家庭生活但又未完全融入社会的特殊群体,对时间观念的塑造和培养会直接影响其世界观的形成与发展。因此,关注大学生对时间的利用状况,培养和提高大学生的时间规划观念,帮助大学生做好时间规划,有利于大学生的身心发展。

二、调查对象与单位

调查对象:武昌工学院在校学生。

调查单位:每一个学生。

三、调查项目

1. 在校学生的基本上课时间

主要指课程表上安排的上课时间。

2. 在校学生的上网、逛街等休闲、娱乐时间

休闲、娱乐时间主要指大学生在日常生活中用于休闲、娱乐等方面的时间,包括上网、逛街、去KTV等娱乐场所、旅游等花费的时间。此项时间主要用于大学生丰富业余生活。

3. 在校学生的自主学习时间

主要指大学生除正常上课外自己学习的时间。

4. 在校学生的人情交际时间

人情交际花费的时间主要指大学生在日常生活中用于人与人之间的交往所占用的时间,大致包括班级聚餐、同学聚会等方面的内容。

5. 在校学生的睡眠时间

6. 在校学生周末时间的安排

7. 其他方面时间的安排

四、调查时间

1. 工作筹备阶段:2018年10月

2. 调查报告完成时间:2018年10月31日

五、调查方法

1. 采访法

首先分别随机选取大一、大二、大三、大四年级中班级若干,然后在班级中对若干学生进行走访询问调查。

2. 问卷调查

针对调查项目编制调查问卷,然后向全校学生发放。

附:调查问卷

有关大学生课余时间的调查

亲爱的同学:

你好!为了解现在大学生课余时间的利用情况,特开展此次调查活动,希望你能积极配合我们的调查,非常感谢!

性别:__________ 年级:__________

1. 你的专业是:__________

2. 周一到周五,你平均每天的课余时间大约有多少?( )

A. 1小时以下　B. 1～3小时　C. 3～5小时　D. 5小时以上

3. 周一到周五,你的课余时间会干什么(可多选)?( )

A. 自习　B. 游戏　C. 聊天　D. 上网

E. 看电影　　F. 体育活动　　G. 参加社团活动　　H. 其他

4. 在这些活动中，占比例最大的是什么(用上题的选项)？(　　)

5. 在周一到周五的课余时间里，你平均每天有多少时间用于自习？(　　)

A. 1 小时以下　　B. 1～2 小时　　C. 2～3 小时　　D. 3 小时以上

6. 你自习一般干什么？(　　)

A. 复习或预习功课　　B. 学习课外知识

C. 做一些无关紧要的事　　D. 补作业

E. 其他

7. 周末大多数时间你会干什么(可多选)？(　　)

A. 体育活动　　B. 自习　　C. 上网　　D. 约会

E. 打游戏　　F. 逛街　　G. 其他

8. 周末你会有多少时间用于自习？(　　)

A. 1 小时以下　　B. 1～3 小时　　C. 3～6 小时　　D. 6 小时以上

9. 周一到周五，你平均每天的睡眠时间是多少？(　　)

A. 6 小时以下　　B. 6～7 小时　　C. 7～8 小时　　D. 8 小时以上

10. 你周末平均每天的睡眠时间是多少？(　　)

A. 8 小时以下　　B. 8～9 小时　　C. 9～10 小时　　D. 10 小时以上

11. 你会有计划地安排你的课余时间吗？(　　)

A. 有合理的安排并且能按照计划进行　　B. 有比较合理的安排但是并不认真实施

C. 只有模糊的计划，且随时会改动　　D. 有模糊的计划，且一般不按计划实施

E. 基本没计划

12. 你觉得你的课余时间利用得如何？(　　)

A. 利用得十分合理，并且所做的事情对自己的学习以及自身发展有很大帮助

B. 利用得比较合理，但是所做的事情对自身的提高并不明显

C. 利用得不是十分合理，但所做的事情可以让自己学到很多东西

D. 利用得不合理，并且做的事情大多并非所愿

E. 基本就是浪费时间

再次感谢你的积极配合，谢谢！

3.5 统计数据的间接来源

第二手数据主要是公开出版或公开报道的数据。在我国，公开出版或报道的社会经济数据主要来自国家和地方的统计部门以及各种报刊媒介，如公开出版的《中国统计年鉴》《中国市场统计年鉴》等。另外，广泛分布在各种报刊、杂志、图书、广播、电视传媒中的各种数据资料也属于第二手数据。

【本章小结】

统计调查就是根据调查的任务和要求，采取科学的调查方法，有目的、有计划、有组织地及时收集各项反映社会经济活动和科学试验成果的原始资料的过程。统计调查按不同的标准，分成相应的类别。最根本的分类是按照组织形式，分成统计报表、专门调查。这两类调查构成了本章调查方式的全部内容。每一种调查方式都有一定的特点、使用条件和局限性。根据统计目的和统计工作任务，结合调查对象的客观情况，选择适宜的调查方法，是搞好统计调查工作的关键所在。

统计数据是在统计工作过程中所取得的反映国民经济和社会现象的数字资料以及与之有联系的其他资料的总称。统计数据都是通过统计调查获得的。为了更好地认识数据，掌握收集数据的方法，首先要对数据的计量尺度以及数据的分类有所了解。可将计量尺度从低级到高级、从粗略到精确分为四种，即定类尺度、定序尺度、定距尺度和定比尺度。统计数据是采用某种计量尺度对事物进行计量的结果，采用不同的计量尺度可以得到不同类型的统计数据，即分类数据、顺序数据和数值型数据。

【练习题】

一、填空题

1. 衡量统计调查工作质量的重要标志是__________和__________。

2. 统计调查根据被研究总体范围的不同可分为__________和__________。

3. 统计调查根据__________可分为全面调查和非全面调查，根据__________可分为连续调查和不连续调查。

4. 确定统计调查对象时，还必须确定__________和__________。

5. 进行工业生产设备普查时，调查单位是__________，报告单位是__________。

6. 全国人口普查中，每一人是__________，每一住户是__________。

7. 统计调查中，两种不同的调查时态是__________和__________。

8. 调查时间是调查资料所属的时间，也称__________，调查时限是进行调查工作的期限，也称__________。

9. 我国统计调查方法体系是以必要的__________为基础，经常性的__________为主体的。

10. 普查的对象主要是__________，因而要求统一规定调查资料所属的__________。

11. 统计报表按填报单位的不同可分为__________和__________。

二、单项选择题

1. 连续调查与不连续调查的划分依据是(　　)。

A. 调查的组织形式　　B. 调查登记的时间是否连续

C. 调查单位包括的范围是否全面　　D. 调查资料的来源

2. 统计调查是进行资料整理和分析的(　　)。

A. 基础环节　　B. 中间环节　　C. 最终环节　　D. 必要补充

3. 调查几个重要的铁路枢纽，就可以了解我国铁路货运量的基本情况，这种调查属于(　　)。

A. 普查　　B. 重点调查　　C. 典型调查　　D. 抽样调查

4. 某市工业企业 1997 年生产经营成果年报的呈报时间规定在 1998 年 1 月 31 日，则调查期限为(　　)。

A. 一日　B. 一个月　C. 一年　D. 一年零一个月

5. 重点调查中的重点单位是指(　　)。

A. 标志总量在总体中占有很大比重的单位

B. 具有重要意义或代表性的单位

C. 那些具有反映事物属性差异的品质标志的单位

D. 能用来推算总体标志总量的单位

6. 下列调查中，调查单位与填报单位一致的是(　　)。

A. 企业设备调查　B. 人口普查

C. 农村耕地调查　D. 工业企业现状调查

7. 在对总体现象进行分析的基础上，有意识地选择若干具有代表性的单位进行调查研究，这种调查方法是(　　)。

A. 抽样调查　B. 典型调查　C. 重点调查　D. 普查

8. 对一批商品进行质量检验，最适宜采用的方法是(　　)。

A. 全面调查　B. 抽样调查　C. 典型调查　D. 重点调查

9. 调查单位与填报单位的关系是(　　)。

A. 二者是一致的　B. 二者有时是一致的

C. 二者没有关系　D. 调查单位大于填报单位

10. 下述各项调查中，属于全面调查的是(　　)。

A. 对某种连续生产的产品的质量进行检验

B. 对某地区工业企业的设备进行普查

C. 对全国钢铁生产中的重点单位进行调查

D. 抽选部分地块进行农产量调查

11. 抽样调查的主要目的是(　　)。

A. 计算和控制抽样误差　B. 推断总体总量

C. 对调查单位进行深入研究　D. 广泛运用数学方法

12. 抽样调查和重点调查都是非全面调查，二者的根本区别在于(　　)。

A. 灵活程度不同　B. 组织方式不同

C. 作用不同　D. 选取单位方式不同

13. 调查时间是指(　　)。

A. 调查资料所属的时间　B. 进行调查的时间

C. 调查工作的期限　D. 报送调查资料的时间

14. 调查时限是指(　　)。

A. 调查资料所属的时间　B. 调查工作登记的时间

C. 进行调查工作的期限　D. 报送调查资料的时间

三、多项选择题

1. 我国统计调查的方法有(　　)。

A. 统计报表　B. 普查　C. 抽样调查　D. 重点调查　E. 典型调查

2. 下列关于抽样调查和重点调查的陈述中，正确的是（　　）。

A. 两者都是非全面调查
B. 两者选取单位都不受主观因素的影响
C. 两者选取单位都按随机原则
D. 两者选取单位都按非随机原则
E. 两者都用于推算总体数量特征

四、判断题

1. 全面调查和非全面调查是根据调查所得到的资料是否全面来划分的。（　　）

2. 对某市下岗职工的生活状况进行调查，要求在一个月内报送调查结果。所规定的时间是调查时间。（　　）

3. 对我国主要粮食作物产区进行调查，以掌握全国主要粮食作物生长的基本情况，这种调查是重点调查。（　　）

4. 典型调查既可以收集数字资料，又可以收集不能用数字反映的实际情况。（　　）

5. 抽样调查与重点调查的目的是一致的，即都是通过对部分单位的调查，来实现对总体数量特征的认识。（　　）

6. 我国人口普查的总体单位和调查单位都是每一个人，而填报单位是户。（　　）

7. 采用重点调查收集资料时，选择的调查单位是标志值较大的单位。（　　）

8. 与普查相比，抽样调查的调查范围小、组织方便、省时省力，所以调查项目可以多一些。（　　）

9. 在对现象进行分析的基础上，有意识地选择若干具有代表性的单位进行调查，这种调查属于重点调查。（　　）

10. 普查是一种不连续调查，这是它的主要特点，但普查并不排斥对属于时期现象的项目的调查。（　　）

五、问答题

1. 一个完整的统计调查方案应包括哪些主要内容？

2. 举例说明调查单位与填报单位的区别与联系。

第4章 统计整理

☆ **教学目的与要求**

通过本章的学习，使学生认识统计整理在统计活动中的作用，掌握统计整理的方法，能针对具体的调查资料进行分类、汇总并编制统计表；了解统计整理的概念和步骤，掌握统计分组、分配数列、统计表和统计图的概念。

☆ **教学重点**

统计分组、分配数列、统计表和统计图的概念，统计分组的方法、分配数列的编制，用统计表和统计图来表示统计资料。

☆ **教学难点**

统计分组的方法、分配数列的编制。

4.1 统计整理概述

一、统计整理的概念和作用

统计整理是根据统计研究的任务与要求，对调查得来的各种原始资料，进行科学的整理与加工，使之系统化，从而得到反映总体特征的综合资料，包括系统地积累资料和为研究特定问题对资料的再加工。

统计调查取得的原始资料是分散的、杂乱的、不系统的，只能表明各个被调查单位的具体情况，反映事物的表面现象或一个侧面，不能说明事物的全貌、总体情况。因此，只有对这些资料进行加工整理才能认识事物的总体及其内部联系。

统计整理是统计调查的继续，也是统计分析的前提，在整个统计工作中具有承前启后的作用。

二、统计整理的步骤

统计整理是一项细致、周密的工作,需要有计划、有组织地进行,因此,统计资料的整理必须按以下步骤进行:

(1) 设计和编制统计资料的汇总方案。

(2) 对原始资料进行审核(数据预处理)。为了保证统计资料的质量,在对统计资料进行整理前,应该对统计调查材料的准确性、及时性、完整性进行严格的审核,看它们是否达到准确、及时、完整的要求,发现问题应及时纠正。汇总后须对其结果进行逻辑性检查和技术性检查。

(3) 用一定的组织形式和方法对原始资料进行分组、汇总和计算。主要是根据汇总的要求和工作条件选择适当的汇总组织形式和具体方法对原始资料进行整理、加工,以达到调查的目的。

(4) 对整理好的资料再一次进行审核,改正在汇总过程中所发生的各种差错。

(5) 编制统计表,以简明扼要地表达社会经济现象在数量方面的有关联系。

(6) 统计资料的保管与积累。

4.2 数据的预处理

统计调查所得到的数据是针对单位的,换句话说,调查得到的是各个单位的情况。统计研究的是总体,要想把单位数量特征转换为总体数量特征,就必须经过数据的整理过程,即统计整理。而在统计整理之前,必须确保调查所得到的数据是完整、正确、真实、可靠的,这样整理才有了牢固的地基。可是现实生活中,由于各种各样的主观及客观原因,调查所得到的原始数据可能无法满足上述要求,所以把统计数据收集上来之后,接下去的工作是对统计数据进行加工整理,使之系统化、条理化,以符合分析的需要,也就是进行数据的预处理。

数据的预处理主要包括以下四个方面的内容:数据审核、数据筛选、数据排序和数据透视。

一、数据审核

数据审核就是检查数据中是否有错误。

对数据进行审核,主要是为了保证数据的质量。对于通过直接调查取得的原始数据,主要从完整性和准确性两个方面去审核,完整性审核主要是检查应调查的单位或个体是否有遗漏,所有的调查项目或指标是否填写齐全等。准确性审核主要包括两个方面:一是检查数据资料是否真实地反映了客观实际情况,内容是否符合实际;二是检查数据是否有错误,计算是否正确等。

对于第二手资料,除审核数据的完整性和准确性外,还应审核数据的适应性和时效性,确定是否有必要进行进一步加工和整理。第二手数据往往来自网络、报刊、杂志等,来源广、信息杂。所以,对于第二手数据,除了要确保其完整性和准确性之外,还要针对适应性和时效性进行勘定。例如,想要了解我国人口状况,可以参考历次人口普查资料,但是显然第一次全国人口普查

(1953 年)的信息就不满足适应性和时效性的要求了。

二、数据筛选

对审核过程中发现的错误，应尽可能予以纠正。在调查结束后，如果对审核中的错误不能予以纠正，或者有些数据不符合调查的要求而又无法弥补时，就需要对数据进行筛选，去掉错误数据。

数据的筛选包括两方面的内容：一是将某些不符合要求的数据或有明显错误的数据予以剔除；二是将符合某种特定条件的数据筛选出来，对不符合条件的数据予以剔除。

三、数据排序

排序是按一定顺序将数据进行排列，以便研究者通过浏览数据发现一些明显的特征或趋势。排序有助于对数据进行检查和纠错，以及为重新归类或分组等提供依据；在某些场合，排序本身就是分析的目的之一。

对于定类数据，如果是字母型数据，排序有升序与降序之分，习惯上使用升序；如果是汉字型数据，既可按汉字的首位拼音字母排序，也可按笔画排序。定距数据和定比数据的排序只有两种，即递增和递减。

对于数值型数据，设一组数据为 $X(1),X(2),\cdots,X(N)$，递增排序后可表示为 $X(1)<X(2)<\cdots<X(N)$；递减排序后可表示为 $X(1)>X(2)>\cdots>X(N)$。

四、数据透视

数据透视能够将数据筛选、数据排序和数据分类汇总等操作依次完成，并生成汇总表格，是一种可以快速汇总大量数据的交互式方法。使用数据透视表可以深入分析数值型数据，并且可以回答一些预计不到的数据问题。

数据透视表是针对以下用途特别设计的：以多种友好方式查询大量数据；对数值型数据进行分类汇总，按分类和子分类对数据进行汇总，创建自定义计算和公式；展开或折叠所关注结果的数据级别，查看感兴趣区域摘要数据的明细；将行移动到列或将列移动到行，以查看源数据的不同汇总；对最有用和最关注的数据子集进行筛选、排序、分组和有条件地设置格式。

4.3 统计分组

一、统计分组概述

统计分组是根据统计研究的需要，将统计总体按照一定的标志区分为若干个不同类型或性质的组成部分的一种统计方法。

统计整理的任务是使零散资料系统化，但怎样使资料系统化？本着什么去归类？这取决于统计分组。在已取得完整、正确的统计资料的前提下，统计分组的优劣是决定整个统计研究成败的关键,它直接关系到统计分析的质量。例如,将一所学校的人,根据老师、学生、男性、女性、年龄、成绩、特长等标志,进行分类统计。

统计分组有两方面的含义:一方面,对总体而言是“分”,即将总体区分为性质相异的若干部分;另一方面,对个体而言是“合”,即将性质相同的个体组合起来。总体的组成部分称为“组”。

通过统计分组,同组的总体单位之间具有相同之处,不同组的总体单位之间则具有相异之处,所以,统计分组主要就是在统计总体内部进行的一种定性分类。统计分组可以保持各组内统计资料的一致性和组间资料的差异性,便于运用各种统计方法研究现象的数量表现和数量关系,从而正确地认识事物的本质及其规律。

二、统计分组的作用

(一)划分性质不同的各种类型,研究其特点和规律性

统计分组将社会经济现象总体划分为性质不同的类型,它是统计工作中应用最广泛、最主要的分组。例如,将工业企业按所有制的不同、轻重工业划分,居民按城镇、农村划分,从而说明不同经济类型的特点。一般来说,社会经济类型的分组多采用品质标志来划分。例如,将200个工业企业按行业分组,如表4-1所示。

表4-1 工业企业按行业分组

行业	企业数/个	比重/(%)
冶金工业	30	15.0
机械工业	40	20.0
电子工业	70	35.0
煤炭工业	45	22.5
石油工业	15	7.5
合　计	200	100.0

(二)分析总体中各个组成部分的结构情况

统计分组将社会经济现象总体按照某个标志分成若干组成部分,并计算总体内部各组成部分占总体的比重,以揭示总体的内部构成,表明部分与总体、部分与部分之间的关系。通过统计分组,可以反映总体内部各部分之间的差别和相互关系,表明总体的内部结构。同时,在各组的基础上计算各组所占总体的比重,从总体的构成上认识总体各部分的作用,并对总体做出正确的评价。从表4-2所示的我国国内生产总值的结构变化资料,大致可以看出2000—2004年我国国民经济的总体情况。

表 4-2 2000—2004 年我国国内生产总值构成 单位:亿元

	2000 年		2001 年		2002 年		2003 年		2004 年	
	绝对数	比重/(%)	绝对数	比重/(%)	绝对数	比重/(%)	绝对数	比重/(%)	绝对数	比重/(%)
第一产业	14 212	15.9	14 610	15.0	14 883	14.5	17 242	14.8	20 744	15.2
第二产业	45 141	50.5	49 069	51.0	52 982	51.8	61 778	52.9	72 387	53.0
第三产业	30 051	33.6	32 254	34.0	34 533	33.7	37 674	32.3	43 384	31.8
合　计	89 404	100.0	95 933	100.0	102 398	100.0	116 694	100.0	136 515	100.0

(三) 揭示现象之间的依存关系

一切社会现象都不是孤立的,而是处于互相联系、互相依存、互相制约之中。通过统计分组,可以揭示这种关系及其在数量上的表现。例如,对 10 户居民家庭的月可支配收入和消费支出进行调查,通过整理得到,随着家庭月可支配收入的提高,居民消费支出也有相应提高的趋势,两者之间存在明显的正依存关系(见表 4-3)。

表 4-3 居民消费和收入依存关系表 单位:元

可支配收入	18 000	18 000	25 000	40 000	60 000	62 000	75 000	88 000	90 000	99 000	100 000
消费支出	15 000	16 000	20 000	30 000	40 000	40 000	50 000	62 000	65 000	72 000	78 000

三、统计分组的方法

统计分组的关键是正确地选择分组标志与划分各组界限。

(一) 分组标志选择的原则

1. 根据研究的目的与任务选择分组标志

每一个总体都可以按照许多个标志来进行分组,具体按什么标志分组主要取决于统计研究的目的和任务。例如,研究人口的年龄构成时,就应该按“年龄”分组;研究各类型的工业企业在工业生产中的地位和作用时,就应该按“经济类型”分组;等等。

2. 选择能够反映事物本质或主要特征的标志

有时几个标志似乎都可以达到同一研究目的,这种情况下,应该进行深入分析,选择主要的、能反映问题本质的标志进行分组。例如,对企业的生产情况进行研究,想要反映企业的生产情况,可以选择“产量”“产值”“产品种类”等标志,由于各企业生产的产品不同,最能反映生产情况本质的应该是“产值”这个标志。

3. 根据现象的历史条件及经济条件来选择

有的标志在当时能反映问题的本质,但后来由于社会经济的发展变化,可能已经不再适用,此时就要选择新的分组标志来进行分组。例如,过去我国企业以劳动密集型企业为主,应选择“职工人数”为分组标志;现在我国企业从劳动密集型向资本密集型转变,则应选择“注册资本”作为分组标志。

（二）分组方法

1. 按品质或数量标志分组，或按两种标志结合分组

按品质标志分组就是用反映事物属性的标志分组，它可以将总体划分为若干性质不同的组成部分。这种分组在许多情况下概念明确，但在有些情况下也会产生不容易划分的问题。例如，城镇居民和乡村居民按其居住地划分，就会产生不易划分的情况。为了使这些复杂的分类在全国统一执行，国家统计局及中央有关部门统一制定了各种分类目录与规定标准。

按数量标志分组就是用事物数量的多少作为分组标志的分组。数量标志可以是绝对数，也可以是相对数。这种分组是按照具体数值界限划分的，一般不会产生困难，其关键在于如何规定它们的界限。

两种标志结合分组就是把品质标志和数量标志结合起来的分组。

2. 按主要标志与辅助标志分组

对有些现象进行分组时，使用一个分组标志不足以区分事物的不同性质与特点，不能全面地认识事物的变化规律。因此，进行分组时，除了使用一个主要分组标志以外，还要用一个或几个辅助标志作为分组补充标志。哪些标志作为主要标志？哪些标志作为辅助标志？这要根据研究任务来选择与确定。

（三）统计分组体系

统计分组体系是根据统计任务与分组的要求，对同一总体选择多种不同标志进行分组而形成的体系。它是一种相互补充、相互联系的分组体系，用于对总体数量表现认识的深化。

1. 简单分组与平行分组体系

将社会经济总体按一个标志分组，称为简单分组。以同一总体选择两个或两个以上标志分别进行简单分组，称为平行分组体系。例如，对人口按年龄、性别、文化程度等标志分别进行简单分组，可得到一个平行的分组体系（见图 4-1）。

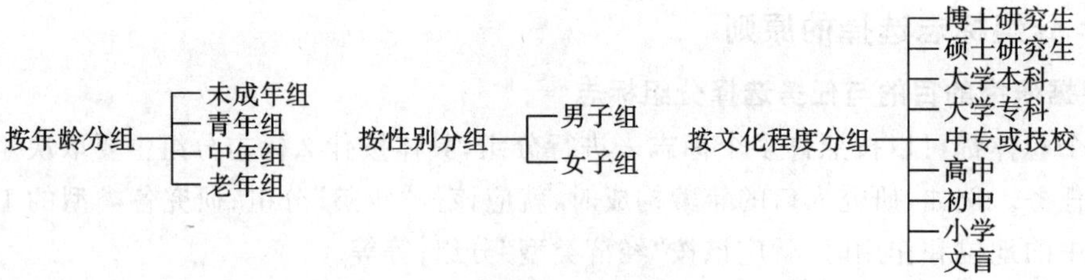

图 4-1　平行分组体系

平行分组体系的特点：每一个分组只能反映各总体单位在一个标志上的差异，而不能反映各总体单位在其他标志上的差异。

2. 复合分组与复合分组体系

对同一总体选择两个或两个以上标志重叠起来进行分组，称为复合分组。多个复合分组组成的体系，称为复合分组体系。例如，为了了解我国高等学校在校学生的基本状况，可同时选择学科、学历、性别等三个标志进行复合分组，得到的复合分组体系如图 4-2 所示。

建立复合分组体系，应根据统计分析的要求，在选择分组标志的同时，确定它们的主次顺序。首先，按照主要标志对总体单位进行第一次分组；然后，按次要的标志在第一次分组的基础上进行第二次分组，依次按所有标志分组至最后一层为止。

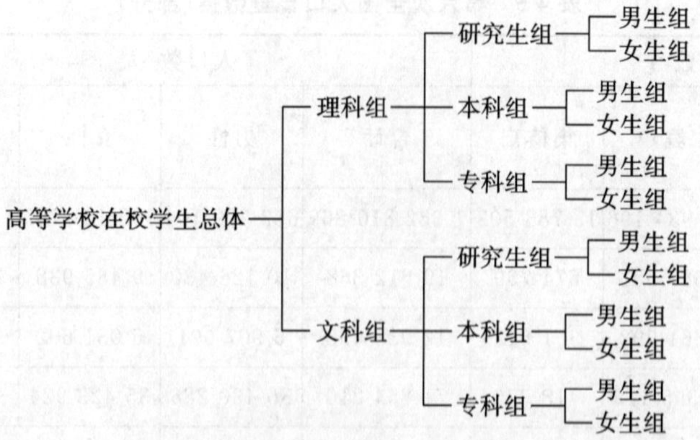

图 4-2 复合分组体系

4.4 次数分布

一、次数分布及分布数列

(一) 次数分布的概念

次数分布是指在统计分组的基础上，将总体中所有单位按组归类整理，形成总体中各单位数在各组间的分布。例如，某年某地区人口的性别分布如表 4-4 所示。

表 4-4 某年某地区人口的性别分布

性　　别	人数/万人	比率/(%)
男性	1 198.0	51.94
女性	1 108.6	48.06
合　　计	2 306.6	100.00

分配在各组的单位数叫次数或频数。各组次数与总次数的比值叫频率或比率。各比率之和为 100%或 1。各组组别与次数依次排列而形成的数列叫次数分布数列，简称分布数列。

(二) 次数分布数列的种类

1. 属性分配数列

品质数列是按品质标志分配而形成的数列，也称为属性分配数列。例如，表 4-5 所示的第六次全国人口普查数据即为品质数列。

表 4-5　第六次全国人口普查数据(部分)

地区	户数/户			人口数/人				平均家庭户规模/(人/户)
	合计	家庭户	集体户	合计	男性	女性	性别比(女=100)	
全国	417 722 698	401 934 196	15 788 502	1 332 810 869	682 329 104	650 481 765	104.90	3.09
北京	7 355 291	6 680 552	674 739	19 612 368	10 126 430	9 485 938	106.75	2.45
天津	3 963 604	3 661 992	301 612	12 938 693	6 907 091	6 031 602	114.52	2.80
河北	20 813 492	20 395 116	418 376	71 854 210	36 430 286	35 423 924	102.84	3.36
山西	10 654 162	10 330 207	323 955	35 712 101	18 338 760	17 373 341	105.56	3.24
内蒙古	8 470 472	8 205 498	264 974	24 706 291	12 838 243	11 868 048	108.17	2.81

2. 变量分配数列

变量按数量标志分组而形成的数列叫变量分配数列,简称变量数列。例如,某班学生统计学考试成绩(见表 4-6)即为变量数列。

表 4-6　某班学生统计学考试成绩表

成绩/分	人数/人	比率/(%)
50～60	2	5.0
60～70	7	17.5
70～80	11	27.5
80～90	12	30.0
90～100	8	20.0
合　　计	40	100.0

变量分配数列按照分组方法的不同,又可以分为单项式变量数列和组距式变量数列。

(1) 单项式变量数列。单项式变量数列是按每个变量值分别列组而形成的数列,简称单项数列。例如,机电厂拥有机组的分布(见表 4-7)即为单项数列。

表 4-7　机电厂拥有机组的分布

拥有机组/套	机电厂数/个	比率/(%)
1	35	28.0
2	48	38.4
3	26	20.8
4	12	9.6
5	4	3.2
合　　计	125	100.0

单项式分组通常适合于变量值较少的情况，并且只适合于离散型变量。在离散型变量的取值范围大、项数多的情况下，就不宜进行单项式分组。例如，对全国工业企业按工人数进行分组，虽然工人数是离散型变量，但全国各工业企业的工人数差别很大，若以每个变量值为一组，则组数太多，不利于观察总体的分布特征，失去了统计分组的意义。

(2) 组距式变量数列。组距式变量数列是指把各变量值按照一定组距进行分组而形成的数列，简称组距数列。

在组距数列中，表示各组界限的变量值称为组限，如“50～60”“60～70”等，其中，较小的变量值称为下限，如“50”“60”等；较大的变量值称为上限，如“60”“70”等；各组上限与下限之差即为组距，组距＝上限－下限，如“60－50”“70－60”等；各组上限与下限的中点称为组中值，即组中值＝(上限＋下限)/2，如“(50＋60)/2＝55”“(60＋70)/2＝65”，组中值具有一定的假定性，即假定次数在各组内的分布是均匀的，代表了各组的一般水平。

组距式分组可以根据实际情况采取等距分组或者不等距分组两种类型。

①等距分组。等距分组是指各组保持相等的组距，也就是说各组标志值的变动都限于相同的范围。

在等距分组中，各组单位数的多少不会受到组距大小的影响，便于直接比较各组次数的多少、研究次数分布的特征。因此，等距分组是组距式分组的基本方法。

等距分组的特点表现为：由于各组组距相等，各组次数的分布不受组距大小的影响，与次数密度的分布是一致的，一般呈正态分布。

②不等距分组。不等距分组又称异距分组，是指各组组距并不完全相等的分组。它适用于标志值变动很不均匀的情况。

不等距分组的特点表现为：不等距分组各组的次数多少受组距不同的影响。组距大，次数可能多；组距小，则次数可能少。因此，必须消除组距对各组次数分布的影响，即需要计算次数密度。次数密度＝次数÷组距，其作用主要在于消除各组组距不相等而造成的影响。在下列情况下，就必须考虑采用不等距分组：标志值分布很不均匀、标志值相等的量具有不同的意义、标志值按一定比例发展变化。

在编制组距式变量数列时，常常会遇到这样的情况：例如，学生成绩的分布分为60分以下、60～70分、70～80分等；又如，学生人数的分布分为30人以下、30～60人、60人以上等。

这种具有不确定组距的组称为开口组，包括上开口和下开口。其组中值的计算如下：

下开口的组中值＝上限－1/2邻组组距

上开口的组中值＝下限＋1/2邻组组距

二、变量数列的编制

品质数列的编制是根据分组情况进行的，较为简单，本书主要讲述变量数列的编制。

1. 将原始资料按其数值大小重新排列

只有把得到的原始资料按其数值大小重新排列顺序，才能看出变量分布的集中趋势和特点，为确定全距、组距和组数做准备。

2. 确定全距

全距是变量值中最大值和最小值的差数。

确定全距主要是确定变量值的变动范围和变动幅度。如果是变动幅度不大的离散型变量，即可编制单项式变量数列;如果是变动幅度较大的离散型变量或者连续型变量,就要编制组距式变量数列。

3. 确定组距和组数

前面已经介绍过组距数列有等距和不等距之分,应视研究对象的特点和研究目的而定。

组距的大小和组数的多少,是互为条件和互相制约的。当全距一定时,组距大,组数就少;组距小,组数就多。在实际应用中,组距应是整数,最好是5或10的整倍数。在确定组距时,必须考虑原始资料的分布状况和集中程度,注意组距的同质性,尤其是对带有根本性的质量界限,绝不能混淆,否则就会失去分组的意义。

在等距分组条件下,存在以下关系:

$$组数=全距\div组距$$

4. 确定组限

组限要根据变量的性质来确定。如果变量值相对集中,无特大或特小的极端数值时,则采用闭口式,使最小组和最大组也都有下限和上限;反之,如果变量值相对比较分散,则采用开口式,使最小组只有上限(用“××以下”表示),最大组只有下限(用“××以上”表示)。如果是离散型变量,可根据具体情况采用不重叠组限或重叠组限的表示方法;而连续型变量则只能用重叠组限来表示。

在采用闭口式组限时,应做到最小组的下限低于最小变量值,最大组的上限高于最大变量值,但不要过于悬殊。

同时,组限的确定还要考虑变量的类型是离散型还是连续型。一般来说,由于离散型变量各变量值之间以整数断开,变量值之间有明显的界限,上、下限都可以用准确的数值表示,组限非常清楚。例如,某校按学生人数分组,组限为:

100人及以下

101～200人

201～300人

301～400人

401人及以上

而连续型变量各变量值之间可做无限分割,有小数存在,上、下限不能用两个确定的值表示,只能用前一组的上限与本组的下限为同一数值表示。例如,企业按照产值进行分组,组限为:

100万元以下

100万～500万元

500万～1 000万元

1 000万～3 000万元

3 000万元以上

实际统计工作中,虽然变量区分连续型变量与离散型变量,但为了计算、绘图等的方便,保证总体单位不出现重复、遗漏,可采用连续型变量的形式代替离散型变量。

对于连续型变量,在确定组限时,有一原则可循,即“上限不在内”原则:各组只包括本组下限变量值的单位,不包括本组上限变量值的单位。

5. 编制变量数列

经过统计分组，明确了全距、组距、组数和组限及组限的表示方法以后，就可以对变量值进行归类排列，最后把各组单位数经综合后填入相应的次数栏中。其具体程序：①原始数据；②序列化（编制由小到大简单数列）；③求出组距等；④分组归类合计（形成次数分布）；⑤制成统计表（变量数列）。

［**例 4-1**］ 某班 40 人的统计学考试成绩（单位：分）如下所示：89、88、76、99、74、60、82、60、89、86、92、85、70、93、99、94、82、77、79、97、78、95、84、79、63、72、87、84、79、65、98、67、59、83、66、65、73、81、56、77。

(1) 整理原始数据，使其序列化。

将上述 40 个变量值由小到大列成表格形式（见表 4-8）。

表 4-8 某班统计学考试成绩表

成绩/分	人数/人	成绩/分	人数/人	成绩/分	人数/人	成绩/分	人数/人
56	1	72	1	82	2	92	1
59	1	73	1	83	1	93	1
60	2	74	1	84	2	94	1
63	1	76	1	85	1	95	1
65	2	77	2	86	1	97	1
66	1	78	1	87	1	98	1
67	1	79	3	88	1	99	2
70	1	81	1	89	2	合　计	40

(2) 计算组数、组距等，进行归类合计。

从表 4-8 中可以看出，变量值的变动范围为 56～99 分，最低分为 56 分、最高分为 99 分，二者之差即为全距。

$$全距=最大值-最小值=(99-56)分=43 分$$

确定组数有一个 Sturges 经验公式可参照，即 $m=1+3.322\lg n$，n 为总体单位数。

(3) 确定组限。

成绩分布采取连续型组限的确定方法，相邻组限重合。

将 40 人的统计学考试成绩分为 5 组，组距为 10，组限可以为 50～60 分，60～70 分，…，90～100 分，可以使考试成绩优、良、中、及格、不及格的特征体现出来。

(4) 绘制统计表。

把变量值归类排列，最后把各组单位数经综合后填入相应的次数栏中，得到某班统计学考试成绩分布数列，如表 4-9 所示。

表 4-9 某班统计学考试成绩统计表

成绩/分	人数/人	比率/(%)
50～60	2	5.0

续表

成绩/分	人数/人	比率/(%)
60～70	7	17.5
70～80	11	27.5
80～90	12	30.0
90～100	8	20.0
合　计	40	100.0

4.5 统计表和统计图

一、统计表

将统计调查所得的原始资料，进行整理，得到说明社会现象及其发展过程的数据，把这些数据按一定的顺序排列在表格中，就形成“统计表”。

统计表是表现数字资料整理结果的最常用的一种表格。统计表是由纵横交叉的线条所绘制的表格来表现统计资料的一种形式。

从广义上理解，统计表可以包括统计工作过程中的所有表格，即调查表、整理表和分析表。狭义的统计表仅指在统计整理过程中所使用的整理表。

1. 统计表的作用

统计表的作用表现在：①用数量说明研究对象之间的相互关系。②用数量把研究对象之间的变化规律显著地表示出来。③用数量把研究对象之间的差别显著地表示出来。这样便于人们用统计表来分析问题和研究问题。

2. 统计表的构成

从形式上看，统计表是由纵横交叉的直线组成的表格。如表 4-10 所示，表的上方有总标题，即表的名称；左边有横行标题；上边有纵栏标题；表内是统计数据。

统计表的纵向构成一般包括以下四个部分：

(1) 总标题。它相当于一篇论文的总标题，表明全部统计资料的内容，一般写在表的上端正中。

(2) 横行标题。它通常也被称为统计表的主词(主栏)，表明研究总体及其组成部分，即统计表所要说明的对象，一般位于表的左边。

(3) 纵栏标题。它通常也被称为统计表的宾词(宾栏)，是表明总体特征的统计指标的名称，一般位于表的上边。

(4) 数字资料。它是指位于各横栏与纵栏交叉处的数字(这些数字反映由横栏与纵栏所限定的内容)。

统计表的横向构成一般有两部分：主词栏和宾词栏。主词与宾词不是固定不变的。

表 4-10　考试成绩统计表　←总标题

	成绩/分	人数/人	比率/(%)
第一组	50～60	2	5.0
第二组	60～70	7	17.5
第三组	70～80	11	27.5
第四组	80～90	12	30.0
第五组	90～100	8	20.0
	合　计	40	100.0

←纵栏标题

横行标题

数字资料

主词　宾词

3. 统计表的种类

(1) 简单表。这是指统计表的主词栏未经任何分组，仅仅罗列各单位名称或按时间顺序排列的表格(见表 4-11)。

表 4-11　学生四门课考试成绩一览表　单位：分

姓　名	会计学原理考试成绩	中级财务会计考试成绩	财务管理考试成绩	审计学考试成绩
吴江	87	89	92	86
刘一手	87	85	88	83
…	…	…	…	…

(2) 简单分组表。这是指表的主词栏按某一个标志进行分组的统计表(见表 4-12)。

表 4-12　某地区 2012 年婚前检查检出疾病情况

疾　病	病例数/人	百分比/(%)
指定传染病(包括性病)	393	17.18
严重的遗传性疾病	87	3.80
精神病	9	0.39
生殖系统疾病	1 149	50.24
内科系统疾病	649	28.38
合　计	2 287	100.00

(3) 复合分组表。这是指按两个及两个以上标志进行分组的统计表(见表 4-13)。

表 4-13　某地区不同年代 40 岁以上男女居民常见慢性病的患病率　单位：%

疾　病	男　性		女　性	
	2004 年	2006 年	2004 年	2006 年
高血脂	33.65	28.61	34.50	25.92
高血压	24.37	25.76	18.60	20.20
脂肪肝	19.87	22.76	17.50	18.08

续表

疾　　病	男　　性		女　　性	
	2004 年	2006 年	2004 年	2006 年
糖尿病	9.85	8.66	8.67	7.85
胆结石	5.88	5.16	6.85	6.46
冠心病	6.70	5.89	4.59	4.03

4. 统计表的设计

为了使统计表的设计科学、实用、简明、美观，应注意以下问题。

(1) 总标题要简明扼要，并能确切说明表中的内容。

(2) 统计表上下两端的端线应当用粗线绘制，表中其他线条一律用细线绘制，表的左右两端习惯上均不划线，采用开口式。

(3) 指标数字应有计算单位。如果全表指标数字的计算单位是相同的，如用“万元”为单位，应在表的右上角注明“单位：万元”字样；如果表中同栏指标数字的计算单位相同而各栏之间不同时，应在各栏标题中注明计算单位。

(4) 表中横行的“合计”一般列在最后一行(或最前一行)，表中纵栏的“合计”一般列在最前一栏。

(5) 必须对某些资料进行说明时，应在表的下方注明。

二、统计图

(一) 统计图概述

统计图是利用点、线、面、体等绘制成几何图形，以表示各种数量之间的关系及其变动情况的工具，是表现统计数字大小和变动的各种图形的总称。其中有条形统计图、扇形统计图、折线统计图、象形图等。

在统计学中，把利用统计图形表现统计资料的方法叫作统计图示法。其特点是形象具体、简明生动、通俗易懂、一目了然。其主要用途：表示现象间的对比关系；揭露总体结构；检查计划的执行情况；揭示现象间的依存关系，反映总体单位的分配情况；说明现象在空间上的分布情况。其一般采用直角坐标系，横坐标用来表示事物的组别或自变量，纵坐标用来表示事物出现的次数或因变量；或采用角度坐标(如圆形图)、地理坐标(如地形图)等。其按图尺的数字性质分类，有实数图、累积数图、百分数图、对数图、指数图等。其结构包括图名、图目(图中的标题)、图尺(坐标单位)、各种图线(基线、轮廓线、指导线等)、图注(图例说明、资料来源等)等。

(二) 统计图的类型

1. 条形统计图

用一个单位长度(如 1 厘米)表示一定的数量，根据数量的多少画成长短相应成比例的直条，并把直条按一定顺序排列起来，这样形成的统计图称为条形统计图(或直方图)。条形统计图可以清楚地表明各种数量的多少。条形统计图是统计资料分析中最常用的图形。按照排列方式的不同，条形统计图可分为纵式条形统计图和横式条形统计图；按照分析作用的不同，条形统计图可分为条形比较图和条形结构图。

条形统计图的特点表现为:①能够使人们一眼看出各个数据的大小;②易于比较数据之间的差别;③能清楚地表示数量的多少。

[**例 4-2**] 某班统计学考试成绩如表 4-14 所示。

表 4-14 某班统计学考试成绩

学生学号	总成绩/分	学生学号	总成绩/分	学生学号	总成绩/分	学生学号	总成绩/分
1	86	11	61	21	88	31	48
2	70	12	81	22	67	32	87
3	81	13	61	23	80	33	40
4	81	14	87	24	73	34	67
5	93	15	63	25	86	35	64
6	99	16	79	26	85	36	67
7	75	17	75	27	62	37	78
8	88	18	73	28	63	38	77
9	64	19	63	29	76	39	90
10	78	20	72	30	72	40	80

根据表 4-14,编制组距式变量数列,某班统计学考试成绩分组表如表 4-15 所示。

表 4-15 某班统计学考试成绩分组表

总成绩/分	学生数/人	频率/(%)
60 以下	2	5.00
60~70	11	27.50
70~80	12	30.00
80~90	12	30.00
90~100	3	7.50
合　计	40	100.00

根据表 4-15 绘制的条形统计图如图 4-3 所示。

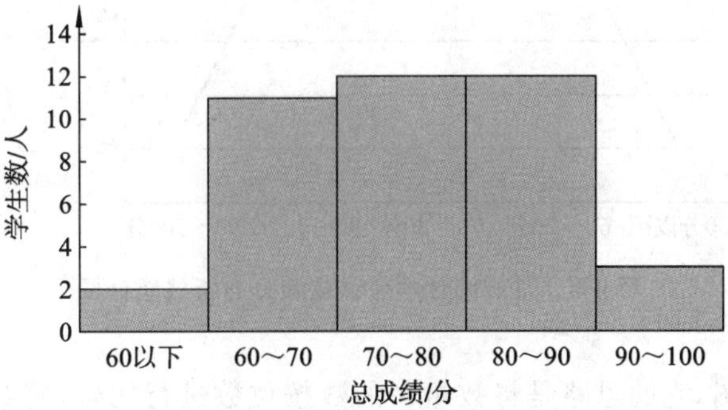

图 4-3 某班统计学考试成绩分布条形统计图

2. 扇形统计图

以一个圆的面积表示事物的总体，以扇形面积表示部分占总体的百分数的统计图，称作扇形统计图，也称百分数比较图。扇形统计图可以比较清楚地反映部分与部分、部分与整体之间的数量关系。

扇形统计图的特点表现为：①用扇形的面积表示部分在总体中所占的百分比；②易于显示每组数据相对于总数的大小。

［**例 4-3**］ 根据表 4-14 所示的数据画出的扇形统计图如图 4-4 所示。

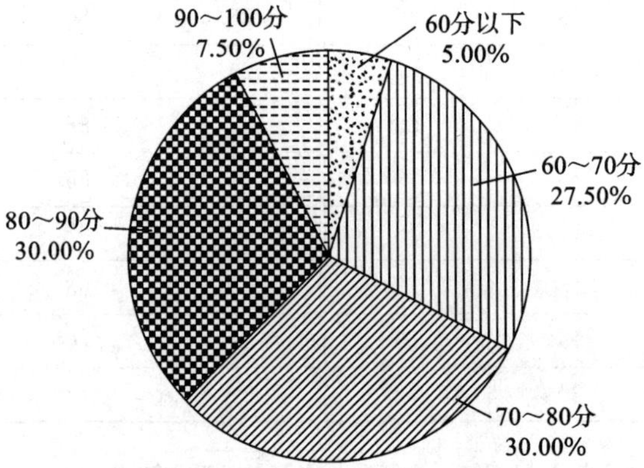

图 4-4 某班统计学考试成绩分布扇形统计图

3. 折线统计图

以折线的上升或下降来表示统计数量增减变化的统计图，称作折线统计图。与条形统计图相比，折线统计图不仅可以表示数量的多少，而且可以反映同一事物在不同时间的发展变化情况。折线统计图在生活中的运用非常普遍，虽然它不能直接给出精确的数据，但只要掌握了一定的技巧，熟练运用"坐标法"也可以很快地确定某个具体的数据。

折线统计图的特点为能够显示数据的变化趋势，反映事物的变化情况。

［**例 4-4**］ 根据表 4-14 所示的数据画出的折线统计图如图 4-5 所示。

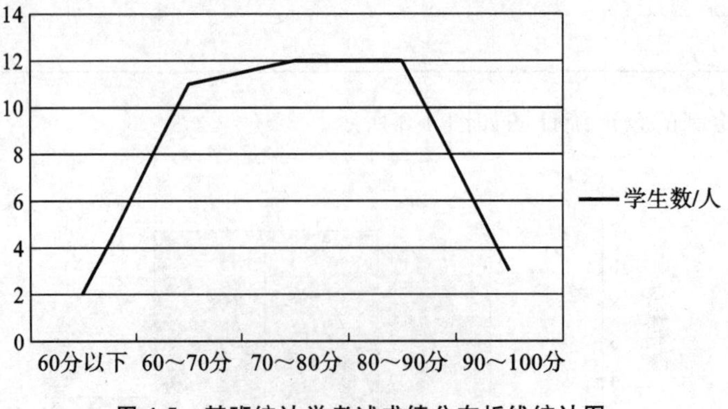

图 4-5 某班统计学考试成绩分布折线统计图

4. 茎叶图

茎叶图又称枝叶图，它的思路是将数组中的数按位数进行比较，将数的大小基本不变或变化不大的位作为一个主干(茎)，将变化大的位的数作为分枝(叶)列在主干的后面。这样就可以清楚地看到每个主干后面的几个数，每个数具体是多少。

茎叶图有三列数：左边的一列数是上(或下)向中心累积的值，中心的数(带括号)表示最多数组的个数；中间的一列数表示茎，也就是变化不大的位数；右边的是数组中的变化位，它按照一定的间隔将数组中每个变化的数一一列出来，像一条枝上抽出的叶子一样，所以人们形象地称它为茎叶图。

茎叶图是一个与直方图相类似的特殊工具，但又与直方图不同，茎叶图保留了原始资料的信息。将茎叶图的茎和叶按逆时针方向旋转90度，实际上就是一个直方图，可以从中统计出次数，计算出各数据段的频率或百分比，从而可以看出分布是否与正态分布或单峰偏态分布逼近。

茎叶图在质量管理上的用途与直方图差不多，但它通常是在更细致的分析阶段使用。由于它是用数字组成的直方图，因此我们常使用专业的软件进行绘制。

［**例 4-5**］ 某篮球运动员在某赛季各场比赛的得分情况如下：12、15、24、25、31、31、36、36、37、39、44、49、50，则编制的茎叶图如图4-6所示。

树　茎	树　叶
1	2 5
2	4 5
3	1 1 6 6 7 9
4	4 9
5	0
合　计	13

图 4-6　篮球运动员得分茎叶图

茎叶图的特征表现为：①没有原始数据信息的损失，所有数据信息都可以从茎叶图中得到；②茎叶图中的数据可以随时记录，随时添加，方便记录与表示；③茎叶图只便于表示两位有效数字的数据，而且茎叶图只方便记录两组数据，两组以上的数据虽然能够记录，但是没有表示两组数据那么直观、清晰。

☆ **案例 1**

中国国际海运集装箱(集团)股份有限公司(简称中集集团)，是世界领先的物流装备和能源装备供应商，总部位于中国深圳。中集集团的主要业务领域：集装箱、道路运输车辆、能源化工及食品装备、海洋工程、物流服务、空港设备等，提供高品质与可信赖的装备和服务。支持这些业务蓬勃发展的有：提供专业资金管理的财务公司，以及提供金融解决方案的融资租赁公司。作为一家为全球市场提供服务的多元化跨国产业集团，中集集团在亚洲、北美、欧洲、澳洲等地区拥有300余家成员企业及3家上市公司，客户和销售网络分布在全球100多个国家和地区。

中集集团公司构成情况表如表4-16所示。

表 4-16　中集集团公司构成情况表

业务类型	公司名称
集装箱	深圳南方中集东部物流装备制造有限公司、青岛中集冷藏箱制造有限公司、青岛中集特种冷藏设备有限公司、太仓中集集装箱制造有限公司、宁波中集物流装备有限公司

续表

业务类型	公司名称
道路运输车辆	深圳中集专用车有限公司、Vanguard National Trailer Corp、扬州中集通华专用车有限公司、驻马店中集华骏车辆有限公司
能源化工及食品装备	南通中集罐式储运设备制造有限公司、石家庄安瑞科气体机械有限公司、Ziemann International GmbH、张家港中集圣达因低温装备有限公司
海洋工程	Ocean Challenger Pte. Ltd、BASSOE TECHNOLOGY AB、普莱德游艇公司、烟台铁中宝钢铁加工有限公司
物流服务	天津港保税区港湾加油服务有限责任公司、天津国润振华能源技术有限公司、天津港保税区凯昌石油销售有限公司、青岛港国际贸易物流有限公司
空港设备	德国齐格勒消防及救援车辆(集团)有限责任公司(Albert Ziegler GmbH)、深圳中集天达空港设备有限公司、中国消防企业集团、德利国际有限公司
金融	中集集团财务有限公司、中集融资租赁有限公司
产城发展	阳江市中集富日房地产开发有限公司、扬州中集天宇投资有限公司、东莞中集创新产业园发展有限公司、深圳市中集物业服务有限公司
直管业务单元	中集技术有限公司、深圳中集电商物流科技有限公司、宁波西马克贸易有限公司、深圳中集智能科技有限公司

根据表4-16,以业务类型为分组标志,编制的品质分布数列如表4-17所示。

表4-17 中集集团公司构成分布表

业务类型	公司数/家	比率/(%)
集装箱	5	14.29
道路运输车辆	4	11.43
能源化工及食品装备	4	11.43
海洋工程	4	11.43
物流服务	4	11.43
空港设备	4	11.43
金融	2	5.71
产城发展	4	11.43
直管业务单元	4	11.43
合计	35	100

根据表4-17所示的分布数列可知,中集集团的各部分业务构成较为均衡、全面。

根据分布数列编制统计图,由于要说明总体内的分组构成,所以采用扇形图形式,如图4-7所示。

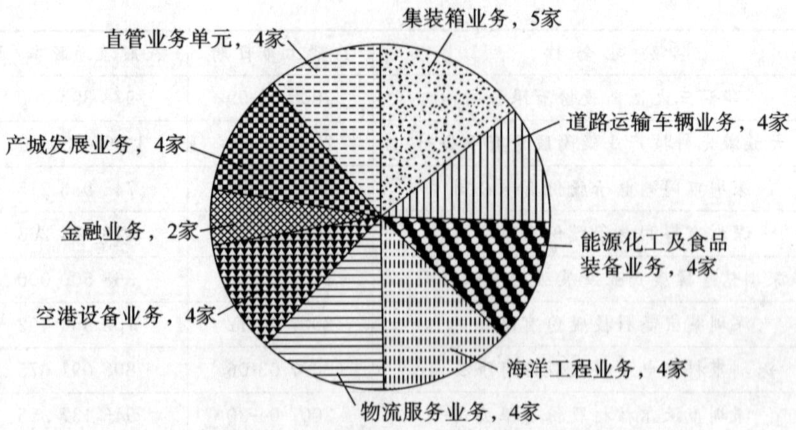

图 4-7　中集集团下属公司业务布局图

☆ 案例 2

深圳证券交易所制造业板块上市公司信息(节选)如表 4-18 所示。

表 4-18　深圳证券交易所制造业板块上市公司信息(节选)

2018-9-3

公司代码	公司全称	A股上市日期	A股流通股本/元	城市
000004	深圳中国农大科技股份有限公司	1990-12-01	83 013 184	深圳市
000012	中国南玻集团股份有限公司	1992-02-28	1 735 816 386	深圳市
000016	康佳集团股份有限公司	1992-03-27	1 596 574 300	深圳市
000017	深圳中华自行车(集团)股份有限公司	1992-03-31	302 981 008	深圳市
000019	深圳市深宝实业股份有限公司	1992-10-12	415 954 636	深圳市
000020	深圳中恒华发股份有限公司	1992-04-28	181 165 391	深圳市
000021	深圳长城开发科技股份有限公司	1994-02-02	1 470 715 176	深圳市
000023	深圳市天地(集团)股份有限公司	1993-04-29	138 756 240	深圳市
000039	中国国际海运集装箱(集团)股份有限公司	1994-04-08	1 267 502 201	深圳市
000045	深圳市纺织(集团)股份有限公司	1994-08-15	457 016 599	深圳市
000048	深圳市康达尔(集团)股份有限公司	1994-11-01	383 620 540	深圳市
000049	深圳市德赛电池科技股份有限公司	1995-03-20	205 243 738	深圳市
000050	天马微电子股份有限公司	1995-03-15	1 400 976 819	深圳市
000055	方大集团股份有限公司	1996-04-15	678 298 229	深圳市
000060	深圳市中金岭南有色金属股份有限公司	1997-01-23	3 568 173 332	深圳市
000063	中兴通讯股份有限公司	1997-11-18	3 433 268 571	深圳市
000066	中国长城科技集团股份有限公司	1997-06-26	2 490 717 309	深圳市
000068	深圳华控赛格股份有限公司	1997-06-11	1 006 670 564	深圳市
000070	深圳市特发信息股份有限公司	2000-05-11	541 768 438	深圳市

续表

公司代码	公司全称	A股上市日期	A股流通股本/元	城市
000999	华润三九医药股份有限公司	2000-03-09	978 395 308	深圳市
002008	大族激光科技产业集团股份有限公司	2004-06-25	1 065 530 460	深圳市
002052	深圳市同洲电子股份有限公司	2006-06-27	745 953 215	深圳市
002055	深圳市得润电子股份有限公司	2006-07-25	425 814 263	深圳市
002105	深圳信隆健康产业发展股份有限公司	2007-01-12	368 500 000	深圳市
002106	深圳莱宝高科技股份有限公司	2007-01-12	703 854 402	深圳市
002121	深圳市科陆电子科技股份有限公司	2007-03-06	808 091 075	深圳市
002130	深圳市沃尔核材股份有限公司	2007-04-20	946 137 355	深圳市
002138	深圳顺络电子股份有限公司	2007-06-13	699 871 330	深圳市
002139	深圳拓邦股份有限公司	2007-06-29	778 655 134	深圳市
002161	深圳市远望谷信息技术股份有限公司	2007-08-21	693 904 523	深圳市

根据表4-18，以A股流通股本为分组标志编制变量数列，具体步骤如下。

第一步，排序。按照数值大小顺序进行排列，如表4-19所示。

表4-19 按A股流通股本排列深圳证券交易所制造业板块上市公司信息（节选）

2018-9-3

公司代码	公司全称	A股上市日期	A股流通股本/元
000004	深圳中国农大科技股份有限公司	1990-12-01	83 013 184
000023	深圳市天地（集团）股份有限公司	1993-04-29	138 756 240
000020	深圳中恒华发股份有限公司	1992-04-28	181 165 391
000049	深圳市德赛电池科技股份有限公司	1995-03-20	205 243 738
000017	深圳中华自行车（集团）股份有限公司	1992-03-31	302 981 008
002105	深圳信隆健康产业发展股份有限公司	2007-01-12	368 500 000
000048	深圳市康达尔（集团）股份有限公司	1994-11-01	383 620 540
000019	深圳市深宝实业股份有限公司	1992-10-12	415 954 636
002055	深圳市得润电子股份有限公司	2006-07-25	425 814 263
000045	深圳市纺织（集团）股份有限公司	1994-08-15	457 016 599
000070	深圳市特发信息股份有限公司	2000-05-11	541 768 438
000055	方大集团股份有限公司	1996-04-15	678 298 229
002161	深圳市远望谷信息技术股份有限公司	2007-08-21	693 904 523
002138	深圳顺络电子股份有限公司	2007-06-13	699 871 330
002106	深圳莱宝高科技股份有限公司	2007-01-12	703 854 402
002052	深圳市同洲电子股份有限公司	2006-06-27	745 953 215
002139	深圳拓邦股份有限公司	2007-06-29	778 655 134

续表

公司代码	公司全称	A股上市日期	A股流通股本/元
002121	深圳市科陆电子科技股份有限公司	2007-03-06	808 091 075
002130	深圳市沃尔核材股份有限公司	2007-04-20	946 137 355
000999	华润三九医药股份有限公司	2000-03-09	978 395 308
000068	深圳华控赛格股份有限公司	1997-06-11	1 006 670 564
002008	大族激光科技产业集团股份有限公司	2004-06-25	1 065 530 460
000039	中国国际海运集装箱(集团)股份有限公司	1994-04-08	1 267 502 201
000050	天马微电子股份有限公司	1995-03-15	1 400 976 819
000021	深圳长城开发科技股份有限公司	1994-02-02	1 470 715 176
000016	康佳集团股份有限公司	1992-03-27	1 596 574 300
000012	中国南玻集团股份有限公司	1992-02-28	1 735 816 386
000066	中国长城科技集团股份有限公司	1997-06-26	2 490 717 309
000063	中兴通讯股份有限公司	1997-11-18	3 433 268 571
000060	深圳市中金岭南有色金属股份有限公司	1997-01-23	3 568 173 332

第二步，确定全距：R=(3 568 173 332−83 013 184)元=3 485 160 148 元。

第三步，令组数 $n=5$，若进行等距式分组，则组距 $d=R/n$=3 485 160 148/5 元=697 032 030 元

第四步，确定各组的组限，进行分组。通过数据筛选，确定各组内包含的公司数量，如表4-20所示。

表 4-20　确定各组的组限

各组下限	各组上限	公司数量/家
83 013 184 元	780 045 214 元	17
780 045 214 元	1 477 077 243 元	8
1 477 077 243 元	2 174 109 273 元	2
2 174 109 273 元	2 871 141 302 元	1
2 871 141 302 元	3 568 173 332 元	2

第五步，根据分组情况编制等距式变量数列，如表 4-21 所示。

表 4-21　按 A 股流通股本分组表(等距)

分　　组	公司数量/家	比率/(%)
83 013 184～780 045 214 元	17	56.67
780 045 214～1 477 077 243 元	8	26.67
1 477 077 243～2 174 109 273 元	2	6.67
2 174 109 273～2 871 141 302 元	1	3.33
2 871 141 302～3 568 173 332 元	2	6.67
合　　计	30	100

根据表 4-21 绘制的频数分布直方图如图 4-8 所示。

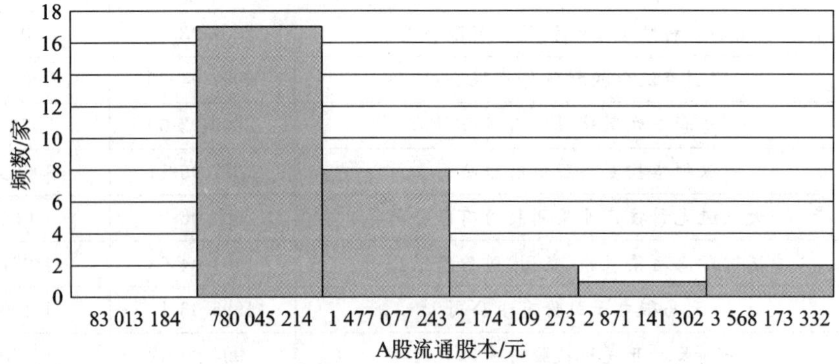

图 4-8　频数分布直方图

从该分布数列发现，流通股本较小的公司数量较多，中集集团被分在了第二组。我们也发现，等距式变量数列并不能很好地显示前面两组的数量变化，所以可以采取不等距分组的方法，进行不等距变量数列的编制，并且做一些细节上的处理：①由于最小值数值过小，第一组(最小组)选择开口组形式；②由于最大值数值过大，第五组(最大组)选择开口组形式。结果如表 4-22 所示。

表 4-22　按 A 股流通股本分组表(不等距)

分　　组	公司数量/家	比率/(%)
～400 000 000 元	7	23.33
400 000 000～700 000 000 元	7	23.33
700 000 000～1 000 000 000 元	6	20.00
1 000 000 000～2 000 000 000 元	7	23.33
2 000 000 000 元～	3	10.00
合　　计	30	100

根据表 4-22 绘制的频率分布折线图如图 4-9 所示。

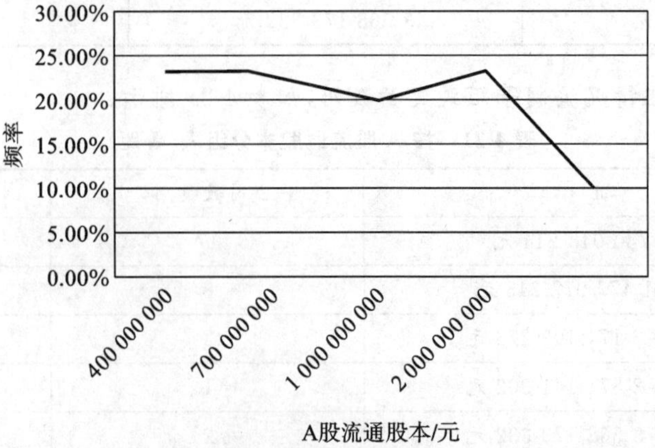

图 4-9　频率分布折线图

☆ 小知识

利用 Excel 进行数据筛选

Excel 中提供了两种数据筛选操作,即自动筛选和高级筛选。

自动筛选一般用于简单的条件筛选,筛选时将不满足条件的数据暂时隐藏起来,只显示符合条件的数据。图 4-10 所示为深圳证券交易所制造业板块上市公司信息(节选),选择“数据”菜单下“筛选”子菜单中的“自动筛选”命令,以“A 股流通股本”字段为例,单击其右侧箭头向下的列表按钮,可根据要求筛选出 A 股流通股本为某一指定数额的记录或筛选出 A 股流通股本最高(或最低)的前 10(该数值可调整)个记录。

我们还可以根据条件筛选出 A 股流通股本在某一范围内符合条件的记录。条件“与”表示两个条件同时成立,条件“或”表示两个条件只要满足其中之一就可以了。

如图 4-11 所示,可根据给定的条件筛选出 A 股流通股本大于或等于 415 954 636 且小于 1 400 976 819的记录。筛选结果如图 4-12 所示。

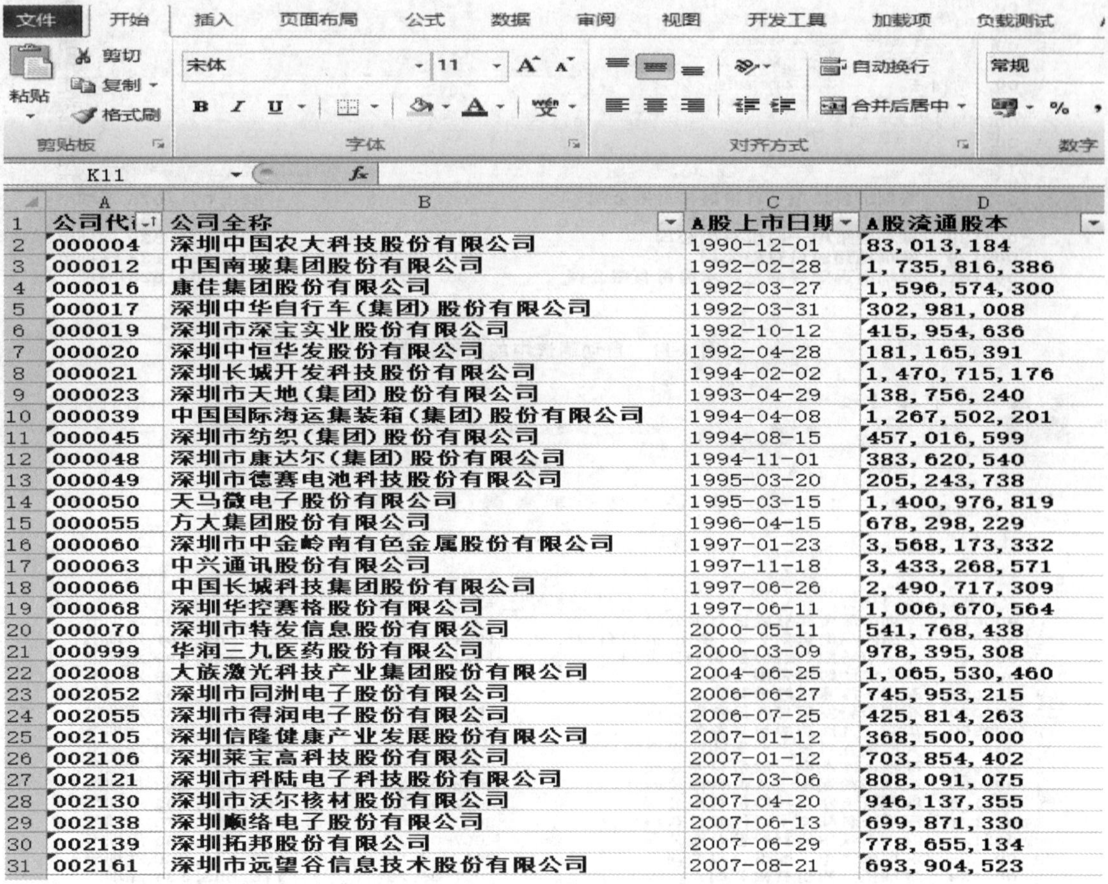

	A	B	C	D
1	公司代码	公司全称	A股上市日期	A股流通股本
2	000004	深圳中国农大科技股份有限公司	1990-12-01	83,013,184
3	000012	中国南玻集团股份有限公司	1992-02-28	1,735,816,386
4	000016	康佳集团股份有限公司	1992-03-27	1,596,574,300
5	000017	深圳中华自行车(集团)股份有限公司	1992-03-31	302,981,008
6	000019	深圳市深宝实业股份有限公司	1992-10-12	415,954,636
7	000020	深圳中恒华发股份有限公司	1992-04-28	181,165,391
8	000021	深圳长城开发科技股份有限公司	1994-02-02	1,470,715,176
9	000023	深圳市天地(集团)股份有限公司	1993-04-29	138,756,240
10	000039	中国国际海运集装箱(集团)股份有限公司	1994-04-08	1,267,502,201
11	000045	深圳市纺织(集团)股份有限公司	1994-08-15	457,016,599
12	000048	深圳市康达尔(集团)股份有限公司	1994-11-01	383,620,540
13	000049	深圳市德赛电池科技股份有限公司	1995-03-20	205,243,738
14	000050	天马微电子股份有限公司	1995-03-15	1,400,976,819
15	000055	方大集团股份有限公司	1996-04-15	678,298,229
16	000060	深圳市中金岭南有色金属股份有限公司	1997-01-23	3,568,173,332
17	000063	中兴通讯股份有限公司	1997-11-18	3,433,268,571
18	000066	中国长城科技集团股份有限公司	1997-06-26	2,490,717,309
19	000068	深圳华控赛格股份有限公司	1997-06-11	1,006,670,564
20	000070	深圳市特发信息股份有限公司	2000-05-11	541,768,438
21	000999	华润三九医药股份有限公司	2000-03-09	978,395,308
22	002008	大族激光科技产业集团股份有限公司	2004-06-25	1,065,530,460
23	002052	深圳市同洲电子股份有限公司	2006-06-27	745,953,215
24	002055	深圳市得润电子股份有限公司	2006-07-25	425,814,263
25	002105	深圳信隆健康产业发展股份有限公司	2007-01-12	368,500,000
26	002106	深圳莱宝高科技股份有限公司	2007-01-12	703,854,402
27	002121	深圳市科陆电子科技股份有限公司	2007-03-06	808,091,075
28	002130	深圳市沃尔核材股份有限公司	2007-04-20	946,137,355
29	002138	深圳顺络电子股份有限公司	2007-06-13	699,871,330
30	002139	深圳拓邦股份有限公司	2007-06-29	778,655,134
31	002161	深圳市远望谷信息技术股份有限公司	2007-08-21	693,904,523

图 4-10　深交所制造业板块上市公司信息(节选)

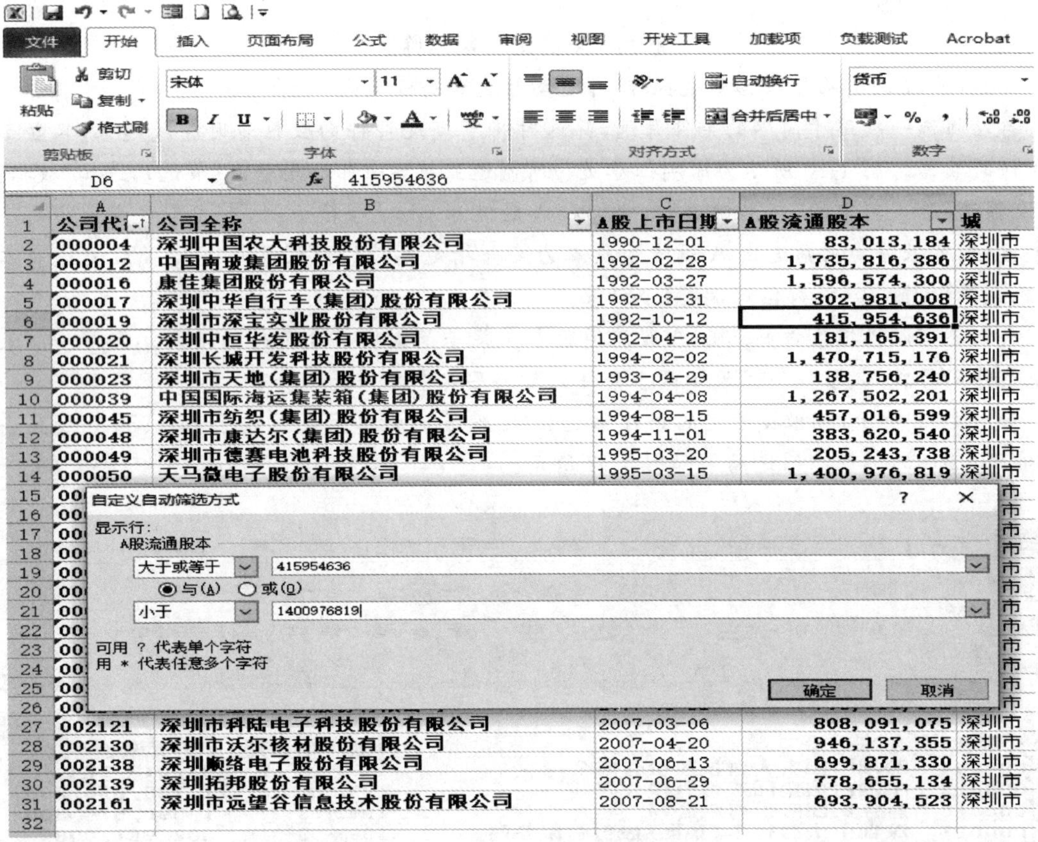

	公司代码	公司全称	A股上市日期	A股流通股本	城市
2	000004	深圳中国农大科技股份有限公司	1990-12-01	83,013,184	深圳市
3	000012	中国南玻集团股份有限公司	1992-02-28	1,735,816,386	深圳市
4	000016	康佳集团股份有限公司	1992-03-27	1,596,574,300	深圳市
5	000017	深圳中华自行车(集团)股份有限公司	1992-03-31	302,981,008	深圳市
6	000019	深圳市深宝实业股份有限公司	1992-10-12	415,954,636	深圳市
7	000020	深圳中恒华发股份有限公司	1992-04-28	181,165,391	深圳市
8	000021	深圳长城开发科技股份有限公司	1994-02-02	1,470,715,176	深圳市
9	000023	深圳市天地(集团)股份有限公司	1993-04-29	138,756,240	深圳市
10	000039	中国国际海运集装箱(集团)股份有限公司	1994-04-08	1,267,502,201	深圳市
11	000045	深圳市纺织(集团)股份有限公司	1994-08-15	457,016,599	深圳市
12	000048	深圳市康达尔(集团)股份有限公司	1994-11-01	383,620,540	深圳市
13	000049	深圳市德赛电池科技股份有限公司	1995-03-20	205,243,738	深圳市
14	000050	天马微电子股份有限公司	1995-03-15	1,400,976,819	深圳市
27	002121	深圳市科陆电子科技股份有限公司	2007-03-06	808,091,075	深圳市
28	002130	深圳市沃尔核材股份有限公司	2007-04-20	946,137,355	深圳市
29	002138	深圳顺络电子股份有限公司	2007-06-13	699,871,330	深圳市
30	002139	深圳拓邦股份有限公司	2007-06-29	778,655,134	深圳市
31	002161	深圳市远望谷信息技术股份有限公司	2007-08-21	693,904,523	深圳市

图 4-11 自动筛选中的条件筛选

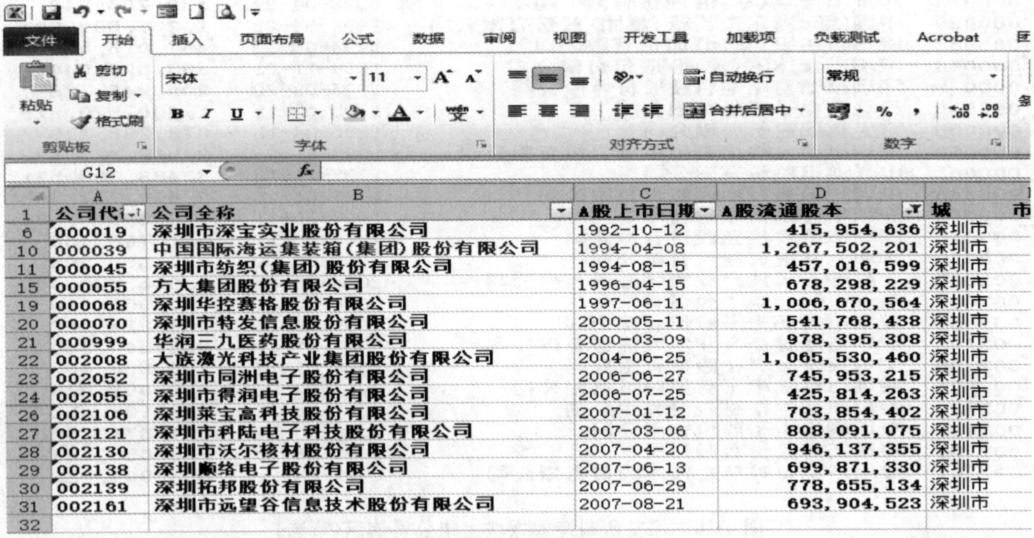

	公司代码	公司全称	A股上市日期	A股流通股本	城市
6	000019	深圳市深宝实业股份有限公司	1992-10-12	415,954,636	深圳市
10	000039	中国国际海运集装箱(集团)股份有限公司	1994-04-08	1,267,502,201	深圳市
11	000045	深圳市纺织(集团)股份有限公司	1994-08-15	457,016,599	深圳市
15	000055	方大集团股份有限公司	1996-04-15	678,298,229	深圳市
19	000068	深圳华控赛格股份有限公司	1997-06-11	1,006,670,564	深圳市
20	000070	深圳市特发信息股份有限公司	2000-05-11	541,768,438	深圳市
21	000999	华润三九医药股份有限公司	2000-03-09	978,395,308	深圳市
22	002008	大族激光科技产业集团股份有限公司	2004-06-25	1,065,530,460	深圳市
23	002052	深圳市同洲电子股份有限公司	2006-06-27	745,953,215	深圳市
24	002055	深圳市得润电子股份有限公司	2006-07-25	425,814,263	深圳市
26	002106	深圳莱宝高科技股份有限公司	2007-01-12	703,854,402	深圳市
27	002121	深圳市科陆电子科技股份有限公司	2007-03-06	808,091,075	深圳市
28	002130	深圳市沃尔核材股份有限公司	2007-04-20	946,137,355	深圳市
29	002138	深圳顺络电子股份有限公司	2007-06-13	699,871,330	深圳市
30	002139	深圳拓邦股份有限公司	2007-06-29	778,655,134	深圳市
31	002161	深圳市远望谷信息技术股份有限公司	2007-08-21	693,904,523	深圳市

图 4-12 条件筛选的结果

【本章小结】

统计整理是根据统计研究的任务与要求，对调查得来的各种原始资料，进行科学的整理与加工，使之系统化，从而得出反映总体特征的综合资料，包括系统地积累资料与为研究特定问题对资料的再加工。统计整理在统计工作中起着承前启后的作用，在统计研究中处于中心地位。

统计分组就是根据统计研究的需要，将统计总体按照一定的标志区分为若干个不同类型或性质的组成部分的一种统计方法。统计分组是统计整理的主要方法。进行统计分组应注意分组标志的选择及组限、组距的确定。分布数列及统计表是统计整理结果的表现形式，应掌握分布数列的种类及编制，掌握统计表的设计要求及技术要点。

统计调查所获得的原始资料经过整理，得到说明社会现象特征及其发展过程的数据，这些数据不用一定的方法表示就显得比较杂乱。为了使人们能清楚、直观地认知统计数据，经常会用到统计表和统计图。把说明社会现象特征及其发展过程的数据按一定的顺序排列在表格中，就形成了统计表。统计表是表现数字资料整理结果的最常用的一种表格。统计表是用纵横交叉的线条所绘制的表格来表现统计资料的一种形式。统计图是根据统计数据，用几何图形、事物形象和地图等绘制的各种图形。它具有直观、形象、生动、具体等特点。统计图可以使复杂的统计数据简单化、通俗化、形象化，使人一目了然，便于理解和比较。因此，统计图在统计资料整理与分析中占有重要地位，并得到广泛应用。

【练习题】

一、填空题

1. 统计分组同时具有两层含义：一是将总体划分为性质__________的若干部分，二是将性质__________的单位合并在一起。

2. 变量的最大值与最小值的差额称为__________。在组距数列中，各组上限与下限的差额称为__________。

3. 在组距数列中，用__________来代表各组内变量值的一般水平，它的前提是假设各组中变量值是__________分布的。

4. __________变量可以进行单项式分组或组距式分组，而__________变量只能进行组距式分组，且其组限只能采用__________。

5. 统计表从内容上看，有__________和__________两部分。

6. 统计表按主词是否分组和分组程度可分为__________、__________、__________三种。

二、单项选择题

1. 统计分组的依据是(　　)。

A. 标志　　B. 指标　　C. 标志值　　D. 变量值

2. 按某一标志分组的结果表现为(　　)。

A. 组内同质性，组间同质性　　B. 组内同质性，组间差异性
C. 组内差异性，组间同质性　　D. 组内差异性，组间差异性

3. 统计分组的核心是(　　)。

A. 正确选择分组标志　　B. 正确划分各组界限
C. 正确确定组数与组限　　D. 正确选择分布数列种类

4. 在全距一定的情况下，组距的大小与组数的多少成（　　）。

A. 正比　　B. 反比

C. 无比例关系　　D. 有时成正比，有时成反比

5. 组距数列中的每组上限是指（　　）。

A. 每组的最小值　　B. 每组的最大值

C. 每组的中间值　　D. 每组的起点值

6. 简单分组与复合分组的区别在于（　　）。

A. 总体的复杂程度不同　　B. 组数的多少不同

C. 所选分组标志的性质不同　　D. 选择分组标志的数量不同

7. 简单表与分组表的区别在于（　　）。

A. 宾语是否分组　　B. 主词是否分组

C. 分组标志的多少　　D. 分组标志是否重叠

8. 统计表的横行标题表示各组的名称，一般应写在统计表的（　　）。

A. 上方　　B. 左方　　C. 右方　　D. 均可以

9. 填写统计表时，当某项不应该有数字时，应用（　　）符号表示。

A. 0　　B. —　　C. ×　　D. …

10. 对统计资料进行审核时的逻辑检查和计算检查主要用于检查资料的（　　）。

A. 准确性　　B. 完整性　　C. 系统性　　D. 及时性

11. 不等距分组适用于（　　）。

A. 变量变动比较均匀的情况　　B. 变量变动不均匀的情况

C. 按一定比率变动的变量　　D. 一切变量

三、多项选择题

1. 下列分组中，属于按品质标志分组的有（　　）。

A. 职工按工龄分组　　B. 企业按所有制属性分组

C. 教师按职称分组　　D. 人口按地区分组

E. 人口按文化程度分组

2. 下列分组中，属于按数量标志分组的有（　　）。

A. 工厂按利润计划完成百分比分组　　B. 学生按健康状况分组

C. 工厂按产量分组　　D. 职工按工龄分组

E. 企业按隶属关系分组

3. 在组距数列中，组中值（　　）。

A. 是上限与下限的中点数　　B. 在开口组中可参照相邻组来确定

C. 在开口组中无法计算　　D. 用来代表各组标志值的一般水平

4. 对调查资料进行审核的内容包括（　　）。

A. 准确性　B. 及时性　C 系统性　D. 完整性　E. 逻辑性

5. 变量数列中，（　　）。

A. 各组频率大于 0　　B. 各组频率大于 1

C. 各组频率之和等于 1　　D. 总次数一定时频数与频率成正比

E. 频率越大，该组标志值起的作用越大

6. 统计表从内容上看，由(　　)组成。

A. 总标题　B. 横行标题　C. 纵栏标题　D. 主词　E. 宾词

7. 组距式分组仅适合于(　　)。

A. 连续型变量　　B. 离散型变量

C. 离散型变量且变动幅度较大　　D. 离散型变量且变动幅度较小

E. 连续型变量且变动幅度较大

四、判断题

1. 统计整理就是对统计调查所获得的原始资料进行加工、整理，提供综合统计资料的工作过程。(　　)

2. 对同一总体按一个标志进行分组是简单分组，按多个标志进行层叠分组是复合分组。(　　)

3. 连续型变量只能进行组距式分组，但其组限可采用重叠组限和不重叠组限两种表示方法。(　　)

4. 所谓"上限不在内"原则，是指当某单位的标志值恰好等于某组上限时，就把该单位归入该组。(　　)

5. 统计表中各项标题应按合乎逻辑的顺序排列，主词栏通常用"甲""乙"等文字编号，宾语栏用"1""2""3"等数字编号。(　　)

6. 统计表中不存在某项数字时，应用符号"…"表示。(　　)

五、简答题

1. 什么是统计整理?

2. 统计整理有哪几个程序?

六、计算题

1. 班组 20 名工人的资料如表 4-23 所示。

要求：

(1) 按性别、文化程度和技术等级分别编制分布数列。

(2) 按组距 20～30 岁、30～40 岁、40～50 岁、50 岁以上分组，编制组距数列。

表 4-23　班组 20 名工人的资料

工人序号	性　别	年龄/岁	文化程度	技术等级
1	男	20	高中	2
2	女	20	高中	2
3	男	22	初中	2
4	男	23	初中	2
5	女	24	初中	2
6	男	26	初中	3
7	女	26	初中	3
8	女	26	初中	4
9	男	28	中专	4

续表

工人序号	性　别	年龄/岁	文化程度	技术等级
10	男	29	中专	4
11	女	29	中专	4
12	男	33	初中	5
13	女	34	初中	5
14	男	36	高中	5
15	男	36	高中	6
16	男	36	高中	6
17	男	41	高中	6
18	女	43	高中	7
19	男	48	初中	7
20	女	59	高中	7

2. 某班组20名工人看管机器台数(单位:台)资料如下:

2、5、4、2、4、3、4、4、2、2、4、3、4、5、3、4、4、2、4、3

要求:试根据上述资料编制变量数列。

3. 车间50名职工的工资(单位:元)如下:

380、390、400、410、420、460、470、910、600、960

560、560、570、570、580、430、480、690、590、590

560、550、550、530、520、520、490、600、620、620

860、790、780、680、700、720、650、630、640、630

830、810、750、680、680、750、650、660、660、880

要求:

(1) 按组距50元编制变量数列。

(2) 按组距100元编制变量数列。

(3) 比较上述哪种分组更合适?

第5章 总量指标与相对指标

☆ 教学目的与要求

了解总量指标和相对指标的含义、分类，理解总量指标、相对指标的作用，正确区分时期指标和时点指标，掌握运用相对指标的原则。

☆ 教学重点

总量指标的概念、意义、作用、种类和计量单位，相对指标的概念及表现形式，各种相对指标的计算。

☆ 教学难点

总量指标和相对指标的基本特征，各类相对指标的构成和计算方法，计算计划完成相对数、强度相对数等。

5.1 总量指标

在社会经济的统计活动中，对事物的定量认识是从定性认识开始，并以定性为基础的。从定性认识到定量认识的过渡需要一架“桥梁”，这架“桥梁”便是统计指标。日常生活中常用的统计指标有总量指标、相对指标、平均指标和标志变异指标，它们构成了综合指标体系，可以用来说明总体的总规模、相对水平、集中趋势和离中趋势。例如，要了解一家公司的状况，首先应采用资产总额、总利润等总量指标来说明其总体状况，然后采用资产利润率这一相对指标来说明其资源使用效率。如果想进一步说明该公司的平均盈利状况，则需要计算年平均利润额这一平均指标；同时，通过平均利润的标准差说明该公司平均利润的波动幅度。

本章先介绍总量指标和相对指标，第 6 章介绍平均指标和标志变异指标。

一、总量指标的含义和作用

（一）总量指标的含义

总量指标是指统计汇总后得到的具有计量单位的统计指标，反映被研究对象在一定时期或时点的规模、水平。一般用绝对数表示，又称绝对数指标。例如，根据《中华人民共和国2011年国民经济和社会发展统计公报》，我国2011年全年国内生产总值471 564亿元，第一产业增加值47 712亿元，第二产业增加值220 592亿元，第三产业增加值203 260亿元；年末全国就业人员76 420万人，其中城镇就业人员35 914万人；全年城镇新增就业人员1 221万人。以上指标均为总量指标，即绝对数指标。总量指标数值的大小受总体范围的影响，一般来说，总体范围越大，指标值越大；总体范围越小，指标值越小。

总量指标既可反映客观现象总体在一定时间、地点条件下的总规模、总水平，也可以表现为某现象总体在一定时空条件下数量增减变化的绝对数。例如，2011年我国全年公共财政收入103 740亿元，比上年增加20 639亿元，其中税收收入89 720亿元，增加16 510亿元。增加或减少部分也是总量指标。

（二）计量单位

总量指标的计量单位有实物单位、价值单位和劳动量单位三种。

1. 实物单位

实物单位表明现象总体使用价值的总量。它根据现象的自然属性和特点采用实物单位计量。实物单位又分为自然单位、度量衡单位、标准实物单位、复合单位。

自然单位是按事物的自然属性来描述的计量单位。例如，人口以"人"为单位、家庭数以"户"为单位、车辆以"辆"为单位、房屋以"栋"为单位等。

度量衡单位是按照统一的度量衡制度的规定来度量的一种计量单位。例如，重量用"吨""千克"来度量、体积用"立方米"来度量、长度用"千米""米"等来度量。

复合单位是将两个或两个以上单位有机结合在一起进行度量的计量单位。例如，货运量以"吨公里"为计量单位、发电量以"千瓦时"为计量单位、参观人数以"人次"为计量单位等。复合单位的有机结合可以用乘号或者除号来连接。

标准实物单位是按照统一折算标准来度量被研究现象数量的一种计量单位，如将各种不同发热量的能源统一折合成29.3千焦/千克的标准煤单位计算其总量等。

2. 价值单位

价值单位表明现象总体的价值总量，以货币单位计量，如工业增加值、基本建设投资额、商品销售额等都是用货币来度量的指标。价值量指标具有广泛的综合性，可以把不同类事物综合在一起。常用的价值单位有"元""万元"等。

3. 劳动量单位

劳动量单位是以劳动过程中消耗的劳动时间为计量单位，如工时、工日、人工数等，为成本核算和计算劳动生产率提供依据，多用于企业的成本核算和计算工时。

（三）总量指标的作用

总量指标在统计分析及国民经济和社会管理中应用广泛，具有重要作用。

第一，总量指标可以用来反映一个国家的基本国情国力，反映一个地区、一个部门或一个单位的人力、物力和财力，是人们对客观事物认识的起点。客观事物的基本情况首先表现为一定的总量。例如，一个国家或地区的国内生产总值、人口总数、土地面积；某个企业集团的固定资产总额、销售总额、生产总成本。要想了解一个国家或地区的国民经济、科技文化和社会发展等基本状况以及一个企业的生产销售情况，必须从认识这些总量指标开始。

第二，总量指标可以用来作为制定政策、制定计划和实行科学管理的基本依据，也是检查政策、计划的执行情况，反映社会经济活动绝对效果的重要指标。一方面，总量指标能反映宏观经济与微观经济的运行条件、成果等数量状况；另一方面，宏观和微观经济管理中的许多计划指标与考核指标也常常以绝对数的形式规定。所以，总量指标是经济管理的基本指标，如"社会总产值××亿元""国民收入××亿元"等。

第三，总量指标可以用来研究客观现象的数量表现及其发展变化趋势。通过统计总量指标编制的时间数列可以反映客观事物发展变化的过程、结果和趋势。

通过图 5-1 可以直观地发现，我国外汇储备近年来一直在增加。到 2011 年末，外汇储备额度高达 31 811 亿美元。

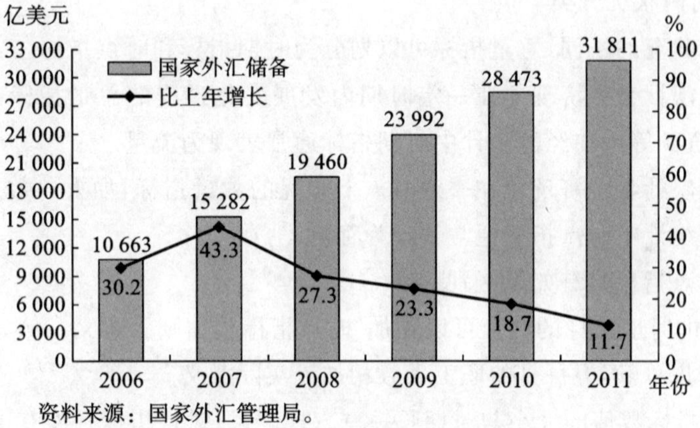

图 5-1　2006—2011 年年末我国外汇储备及其增长情况

第四，总量指标是计算相对指标和平均指标的基础。总量指标是基本指标、原始指标，相对指标与平均指标是它的派生指标，总量指标的设计是否科学、计算是否正确将直接影响相对指标与平均指标的准确性。例如，计算平均成绩需要用总成绩除以总人数，总成绩和总人数都是总量指标，平均成绩是平均指标；计算外汇储备增长率需要用外汇储备增加额除以外汇储备额度，外汇储备增加额和外汇储备额度都是总量指标，外汇储备增长率为相对指标。因此，只有正确统计总量指标，相对指标和平均指标才有了坚实的统计基础。

二、总量指标的种类

1. 按反映的具体内容分类

按反映的具体内容的不同，总量指标可以划分为总体单位总量指标和总体标志总量指标。

总体单位总量指标是用来反映总体中单位数的多少，说明总体本身规模大小的总量指标。例如，对某地区居民粮食消费情况进行研究，该地区的居民人口数便是总体单位总量指标；研究我国的人口状况时，统计总体是全国所有公民，总体单位是每一位公民，我国的人口数则表明总体单位的个数，是总体单位总量指标；2011 年全年国内出游人数 26.4 亿人次，此时以全国出游居民作为总体进行研究,出游人数即为总体单位总量指标。

总体标志总量指标是用来反映总体中标志值总和的总量指标,如粮食消费总量、旅游收入便是总体标志总量指标。又如,某市的每个工业企业是总体单位,每一工业企业的工业职工人数是该工业企业的一个数量标志,则该市全部工业职工人数就是总体标志总量指标;另外,该市的年工业增加值、工业总产值、工业利税总额等指标也都是总体标志总量指标。

一个已经确定的统计总体,其总体单位总量是唯一确定的,而总体标志总量却不止一个。总体单位总量一般是离散型变量,而总体标志总量既可以是离散型变量,也可以是连续型变量。

总体单位总量指标和总体标志总量指标的地位随统计研究的目的不同而变化。例如,研究某地区的企业情况,则企业总数为总体单位总量指标,而职工人数是企业的一项标志,该地区职工总人数即为总体标志总量指标;若改变研究目的,研究该地区的职工收入情况,则所有的职工是总体,此时职工总人数就是总体单位总量指标了。

2. 按反映的时间状况分类

按反映的时间状况的不同,总量指标可以划分为时期指标和时点指标。

时期指标是反映社会经济现象在一定时期内发展变化过程的总量指标,如商品销售额、总产值、基本建设投资额等。在经济统计中时期指标通常表现为流量。

时点指标是反映社会经济现象在一定时点上状况的数量指标,如人口数、房屋的居住面积、企业数等。在经济统计中时点指标通常表现为存量。

时期指标和时点指标具有如下区别:

(1) 性质相同的时期指标的数值可以相加,时点指标相加则无意义。例如,每月的销售额相加可以得到全年销售总额,但每月的职工人数相加无实际意义。

(2) 同类时期指标数值的大小与时期长短有直接关系,时点指标则没有这种关系。例如,全年产量与每月产量相比,时间段越长,指标数值越大;而存货数量,全年与每月相比,并没有直接的联系,即年末存货数量不一定比月末存货数量的数值大。

(3) 时期指标一般是通过经常性调查取得的,即通过进行连续不断的登记、汇总而得到的。而时点指标的数值一般是通过一次性调查取得的,即通过对某一时刻的数据进行登记、汇总而得到的。例如,在统计报表中的一般为时期指标,而在普查时获得的通常为时点指标。

区分时期指标和时点指标决定了统计处理与应用上的不同。在运用时期指标和时点指标时,注意同一指标若从不同的角度考虑,性质也不同。例如,年末人口数和年初人口数是时点指标,但年末人口数减去年初人口数得到的人口净增数则为时期指标,即增加或减少部分通常是时间段的变化结果,为时期指标。

3. 按采用的计量单位分类

按采用的计量单位的不同,总量指标可以划分为价值指标、实物指标和劳动量指标。

实物指标是指计量单位采用实物单位的指标,如全国人口总数、国土面积等。

价值指标是以货币单位计量的指标,如销售总额、国民生产总值等。

劳动量指标采用劳动量单位计量,如总工时等。

三、总量指标的计算

(一) 直接计算法

总量指标数值都是通过对总体单位进行全面调查登记,采用直接计数、点数或测量等方法逐步计算汇总得出的。例如,统计报表中的总量资料和普查中的总量资料,都是采用这种直接计算法取得的。

(二) 推算法

推算法就是根据现象之间的相互关系或者非全面调查资料推算总量指标的一种方法。只有在不能直接计算或不必直接计算总体的总量指标的少数情况下,才采用推算的方法取得有关的总量资料。

常用的推算方法主要有以下几种。

1. 平衡关系推算法

有些现象之间存在着平衡关系。例如,期初库存量+本期购进量—本期销售量=期末库存量。利用这种平衡关系就可以根据其中的已知指标数值推算未知指标数值。

2. 因素关系推算法

因素关系推算法是利用现象之间的因果关系,根据已知因素推算未知因素的数值。例如,原材料消耗量=产品产量×单位产品原材料消耗量,利用这种因果关系,可根据产品产量和单位产品原材料消耗量推算原材料总消耗量。

3. 抽样推算法

抽样推算法是利用样本调查资料去推算总体资料的一种方法。此法将在第 9 章详细介绍。

总量指标数值在计算方法上比较简单,但在计算内容上却是相当复杂,这就涉及如何在质与量的统一中反映一定历史条件下社会经济现象的规模和水平。因此,总量指标数值的计算并不是一个单纯技术性的加总问题,必须正确规定总量指标所表示的各种社会经济现象的概念、构成内容和计算范围,确定计算方法,然后才能进行计算汇总,以取得正确反映社会经济现象的总量资料。例如,要正确计算工资总额,必须先明确工资的实质和构成;要计算国民经济各部门职工人数,不仅要明确职工的概念和范围,而且要从理论上先确定国民经济部门的分类,如此才能得出按部门分类的职工人数。

四、应用和计算总量指标时应注意的问题

1. 明确规定每项指标的含义和范围

正确计算统计总量指标的首要任务就是明确规定每项总量指标的含义和范围。例如,要计算国内生产总值、工业增加值等总量指标,首先应清楚这些指标的含义、性质,才能据以确定统计范围、统计方法。要解决好这个问题,必须正确理解被研究现象的性质、含义,同时要熟悉党的方针政策和统计制度的有关规定,统一计算口径,正确计算出它们的总量。

2. 注意现象的同质性

在计算实物指标的总量时,只有同质现象才能进行计算。同质性是由事物的性质或用途决定的。例如,我们可以把各种煤炭如无烟煤、烟煤、褐煤等看作一类产品来计算它们的总量,但不能把煤炭与钢铁混合起来计算。

3. 正确确定每项指标的计量单位

具体核算总量指标时，究竟采用哪一种计量单位，要根据被研究现象的性质、特点以及统计研究的目的而定，同时要注意与国家统一规定的计量单位一致，以便于汇总统计资料并保证统计资料的准确性。

5.2 相对指标

一、相对指标的含义和作用

统计中，数字的作用在于进行比较和分析。“比较为统计之母”是有道理的。只有孤立的数字，不能进行任何比较分析，不能说明任何问题。而对事物进行判断、鉴别和比较，就要借助于相对指标。

1. 相对指标的含义

相对指标是指两个有联系的指标数值之比，反映现象之间所固有的数量对比关系，如 GDP 增长率、性别比例等。以 2011 年年末我国人口构成情况(见表 5-1)为例，分析如下。

表 5-1　2011 年年末我国人口构成情况

指　　标	年末人数/万人	比重/(%)
全国总人口	134 735	100.0
其中:城镇	69 079	51.3
乡村	65 656	48.7
其中:男性	69 068	51.3
女性	65 667	48.7
其中:0～14 岁	22 164	16.5
15～59 岁	94 072	69.8
60 岁及以上	18 499	13.7
其中:65 岁及以上	12 288	9.1

资料来源:国家统计局。

从表 5-1 可知，城镇居民人口所占比重为 51.3%，乡村居民人口所占比重为 48.7%；男性人口所占比重为 51.3%，女性人口所占比重为 48.7%。同时，根据 2011 年国民经济与社会发展统计公报，我国 2011 年人口出生率为 11.93‰、死亡率为 7.14‰、自然增长率为 4.79‰，出生人口性别比为 117.78。以上皆为相对指标，很好地说明了现象的构成情况、发展速度等，这是总量指标无法达到的效果。

相对指标表现为两个有联系的指标之比，其数值有两种表现形式:无名数和复名数。

无名数是一种抽象化的数值，多以系数、倍数、成数、百分数或千分数表示。例如，城镇居民所占比重是以城镇人口除以全国总人口，计量单位都为“人”，分子、分母相除后消掉计量单位，表现为无名数中百分数的形式。

复名数主要用来表示密度、强度，以表明事物的密度、强度和普遍程度等。例如，人均粮食产量是以粮食总产量（计量单位为千克）除以人口总数（计量单位为人），分子、分母相除后无法消掉计量单位，故采用两个实物单位进行复合，用“千克/人”表示；同样，人口密度用“人/平方公里”表示；等等。

2. 相对指标的作用

（1）相对指标通过数量之间的对比，可以表明事物的相关程度、发展程度，它可以弥补总量指标的不足，使人们清楚了解现象的相对水平和普遍程度。例如，某企业去年实现利润 50 万元，今年实现利润 55 万元，则今年利润增长了 10%，这是总量指标不能说明的。

（2）相对指标可以把现象的绝对差异抽象化，使原来无法直接对比的指标变为可比。例如，不同的企业由于生产规模不同，直接用总产值、利润进行比较的意义不大，但如果采用一些相对指标，如资金利润率、资金产值率等进行比较，便可对企业的生产经营成果做出合理评价。

（3）相对指标可以说明总体内在的结构特征，为深入分析事物的性质提供依据。例如，计算一个地区不同经济类型的结构，可以说明该地区经济的性质。又如，计算一个地区第一、第二、第三产业的比例，可以说明该地区社会经济的现代化程度等。

二、相对指标的种类及其计算方法

根据统计研究的目的、任务和对比基础的不同，相对指标可以分为结构相对指标、比例相对指标、比较相对指标、强度相对指标、计划完成程度相对指标和动态相对指标六种。

1. 结构相对指标

结构相对指标是总体中部分数值与全部数值对比的结果，表明总体中某部分占总体的比重，故常被称为比重指标。其计算公式如下：

$$\text{结构相对指标}=\frac{\text{总体部分数值}}{\text{总体全部数值}}\times 100\% \tag{5-1}$$

［**例 5-1**］ 我国 2012 年第二季度国内生产总值构成情况如表 5-2 所示。计算第一产业产值占国内生产总值的比重。

表 5-2 2012 年第二季度国内生产总值构成表

	国内生产总值/亿元	比重/（%）
第一产业	17 471.0	7.7
第二产业	110 950.0	48.9
第三产业	98 677.2	43.5
合　　计	227 098.2	100

$$\text{第一产业所占比重}=\frac{\text{第一产业产值}}{\text{国内生产总值}}\times 100\%=\frac{17\ 471.0}{227\ 098.2}\times 100\%=7.7\%$$

同样，可计算得到第二产业所占比重为 48.9%，第三产业所占比重为 43.5%。

由于结构相对指标的分子是分母的组成部分，所以各部分所占比重之和等于 100%。

结构相对指标在社会经济统计中应用广泛，它的主要作用可以概括为以下几个方面：

第一，结构相对指标可以说明在一定时间、地点和条件下总体结构的特征。例如，从表 5-2

可知，2012 年第二季度国内生产总值中，第一产业产值所占比重相对较小。

第二，不同时期结构相对指标的变化，可以反映事物性质的发展趋势，分析经济结构的演变规律。以文盲率为例，文盲率是指超过学龄期(15 岁及 15 岁以上)既不会读又不会写字的人在相应人口中所占的比例。文盲率反映一个国家人口受教育的程度。表 5-3 所示为我国 15 岁及 15 岁以上文盲人口数统计表。

表 5-3　15 岁及 15 岁以上文盲人口数统计表

	2006 年	2007 年	2008 年	2009 年
15 岁及 15 岁以上文盲人口数/人	90 564	82 044	75 731	68 795
15 岁及 15 岁以上人口数/人	972 385	976 263	974 433	968 469
文盲率/(%)	9.31%	8.40%	7.77%	7.10%

资料来源：国家统计局。

从文盲率的变化可知，我国教育普及程度正在加大，到 2009 年年末文盲率已低至 7.10%。可以预估，随着我国经济的进一步发展和教育普及力度的加大，文盲率必定会继续降低。

第三，各构成部分所占比重的大小，可以反映所研究现象总体的质量以及人力、财力、物力的利用情况，有助于分清主次，确定工作重点。例如，文盲率、入学率、青年受高等教育人口比率等可从文化教育方面表明人口的质量；产品合格率、优质品率、高新技术品率、商品损耗率等可表明企业的工作质量；出勤或缺勤率、设备利用率等，则可反映企业人力、财力、物力的利用状况。

2. 比例相对指标

比例相对指标是同一总体内不同组成部分的指标数值对比的结果，它可以表明总体内部的比例关系。比例相对指标用以分析总体范围内各个局部、各个分组之间的比例关系和协调平衡状态。它是同一总体中某一部分数值与另一部分数值静态对比的结果，也称为比例相对数。其计算公式如下：

$$\text{比例相对指标}=\frac{\text{总体中某部分指标数值}}{\text{总体中另一部分指标数值}} \tag{5-2}$$

比例相对指标可以用百分数表示，也可以用一比几或几比几的形式表示，如例 5-1 中第一产业产值与第二产业产值的比例可表示为 17 471∶110 950，也可以表示为 1∶6.35。分析总体中若干部分的比例关系时可采用连比形式。例如，某地社会劳动者人数为 59 432 万人，其中第一产业劳动者人数为 34 769 万人，第二产业劳动者人数为 12 921 万人，第三产业劳动者人数为 11 742万人，三个产业劳动者人数的比例为 100∶37∶34。

利用比例相对指标可以分析国民经济中的各种比例关系，调整不合理的比例，促使社会主义市场经济稳步协调发展。

比例相对指标和结构相对指标都是进行总体内部的对比。不同点在于，结构相对指标强调部分比上总体，各部分所占比重之和等于 1；比例相对指标偏重于部分与部分进行对比，各部分比例与 1 并没有直接的联系。另外，比例相对指标的分子和分母可以互换，如性别比例通常为男女比例，男性在前，女性在后，实际上分子与分母互换并不影响比例的实质，即女性人数比上男性人数依然是性别比例。而结构相对指标的分子和分母不能互换，互换后无意义。

3. 比较相对指标

比较相对指标又称比较相对数或同类相对数，就是将不同地区、单位或企业之间的同类指标数值进行静态对比而得出的综合指标，表明同类事物在不同空间条件下的差异程度或相对状态。比较相对指标可以用百分数、倍数和系数表示，如中美人口之比说明人口发展的不平衡状况。其计算公式如下：

$$比较相对指标=\frac{某地区某种现象指标数值}{另一地区同种现象指标数值} \tag{5-3}$$

［例 5-2］ 甲、乙两公司 2018 年的商品销售额分别为 5.4 亿元和 3.6 亿元，则甲公司商品销售额是乙公司商品销售额的多少倍？

$$甲、乙两公司销售额之比=\frac{甲公司销售额}{乙公司销售额}=\frac{5.4}{3.6}=1.5$$

甲公司销售额是乙公司销售额的 1.5 倍，说明甲公司的销售状况要远好于乙公司。

计算比较相对指标可以用总量指标、相对指标或平均指标，分子、分母必须是同质现象。与比例相对指标相同，比较相对指标的分子、分母也可以进行互换，互换之后依然有意义。

运用比较相对指标对不同国家、不同地区、不同单位的同类指标进行对比，有助于揭露矛盾、找出差距、挖掘潜力，促进事物进一步发展。

4. 动态相对指标

动态相对指标又称动态相对数或时间相对指标，就是将同一现象在不同时期的两个指标数值进行动态对比而得出的相对数，借以表明现象在时间上发展变动的程度，通常以百分数或倍数表示，也称为发展速度。发展速度减 1(或 100%)为增长速度，计算结果大于 100%为增长多少百分数或百分点，小于 100%为下降多少百分数或百分点。其计算公式为：

$$动态相对指标=\frac{报告期发展水平}{基期发展水平}\times 100\% \tag{5-4}$$

$$增长速度=动态相对指标-1$$

作为比较标准的时期称为基期，与基期对比的时期称为报告期。这一部分内容在后续时间序列中讲述。

5. 强度相对指标

强度相对指标又称强度相对数，就是在同一地区或单位内，两个性质不同而有一定联系的总量指标数值对比得出的相对数，是用来分析不同事物之间的数量对比关系，表明现象的强度、密度和普遍程度的综合指标。其计算公式为：

$$强度相对指标=\frac{某一总量指标数值}{另一性质不同而有联系的总量指标数值} \tag{5-5}$$

［例 5-3］ 我国土地面积为 960 万平方公里，第五次全国人口普查的人口总数为 134 091 万人，则：

$$人均占地面积=\frac{土地面积总量}{人口总量}=\frac{960}{134\ 091}平方公里/人=0.007\ 159\ 平方公里/人$$

强度相对指标可以用来反映现象的密集程度或普遍程度。例如，用铁路(公路)长度与土地面积进行对比，可以得出铁路(公路)密度。

利用强度相对数来说明社会经济现象的强弱程度时，广泛采用人均产量指标来反映一个国家的经济实力，如按全国人口数计算的人均钢产量、人均粮食产量等。这种强度相对指标的数值越大，表示一个国家的经济发展程度越高，经济实力越强。

由于强度相对数是两个性质不同但有联系的总量指标数值之比，所以在多数情况下，其计量单位是由分子与分母原有单位组成的复合单位表示的，如人口密度用“人/平方公里”表示、人均钢产量用“吨/人”表示等。但有少数的强度相对指标因其分子与分母的计量单位相同，可以用千分数或百分数表示其指标数值。例如：

$$\begin{aligned}\text{人口自然增长率}&=\frac{\text{年内出生人口数}-\text{年内死亡人口数}}{\text{年平均人口数}}\times 1\,000‰\\&=\frac{\text{年内人口自然增长率}}{\text{年平均人口数}}\times 1\,000‰\\&=\text{人口出生率}(‰)-\text{人口死亡率}(‰)\end{aligned}\tag{5-6}$$

有少数反映社会服务行业负担情况或保证程度的强度相对指标，其分子和分母可以互换，即采用正算法计算正指标，采用倒算法计算逆指标。例如：

$$\text{商业网点密度(正指标)}=\frac{\text{零售商业机构数}}{\text{地区人口数}}$$

$$\text{商业网点密度(逆指标)}=\frac{\text{地区人口数}}{\text{零售商业机构数}}$$

从数值的表现形式上看，强度相对指标带有“平均”的意义。例如，按人口计算的主要产品产量指标用“吨(千克)/人”表示；按全国人口计算的人均国民收入用“元/人”表示。但究其实质，强度相对数与统计平均数有根本的区别。统计平均数是同一总体中的标志总量与单位总量之比，是将总体的某一数量标志的各个变量值加以平均。如前所述，强度相对数是两个性质不同而有联系的总量指标数值之比，它表明两个不同总体之间的数量对比关系。

强度相对指标与结构相对指标也有一定的联系。在统计中，反映现象普遍程度的指标很多都具有反映结构的作用，如每万人口医务人员数和每万人口大学生数，前者反映一个国家每个医务人员所负担的人口数，表明一个国家的医疗服务水平，后者反映的是一个国家大学生的普遍程度，表明一个国家的人口素质状况。从反映现象普遍程度的角度来看，可以将此类指标定性为强度相对指标。然而，从另一个角度出发，这两个指标也反映了医务人员和大学生在总人口中占的比例，可以将其划分为结构相对指标。所以，此类指标被单纯地划分为相对指标不够严谨，应根据研究目的与任务的不同确定其性质。如果研究的是一个国家大学生或医务人员的普遍程度，并且用复名数“人/百万人”表示，则应为强度相对指标；如果侧重于研究人口的结构比例，即医务人员数或大学生数占总人数的百分比，并且用百分数表示，则应为结构相对指标。

6. 计划完成程度相对指标

计划完成程度相对指标是某一时期实际完成指标数值与计划完成指标数值对比的结果，一般用百分数表示。其基本计算公式为：

$$\text{计划完成程度相对指标}=\frac{\text{实际完成指标数值}}{\text{计划完成指标数值}}\times 100\%\tag{5-7}$$

计划完成程度相对指标是用来检查、监督计划执行情况的相对指标。它以现象在某一段时间内的实际完成数与计划完成数进行对比来观察计划的完成程度。

由于计划完成数在实际计算中可以表现为绝对数、相对数、平均数等多种形式，因此计算计划完成程度相对指标的方法也不尽相同。

1）计划完成数为绝对数和平均数

使用绝对数和平均数计算计划完成程度相对指标时，可直接采用式(5-7)。

[**例 5-4**]　某企业 2018 年产品的计划产量为 1 000 件，实际完成 1 120 件，产量计划完成程

度相对指标为：

$$产量计划完成程度相对指标=(1\ 120\div1\ 000)\times100\%=112\%$$

计算结果表明，该企业超额12%完成产量计划，实际产量比计划产量增加了120件。

［**例5-5**］ 某企业劳动生产率计划达到8 000元/人，某种产品计划单位成本为100元，该企业实际劳动生产率达到9 200元/人，该产品实际单位成本为90元，其计划完成程度相对指标为：

$$劳动生产率计划完成程度相对指标=\frac{9\ 200}{8\ 000}\times100\%=115\%$$

$$单位成本计划完成程度相对指标=\frac{90}{100}\times100\%=90\%$$

计算结果表明，该企业劳动生产率实际比计划提高了15%，而某产品单位成本实际比计划降低了10%。这里劳动生产率为正指标，单位成本为逆指标。

在检查中长期计划的完成情况时，根据计划指标性质的不同，计算方法可分为水平法和累计法。

(1) 水平法。用水平法检查计划完成程度就是把计划末期（最后一年）实际达到的水平与计划规定的同期应达到的水平相比较，来确定全期是否完成计划。计算公式如下：

$$计划完成程度相对指标=\frac{中长期计划末期实际达到的水平}{中长期计划末期计划达到的水平}\times100\% \tag{5-8}$$

［**例5-6**］ 某企业五年计划规定其最后一年的产量应达到720万件，实际完成情况如表5-4所示。

表5-4　某企业五年计划实际完成情况　　单位：万件

年份	第一年	第二年	第三年	第四年				第五年			
				第一季度	第二季度	第三季度	第四季度	第一季度	第二季度	第三季度	第四季度
产量	300	410	530	150	160	170	170	190	190	210	210

该企业产量五年计划完成程度相对指标为：

$$计划完成程度相对指标=\frac{190+190+210+210}{720}\times100\%=111.11\%$$

计算结果表明，该企业超额11.11%完成产量五年计划。

采用水平法计算时，只要有连续一年时间（可以跨年度）实际完成水平达到最后一年计划水平，就算完成了五年计划，余下的时间就是提前完成计划时间。在例5-6中，该企业实际从五年计划的第四年第三季度到第五年第二季度连续一年时间的产量达到了计划期最后一年计划产量720万件的水平，完成了五年计划，那么第五年下半年这半年时间就是提前完成计划的时间。

(2) 累计法。累计法就是把整个计划期间实际完成的累计数与同期计划数相比较，以确定计划完成程度。计算公式如下：

$$计划完成程度相对指标=\frac{中长期计划末期实际累计完成量}{中长期计划末期计划累计量}\times100\% \tag{5-9}$$

［**例5-7**］ 某地区"九五"期间计划五年固定资产投资总额150亿元，实际各年投资情况如表5-5所示。

表 5-5　某地区"九五"期间固定资产投资情况　　单位:亿元

年份	1996	1997	1998	1999	2000
固定资产实际投资额	29.4	32.6	39.1	48.9	60

该地区"九五"期间固定资产投资计划完成程度相对指标为：

$$\text{计划完成程度相对指标}=\frac{29.4+32.6+39.1+48.9+60}{150}\times 100\%=140\%$$

计算结果表明,该地区超额 40%完成"九五"固定资产投资计划。

采有累计法计算时,只要从中长期计划开始至某一时期所累计完成数达到计划数,就是完成了计划。例 5-7 中,前四年累计投资额已完成五年计划,比计划时间提前一年。

2）计划数为相对数

计划数为相对数时计划完成程度相对指标的计算公式为：

$$\text{计划完成程度相对指标}=\frac{\text{实际达到的百分数}}{\text{计划规定的百分数}}\times 100\% \tag{5-10}$$

［**例 5-8**］　某企业某产品的产量计划要求增长 10%,同时该种产品单位成本计划要求下降 5%。实际产量增长了 12%,实际单位成本下降了 8%。计划完成程度相对指标为：

$$\text{产量计划完成程度相对指标}=[(100\%+12\%)\div(100\%+10\%)]\times 100\%=101.82\%$$

$$\text{单位成本降低计划完成程度相对指标}=[(100\%-8\%)\div(100\%-5\%)]\times 100\%=96.84\%$$

计算结果表明,产量计划完成程度大于 100%,说明超额完成计划。而单位成本降低计划完成程度小于 100%,说明实际单位成本比计划单位成本有所降低,也超额完成了单位成本降低计划。

3）进度分析

计划完成程度相对指标还可以计算计划期某一段累计完成数占全部计划数的百分比,即进行进度分析。计算公式如下：

$$\text{计划完成程度相对数}=\frac{\text{累计至报告期完成数}}{\text{全部计划数}}\times 100\% \tag{5-11}$$

［**例 5-9**］　某企业生产情况如表 5-6 所示。

表 5-6　某企业生产情况

产值及产品编号	单　位	年 计 划	实际完成数				第三季度完成年计划的百分比/(%)	累计完成年计划的百分比/(%)
			第一季度	第二季度	第三季度	第一至第三季度累计		
总产值	万元	960	240	288	307	835	31.98	86.98
甲	千克	700	140	150	130	420	18.57	60.00
乙	千克	300	75	85	140	300	46.67	100.00
丙	千克	230	60	70	80	210	34.78	91.30
丁	千克	180	45	50	57	152	31.67	84.44

$$\text{甲产品截止第三季度的进度}=\frac{\text{第三季度实际累计完成产量}}{\text{本年应完成产量}}\times 100\%=\frac{420}{700}\times 100\%=60.00\%$$

至第三季度,时间进度为 75%,任务完成进度小于时间进度,意味着如果照这个速度继续生产,甲产品的产值计划是无法完成的。同样,可以计算得到乙、丙、丁产品的产值计划完成进度。

计划完成程度相对指标的特点:(1)对比数为同一总体;(2)分子和分母不能互换;(3)计算结果视指标性质而定:①若指标表现为越高越好,如产值(量)、劳动生产率值,其值≥1,结果越好;②若指标表现为越低越好,如费用、消耗量、成本,其值≤1,结果越好;③基建投资额、工资等,其值=1,结果好。

三、应用相对指标应注意的问题

相对指标是一种抽象化的指标数值,是对现象进行对比分析的一个重要手段,要使这种对比分析准确、深刻地反映出现象之间的联系,充分发挥统计相对数的作用,在计算和应用统计相对数时就必须注意以下几个原则。

1. 可比性原则

相对指标是两个有关的指标数值之比,对比结果的正确性直接取决于两个指标数值的可比性。如果违反可比性这一基本原则,计算相对指标就会失去其实际意义,导致不正确的结论。相对指标的可比性,是指进行对比的指标在含义、内容、范围、时间、空间和计算方法等口径方面应协调一致、相互适应。如果各个时期的统计数字因行政区、组织机构、隶属关系的变更或统计制度的改变而不能直接对比的,就应以报告期的口径为准,调整基期的数字。许多用金额表示的价值指标,由于价格的变动,各期的数字进行对比不能反映实际的发展变化程度,一般要按不变价格换算,以消除价格变动的影响。

2. 定性分析与定量分析相结合原则

计算相对指标数值的方法是简便易行的,但要正确地计算和运用相对数,还要注重定性分析与定量分析相结合的原则。因为进行事物之间的对比分析必须使用同类型的指标,只有通过统计分组才能确定被研究现象的同质总体,便于同类现象之间的对比分析。这说明要在确定事物性质的基础上,再进行数量上的比较或分析,而统计分组在一定意义上也是一种统计的定性分类或分析。即使是同一种相对指标,在不同地区或不同时间进行比较时,也必须先对现象的性质进行分析,判断是否具有可比性。同时,通过定性分析,可以确定两个指标数值的对比是否合理。例如,将不识字人口数与全部人口数对比来计算文盲率显然是不合理的,因为其中包括未达学龄的人口在内,不能如实反映文盲人数在相应人口数中所占的比重。

3. 相对指标和总量指标结合运用原则

绝大多数的相对指标都是两个有关的总量指标的数值之比,用抽象化的比值来表明事物之间对比关系的程度,而不能反映事物在绝对量方面的差别。因此,在一般情况下,相对指标离开了据以形成对比关系的总量指标,就不能深入地说明问题。关于这一点,马克思曾明确指出:"如果一个工人每星期的工资是 2 先令,后来他的工资提高到 4 先令,那么工资水平就提高了 100%,……所以不应当为工资水平提高的动听百分比所迷惑。我们必须经常这样问:原来的工资数是多少?"

4. 各种相对指标综合应用原则

各种相对指标的具体作用不同,是从不同的侧面来说明所研究的问题。为了全面而深入地说明现象及其发展过程的规律性,应该根据统计研究的目的,综合应用各种相对指标。例如,为了研究工业生产情况,既要利用生产计划完成情况指标,又要计算生产发展的动态相对数和强度相对数。又如，要分析生产计划的执行情况，有必要全面分析总产值计划、品种计划、劳动生产率计划和成本计划等的完成情况。此外，把几种相对指标结合起来运用，可以比较、分析现象变动中的相互关系，更好地阐明现象之间的发展变化情况。由此可见，综合运用结构相对数、比较相对数、动态相对数等多种相对指标，有助于我们剖析事物变动中的相互关系及其结果。

☆ 综合分析法案例

中集集团2017年年报点评：经济复苏带动旗下主要业务板块增长明显

2018年3月，中集集团发布了《2017年年度报告》等一系列公告。

2017年公司实现营业收入763.00亿元，同比增长49.28%，主要业务板块有：

集装箱业务销量和毛利率同增：公司2017年集装箱业务营收250.47亿元，同比增长126.32%，营收占比32.83%，毛利率同比增加4.94%。

道路运输车辆业务营收创上市以来最高：公司2017年道路运输车辆业务营收195.21亿元，绝对额创上市以来最高，同比增长32.84%，营收占比25.58%，毛利率同比微降0.46%，销量增长32.41%。

能源化工及食品装备业务扭亏为盈：公司2017年能源化工及食品装备业务营收118.46亿元，同比增长26.65%，营收占比15.53%，毛利率同比微降0.42%，净利润4.74亿元，同比扭亏为盈。

（一）总量指标

在本次年报解读中，“营业收入”为总量指标，反映了中集集团2017年的营业规模情况，指标值为763.00亿元。从反映的具体内容出发，“营业收入”是将该集团旗下所有业务的收入进行汇总，属于总体标志总量指标；从计量单位的角度出发，“营业收入”使用了货币单位进行计量，属于价值指标；从时间状况来看，“营业收入”反映了2017年一整年的收入情况，属于时期指标。

（二）相对指标

1. 结构相对指标

在本次年报解读中，“营收占比”为结构相对指标。

$$\text{集装箱业务营收占比}=\frac{\text{集装箱业务营业收入}}{\text{中集集团总营业收入}}\times 100\%=\frac{250.47}{763.00}\times 100\%=32.83\%$$

2. 比例相对指标

三大主要业务板块的营业收入比例为2.11：1.65：1。

集装箱业务营业收入：道路运输车辆业务营业收入：能源化工及食品装备业务营业收入

=250.47：195.21：118.46

=2.11：1.65：1

综合结构相对指标和比例相对指标来看，集装箱业务是中集集团最主要的业务板块。

3. 比较相对指标

将中集集团2017年营业收入763.00亿元与同类型企业远洋集团2017年营业收入进行对比，2017年远洋集团的营业收入达到458.37亿元，则：

$$2017\text{年中集集团与远洋集团营业收入之比}=\frac{\text{中集集团}2017\text{年营业收入}}{\text{远洋集团}2017\text{年营业收入}}=\frac{763.00}{458.37}=1.66$$

计算结果显示，中集集团的营业收入为远洋集团的1.66倍，领先地位明显。

4. 动态相对指标

中集集团2015—2017年的营业收入及损益额资料如表5-7所示。

表5-7　中集集团2015—2017年的营业收入及损益额

年份	2017	2016	2015
营业额/百万元	76 299.93	51 111.652	58 685.804
损益额/百万元	2 509.242	539.66	2 026.613
盈利或亏损	盈利	盈利	盈利
变动幅度/百万元	364.967 2	−72.661 7	—

2016—2017年营业收入的动态相对指标为：

$$\text{动态相对指标}=\frac{\text{2017 年营业收入}}{\text{2016 年营业收入}}\times 100\%=\frac{76\ 299.93}{51\ 111.652}\times 100\%=149.28\%$$

计算结果显示，同比增长了49.28%，表明了中集集团业务的增长性。

5. 强度相对指标

中集集团2017年的股票利润如表5-8所示。

表5-8　中集集团2017年的股票利润

截止日期	2017年12月31日
净利润/元	2 509 240 000
流通股股数/股	2 982 890 000
每股净利润/(元/股)	0.841 2

净利润为总体标志总量指标，发行在外的流通股股数为总体单位总量指标，二者对比得到每股净利润，即强度相对指标。

$$\text{每股净利润}=\frac{\text{净利润}}{\text{流通股股数}}=\frac{2\ 509\ 240\ 000}{2\ 982\ 890\ 000}\text{元/股}=0.84\text{ 元/股}$$

6. 计划完成程度相对指标

(1) 假定2017年年初中集集团计划本年营业收入达到700.00亿元，该集团2017年实际营业收入为763.00亿元，则：

$$\text{2017 年营业收入计划完成程度相对指标}=\frac{\text{2017 年实际营业收入}}{\text{2017 年计划营业收入}}\times 100\%$$

$$=\frac{763.00}{700.00}\times 100\%=109\%$$

计算结果显示，本年完成了营业收入计划，并超出9%。

(2) 假定2017年年初中集集团计划本年营业收入达到700.00亿元，而到了2017年6月30日，该集团本年累计营业收入已达到333.00亿元，则

$$\text{2017 年营业收入计划完成的进度}=\frac{\text{到 2017 年 6 月 30 日的营业收入}}{\text{2017 年计划营业收入}}\times 100\%$$

$$=\frac{330.00}{700.00}\times 100\%=47.14\%<50\%$$

计算结果显示，虽然时间进度已过半，但营业收入计划仅完成47.14%，所以中集集团下半

年还需加快进度，以达到年前确定的计划目标。

【本章小结】

本章主要讲述了总量指标与相对指标。

总量指标是指统计汇总后得到的具有计量单位的统计指标，反映被研究对象在一定时期或时点的规模、水平或性质相同总体规模的数量差异，一般用绝对数表示，又称绝对数指标。总量指标按不同标准有不同的分类，按指标反映的具体内容划分为总体单位总量指标和总体标志总量指标；按指标反映的时间状况划分为时期指标和时点指标；按指标采用的计量单位划分为价值指标、实物指标和劳动量指标。在此，应注意时期指标与时点指标的区别。应用和计算总量指标时应注意明确规定每项指标的含义和范围，注意现象的同质性，注意正确确定每项指标的计量单位。

相对指标是指两个有联系的指标数值之比，反映现象之间所固有的数量对比关系。根据统计研究的目的、任务和对比基础的不同，相对指标可以分为结构相对指标、比例相对指标、比较相对指标、强度相对指标、计划完成程度相对指标和动态相对指标六种。结构相对指标是总体中部分数值与全部数值对比的结果，表明总体中某部分占总体的比重，故常被称为比重指标；比例相对指标是同一总体内不同组成部分的指标数值对比的结果，表明总体内部的比例关系；比较相对指标就是将不同地区、单位或企业之间的同类指标数值进行静态对比而得出的综合指标，表明同类事物在不同空间条件下的差异程度或相对状态；动态相对指标就是将同一现象在不同时期的两个数值进行动态对比而得出的相对数，借以表明现象在时间上发展变动的程度；强度相对指标是指在同一地区或单位内，两个性质不同但有一定联系的总量指标数值对比得出的相对数，是用来分析不同事物之间的数量对比关系，表明现象的强度、密度和普遍程度的综合指标；计划完成程度相对指标是某一时期实际完成的指标数值与计划指标数值对比的结果。在检查中长期计划的完成情况时，根据计划指标性质的不同，计算方法可分为水平法和累计法。

应用相对指标应遵循可比性原则、定性分析与定量分析相结合原则、相对指标和总量指标结合运用原则、各种相对指标综合应用原则等。

【练习题】

一、填空题

1. 绝对数指标，按其所反映总体内容的不同可分为__________和__________；按其所说明时间状况的不同又可分为__________和__________。

2. 总量指标的计量单位有__________、__________、__________。

3. 相对指标可分为__________、__________、__________、__________、__________、__________。

4. 计算长期计划完成程度相对指标的方法有__________和__________。

5. 在相对数的计算中，分子、分母可以颠倒计算的有__________、__________。

6. 国民收入中，积累额与消费额的比例为1∶3，这属于__________相对指标，积累率为25%，这__________相对指标。

7. 用总体部分数值与总体全部数值之比求得的综合指标称为__________；用总体中两个部分之比求得的综合指标称为__________。

8．当计划指标为长期计划最后一个时期应达到的水平时，计算计划完成程度相对指标应采用__________法；当计划指标为计划期内完成工作总量时，计算计划完成程度相对指标应采用__________法。

9．强度相对指标数值的大小，如果与现象的发展程度成正比，称之为__________；反之则称为__________。

10．在计算和应用相对指标时，要严格保持分子、分母的__________性。

11．当计划指标以最高限额规定时，计划完成程度相对指标要__________100%才算超额完成计划。

12．某种产品的单位成本计划降低5%，实际降低8%，则成本计划完成程度相对指标为__________。

13．某工厂2018年计划产值比上年产值增长20%，实际产值为上年产值的1.5倍，则该厂2018年的产值计划完成程度相对指标为__________。

14．要了解某年山东和山西两省粮食平均亩产量的差异程度，应用__________指标。

15．2019年2月的产品销售收入与2018年同期相比所得的指标称为__________指标。

16．计算相对指标和平均指标的基础是__________。

二、单项选择题

1．全国粮食产量与全国人口对比所得的指标，属于(　　)。

A. 平均指标　　B. 强度相对指标

C. 计划完成程度相对指标　　D. 比较相对指标

2．按反映时间状况的不同，总量指标可分为(　　)。

A. 时间指标和时点指标　　B. 时点指标和时期指标

C. 时期指标和时间指标　　D. 实物指标和价值指标

3．下列指标中，不是强度相对数的是(　　)。

A. 按人口平均计算的国民收入　　B. 单位产品成本

C. 每百元产值利润　　D. 商品流通费用率

4．结构相对数反映总体内部的(　　)。

A. 密度关系　　B. 质量关系　　C. 数量关系　　D. 计划关系

5．按反映内容的不同，总量指标可分为(　　)。

A. 总体单位总量指标与标志单位总量指标　　B. 总体单位总量指标与总体标志总量指标

C. 总指标与标志　　D. 实物指标和价值指标

6．下列各项中，属于结构相对数的是(　　)。

A. 产品合格率　　B. 人均粮食产量

C. 轻、重工业之分　　D. 中国与日本的钢产量之比

7．某种商品的年末库存额是(　　)。

A. 时期指标并实物指标　　B. 时点指标并实物指标

C. 时期指标并价值指标　　D. 时点指标并价值指标

8．小王本月奖金为548元，比上月增加了84元，其中84元是(　　)。

A. 强度相对指标　　B. 动态相对指标

C. 平均指标　　D. 总量指标

9. 如果研究的是整个工业企业职工的状况，则总体单位总量是(　　)。

A. 工业企业的个数之和　　B. 职工工资总额

C. 工业企业的职工人数之和　　D. 工业企业的总产值之和

10. 下列指标中，属于时期指标的是(　　)。

A. 职工人数　　B. 工业总产值

C. 银行存款余额　　D. 商品库存量

11. 将不同地区、部门、单位之间的同类指标数值进行对比，所得的综合指标称为(　　)。

A. 动态相对指标　　B. 比较相对指标

C. 比例相对指标　　D. 结构相对指标

12. 下列指标中，属于比例相对指标的是(　　)。

A. 工人出勤率　　B. 净产值占总产值的比重

C. 农业、轻工业、重工业的比例关系　　D. 产品合格率

13. 某市总人口 50 万人，有商业零售网点 1 000 个，其商业零售网点的密度指标是(　　)。

A. 500 人/个　　B. 0.5 个/千人　　C. 5 个/人　　D. 500 个/人

14. 下列统计指标中，属于质量指标的是(　　)。

A. 工业总产值　　B. 工人人数　　C. 劳动生产率　　D. 国民收入

15. 下列统计指标中，属于数量指标的是(　　)。

A. 职工出勤率　　B. 单位成本　　C. 平均工资　　D. 工人人数

16. 计划规定商品销售额较去年增长 3%，实际增长 5%，则商品销售额计划完成程度相对指标为(　　)。

A. 166.67%　　B. 101.94%　　C. 60%　　D. 98.1%

17. 某商场 2018 年空调销售额为 200 万元，年末库存量为 500 台，这两个总量指标是(　　)。

A. 时期指标　　B. 时点指标

C. 前者是时点指标，后者是时期指标　　D. 前者是时期指标，后者是时点指标

18. 用累计法检查长期计划的执行情况适用于(　　)。

A. 规定计划期初应达到的水平　　B. 规定计划期内某一期应达到的水平

C. 规定计划期末应达到的水平　　D. 规定整个计划期累计应达到的水平

19. 某化工产品生产 50 吨需要催化剂 30 千克，其计划产量为 120 吨，则需要的催化剂为(　　)。

A. 72 千克　　B. 80 千克　　C. 62 千克　　D. 82 千克

20. 据第六次全国人口普查，某市城区人口密度为 12 487 人/平方公里，是郊区人口密度的 38 倍，这是两个(　　)。

A. 总量指标　　B. 比较相对指标

C. 相对指标　　D. 强度相对指标

21. 某厂 2017 年创利 100 万元，2018 年计划增长 10%，实际创利 120 万元，则该企业超额完成计划(　　)。

A. 9.09%　　B. 20%　　C. 110%　　D. 120%

三、多项选择题

1. 2011 年我国全年国内生产总值 471 564 亿元,这个指标是(　　)。

A. 数量指标　　B. 流量　　C. 时期总量指标　　D. 时点总量指标

2. 计算总量指标的具体方法有(　　)。

A. 直接计算法　　B. 推算法　　C. 审查法　　D. 过录法

3. 一个国家一定时期的商品销售额属于(　　)。

A. 数量指标　B. 质量指标　C. 综合指标　D. 时期指标　E. 时点指标

4. 下列指标中,属于时点指标的为(　　)。

A. 在校学生数　　B. 基本建设投资额

C. 人口出生数　　D. 黄金储备量

E. 土地面积

5. 下列指标中,(　　)是强度相对指标。

A. 工人劳动生产率　　B. 人均国民收入

C. 全国人均粮食产量　　D. 职工平均工资

E. 出生率

6. 下列指标中,属于比较相对数的是(　　)。

A. 中国人口是美国的 4.2 倍

B. 男生数占全班学生总数的 40%

C. 某厂 2011 年产量为新中国成立初期的 10 倍

D. 甲厂产值为乙厂产值的 60%

E. 某商店费用额为销售额的 8%

7. 下列指标中,属于绝对指标的是(　　)。

A. 粮食总产量　　B. 人口净增数

C. 基本建设投资总额　　D. 人均国民生产总值

E. 单位产品成本

8. 实物单位可分为(　　)。

A. 自然单位　B. 双重单位　C. 度量单位　D. 复合单位　E. 标准实物单位

9. 时期指标的特点是指标的数值(　　)。

A. 可以连续计数　　B. 只能间断计数

C. 可以直接相加　　D. 和时期长短无关

E. 和时期长短有关

10. 下列相对指标中,属于同一总体数值对比的指标有(　　)。

A. 动态相对指标　　B. 结构相对指标

C. 强度相对指标　　D. 比例相对指标

E. 计划完成程度相对指标

11. 检查长期计划的执行情况,常使用的方法有(　　)。

A. 平均法　　B. 水平法　　C. 累计法　　D. 比例法

12. 比较相对指标用于(　　)。

A. 不同时间状态下的比较　　B. 不同国家、地区和单位之间的比较

C. 先进地区水平和落后地区水平的比较　　D. 实际水平与标准水平或平均水平的比较

13. 下列指标中，属于时期指标的有(　　)。

A. 工业总产值　　B. 商品销售额

C. 职工人数　　D. 商品库存额

E. 生猪存栏数

14. 下列相对指标中，分子和分母可以互相对换的有(　　)。

A. 比较相对指标　　B. 结构相对指标

C. 比例相对指标　　D. 强度相对指标

E. 动态相对指标

15. 某高校女生比重 2017 年为 20%，2018 年提高到 25%，男女生之比为 3∶1。该资料中存在(　　)。

A. 总量指标　　B. 相对指标

C. 两个结构相对指标　　D. 一个比例相对指标

E. 一个比较相对指标

16. 下列各项中，(　　)属于计划完成程度相对指标。

A. 某厂今年的实际工业总产值为计划的 120%

B. 某商店实际商品销售额比计划增加了 20 万元

C. 某市平均国民收入为上年的 110%

D. 我国税收计划完成率为 125%

17. 下列各项中，属于结构相对指标的有(　　)。

A. 工人出勤率　　B. 劳动生产率

C. 产品合格率　　D. 考试及格率

四、简答题

1. 计算和应用相对指标应注意什么问题？

2. 强度相对数和统计平均数有什么区别？

3. 什么是时期指标？什么是时点指标？其各自的特点是什么？

五、计算题

1. 某自行车厂按计划 2018 年每辆自行车应较上年降低成本 4.2%，实际较上年降低 4.4%，试求成本较计划降低(或上升)的百分率。

2. 某企业 2018 年的劳动生产率计划要求比上年提高 8%，实际比上年提高了 10%，试问劳动生产率计划完成程度相对指标是多少？

3. 某企业的统计分析报告中写道："我厂今年销售收入计划规定 2 500 万元，实际完成了 2 550万元，超额完成计划 2%；销售利润率计划规定 8%，实际 12%，超额完成计划 4%；劳动生产率计划规定比去年提高 5%，实际比去年提高 5.5%，完成计划 110%；产品单位成本计划规定比去年下降 3%，实际比去年下降 2.5%，实际比计划多下降 0.5 个百分点。"

试指出上述分析报告中哪些指标计算错误，并将其改正过来。

4. 请根据表 5-9 中已有的数据填写空缺数据。

表 5-9　某商场百货组三类商品销售情况

类　　别	第一季度实际		第二季度计划		第二季度实际		计划完成程度/(%)	第二季度零售额为上季度的百分比/(%)
	零售额/万元	比重/(%)	零售额/万元	比重/(%)	零售额/万元	比重/(%)		
甲类	120		150		160			
乙类	150		180				106	
丙类	230				309.2		114.52	
合　计	500							

第6章 平均指标与标志变异指标

☆ 教学目的与要求

通过本章的学习，使学生理解平均指标的含义和作用，学会计算算术平均数、调和平均数和几何平均数等平均指标，能应用平均指标描述社会经济现象的数量特征，分析现象的一般水平。

☆ 教学重点

平均指标的概念、作用、种类，算术平均数、调和平均数、众数和中位数的计算方法及其相互关系。

☆ 教学难点

计算算术平均数、调和平均数和几何平均数等平均指标，分析各平均数之间的关系。

6.1 平均指标

描述统计是通过图表或数学方法，对数据资料进行整理、分析，并对数据的分布状态、数量特征和随机变量之间的关系进行估计和描述的方法。描述统计的指标一般有三类：数据的集中趋势、数据的离中趋势和数据间的相关分析。其中，数据的集中趋势可以用众数、中位数和均值进行测度。众数和中位数通常被称为位置平均数，而均值被称为数值平均数。位置平均数和数值平均数都为平均指标。离中趋势主要靠全距、四分差、平均差、方差、标准差等统计指标来分析。例如，我们想知道两个班中哪个班的语文成绩分布更分散，就可以用两个班级的四分差或百分点来比较。相关分析探讨数据之间是否具有统计学上的关联性。这种关系既包括两个数据之间的单一相关关系，如年龄与个人领域之间的关系，也包括多个数据之间的多重相关关系，如年龄、抑郁症发生率、个人领域之间的关系。通过对这些指标的分析可以帮助人们判断总体数据集中在什么数值范围附近，大致了解数据的分布规律，为进行统计分析和决策提供依据。本章主要介绍平均指标和标志变异指标，相关分析的内容将在本书第 11 章介绍。

一、平均指标概述

（一）平均指标的含义

在统计总体中，各个统计单位都有表明其属性和特征的标志，但这些标志在各统计单位的表现往往是不同的。例如，对企业职工而言，“工资”是职工的数量标志，但正如我们在现实生活中所看到的，企业各职工的工资报酬是有差别的。如果我们的目的是对企业职工工资的总体水平有一个概括的、一般的认识，就需要用全体职工的平均工资水平来说明。

统计平均数也称平均指标，用来表示社会经济现象总体各单位某一标志在一定时间、地点条件下所达到的一般水平。

平均指标是将总体各单位标志值的差异抽象化，反映总体在具体条件下各单位标志值达到的一般水平。

（二）平均指标的作用

在社会经济现象的分析中，统计平均数具有广泛的作用，主要体现在以下几个方面。

1. 反映总体各单位变量分布的集中趋势和一般水平

在社会经济现象中，总体各单位某一变量从小到大形成一定的分布。由于标志值很小或很大的单位数都比较少，而逐渐靠近平均数的单位数逐渐增多，即标志值围绕平均数的单位数在总体单位数中占有最大的比重，显示总体各单位向平均数集中，所以，统计平均数是反映总体各单位变量分布的集中趋势和一般水平的指标。例如，居民人均收入的分布，收入很低或很高的居民户只是少数，而在人均收入附近的中等收入户数在总户数中占有绝大的比重，所以居民人均收入这一指标反映了居民收入分配的集中趋势，是居民收入在具体条件下所达到的一般水平。

2. 比较同类现象在不同单位的发展水平

比较不同单位同类现象的发展水平，一般不能用总量指标来对比，因为总量指标会受到规模大小不同的影响，所以不能简单加以比较。例如，评价两个乡的农产品收获量水平，就不能直接用农产品收获量指标来对比，因为农产品产量会受耕地面积不同的影响，如果用单位面积产量来进行比较，就可以比较客观地说明问题。所以，平均指标在说明生产水平、经济效益或工作质量等方面以及投资项目评估、确定生产消耗定额、核算产品成本等许多场合都被广泛应用。

3. 比较同类现象在不同时期的发展变化趋势或规律

社会经济现象的变化受多种因素的影响，个别单位或标志总量的变化，易受偶然因素和现象规模的影响。用平均指标来分析，既可以消除偶然因素的作用，又能够避免受现象规模的影响，比较确切地反映总体现象变化的基本趋势。例如，研究一个地区居民消费水平的变动情况，个别居民户的消费变动有其特殊性，不足以反映一般水平的变化，而居民消费总额的变动又受居民人数多少的影响。如果将各年居民的平均消费水平进行对比，就可以明显地反映出居民消费水平的变动趋势。

4. 分析现象之间的依存关系

分析现象之间的依存关系，必须借助于平均指标。例如，将工业企业按照规模的大小进行分组，再计算各不同规模工业企业的劳动生产率、利润率等指标，就可以反映出企业规模与劳动生产率或利润率之间的关系。

根据设置平均指标方法的不同，平均指标可划分为数值平均数和位置平均数。

数值平均数就是以统计数列的各项数据来计算平均数，用以反映统计数列的各项数值的平均水平。

数值平均数的特点是统计数列中任何一项数据的变动，或大或小，都会在一定程度上影响数值平均数的计算结果。换句话说，数值平均数是由分配数列的所有变量数值来确定的，所以称之为数值平均数。数值平均数又由于计算方法的不同，可分为算术平均数、调和平均数和几何平均数。

位置平均数是根据标志值的位置来确定的，它通常不是对统计数列中所有数据进行计算的结果，而是根据总体中处于特殊位置上的个别单位或部分单位的标志值来确定的代表值。

常用的位置平均数有众数和中位数两种。众数是指出现次数最多的变量值，代表集中趋势。中位数是指排序后位于中间位置的变量值，也是集中趋势的描述值。

不同平均数的计算方法不同，也有不同的意义和不同的应用场合，并具有一定的数量关系。

二、数值平均数

（一）算术平均数

算术平均数是以总体单位的标志值总量除以总体单位数，表明总体单位标志值的平均水平。它是计算平均指标最常用的方法和最基本的形式。用公式表示如下：

$$\text{算术平均数}=\frac{\text{总体标志总量}}{\text{总体单位总量}} \tag{6-1}$$

这里需要明确的是，算术平均数是同质总体的标志总量和单位数的比率，它要求总体标志总量和总体单位数相适应，即总体标志总量必须是总体各单位标志值的总和，标志值和单位之间存在一一对应关系。例如，全国人均粮食消费量指标是全国粮食消费总量与全国人口数的比率，反映粮食消费与人口发展的密切关系。因为每个人都有“粮食消费”这个标志，所以人均粮食消费量是个平均指标。再如，人均粮食产量指标是全国粮食总产量与全国人口数之比，反映粮食生产与人口发展的密切关系。但是“粮食产量”并不是每个人都具有的标志，所以人均粮食产量就不是平均指标，在统计上称之为强度相对指标。

在实际工作中，由于所掌握资料的条件的不同，算术平均数有简单算术平均数和加权算术平均数两种形式。

1. 简单算术平均数

简单算术平均数主要用于未分组资料，用总体各单位标志值简单加总得到的标志总量除以单位总量而得。计算公式如下：

$$\bar{x}=\frac{x_1+x_2+\cdots+x_n}{n}=\frac{\sum x}{n} \tag{6-2}$$

式中：$\bar{x}$——算术平均数；

x_i——各单位标志值；

n——总体单位数。

简单算术平均数的大小只受各变量值本身大小的影响，其大小不会超过变量值的变动范围。

［**例 6-1**］ 某班级 30 名学生的统计学考试成绩（单位：分）如下：

65、80、73、60、91、88、77、66、85、74、58、60、74、64、75、69、56、83、58、80、47、81、68、69、87、96、78、76、61、99

试求全班同学统计学的平均成绩。

上述资料是未经分组的资料，要计算该班级 30 名学生统计学考试的平均成绩，可用简单算术平均数公式进行计算。

$$\bar{x}=\frac{\sum x}{n}=\frac{65+80+\cdots+61+99}{30}\text{分}=73.27\text{分}$$

该班学生统计学的平均成绩为 73.27 分。

［**例 6-2**］ 某销售小组有 5 名销售员，元旦一天的销售额分别为 520 元、600 元、480 元、750 元和 500 元，求该日平均销售额。

$$\bar{x}=\frac{\sum x}{n}=\frac{520+600+480+750+500}{5}\text{元}=570\text{元}$$

该销售小组 5 名销售员该日的平均销售额为 570 元。

2. 加权算术平均数

加权算术平均数主要用于已分组资料，并得出次数分布条件的情况。计算加权算术平均数时，必须先将各组标志值乘以相应的次数，求得各组的标志总量。计算公式为：

$$\bar{x}=\frac{x_1f_1+x_2f_2+\cdots+x_nf_n}{f_1+f_2+\cdots+f_n}=\frac{\sum xf}{\sum f} \tag{6-3}$$

式中：$\bar{x}$——算术平均数；

x_i——第 i 组标志值；

f_i——第 i 组标志值出现的频数。

［**例 6-3**］ 根据表 6-1 中的数据，计算 50 名工人日加工零件数的均值。

表 6-1 某车间 50 名工人日加工零件数分组表

按日加工零件数分组/件	组中值 x_i/件	频数 f_i/人	x_if_i
105～110	107.5	3	322.5
110～115	112.5	5	562.5
115～120	117.5	8	940.0
120～125	122.5	14	1 715.0
125～130	127.5	10	1 275.0
130～135	132.5	6	795.0
135～140	137.5	4	550.0
合　计	—	50	6 160.0

根据表 6-1，判断日加工零件数是分组数据，应该采用加权算术平均数公式进行计算。

$$\bar{x}=\frac{\sum xf}{\sum f}=\frac{107.5\times3+112.5\times5+\cdots+137.5\times4}{50}\text{件}=\frac{6\ 160.0}{50}\text{件}=123.2\text{件}$$

这 50 名工人的日平均加工零件数为 123.2 件。

［**例 6-4**］ 根据表 6-2 中的数据，计算某工厂工人的平均日产量。

表 6-2 某工厂工人的日产量分布数列

日产量/件	组中值 x_i/件	工人人数 f_i/人	$x_i f_i$
120～130	125	22	2 750
130～140	135	133	17 955
140～150	145	13	1 885
150～160	155	5	775
合　计	—	173	23 365

同例 6-3，本例也为组距数列计算算术平均数的类型，因此也需采用加权算术平均数的计算公式进行计算。

$$\bar{x}=\frac{\sum xf}{\sum f}=\frac{125\times 22+135\times 133+145\times 13+155\times 5}{173}\text{件}=\frac{23\ 365}{173}\text{件}=135\text{ 件}$$

该工厂工人的平均日产量可以达到 135 件。

从上述例题中可以看出，在组距数列中，变量值不是以单个值出现的，而是以由下限到上限的组距出现的，所以在组距数列中计算加权算术平均数，需要以每个组的平均数——组中值为代表，作为每一组的变量值，而后乘以相应的次数，得出标志总量，以此再除以权数之和即可。

计算加权算术平均数时，需要注意两个问题：

(1) 权数的意义和作用。我们之所以把各组的次数称为权数，是因为各组次数所对应的标志值对平均数的影响具有权衡轻重的作用。次数多的标志值对平均数的影响较大，次数少的标志值对平均数的影响比较小。权数权衡轻重的作用，可以直接从各组单位数占总体单位数的比重，也就是各组的频率上观察到。频率越高，该标志值记入平均数的份额越大，对平均数的影响也越大；反之，频率越低，该标志值记入平均数的份额越小，对平均数的影响也越小。这就是权数权衡轻重作用的实质。作为一种特例，次数也有不起权数作用的时候。当各组的次数都相同，各标志值对平均数的影响都相同时，那就无所谓权数的“权衡轻重作用”了。在这种情况下，各组权数对平均数所起的作用都一样，因而加权算术平均数就等于简单算术平均数。

(2) 权数的选择。计算加权算术平均数有时会遇到权数的选择问题。在分配数列的条件下，一般来说，次数就是权数。但也有次数是不合适的权数的情况，这在以相对数或平均数计算平均数时经常遇到。

以上算术平均数的应用都是针对总体单位的数量标志值。在社会经济统计分析中，还会经常遇到被平均的标志不是数量标志而是品质标志的情况。在统计中常常把标志在性质上的差别过渡到在数量上的变异，然后计算平均数。例如，人口按性别分为男、女两组；高中生的升学考试将考生分为文科和理科两组；企业生产的产品分为合格品和不合格品两组；等等。由于这些反映单位属性或特征的标志不是数量标志，而是品质标志，且只有“是”与“非”两类，所以称之为是非标志或交替标志。

在一批产品中，将合格品看作具有“是”的属性，那么不合格品就具有“非”的属性。设合格率为 p，不合格率为 q，以 1 作为“是”(合格品)的单位标志值，以 0 作为“非”(不合格品)的单位标志值，这样就把以文字表示的品质标志转化为数量标志。按加权算术平均数的计算公式计算，得到：

$$p=\frac{N_1}{N}$$

$$q=1-p=\frac{N_0}{N}$$

式中：N——全部总体单位数；

N_1——具有某种属性的单位数(或者合格品数量)；

N_0——不具有某种属性的单位数(或者不合格品数量)

p 也称为总体中具有某种属性的单位成数，所以成数是一种特殊的平均数，是是非标志的平均数。

算术平均数的主要数学性质：①算术平均数与标志值个数的乘积等于各标志值的总和；②各标志值与算术平均数的离差之和等于零；③各标志值与算术平均数离差的平方和为最小值。

(二) 调和平均数

调和平均数是总体各单位标志值倒数的算术平均数的倒数，也称倒数平均数。调和平均数分为简单调和平均数和加权调和平均数。

简单调和平均数是先计算总体各单位标志值倒数的简单算术平均数，然后求其倒数。

$$H=\frac{n}{\frac{1}{x_1}+\frac{1}{x_2}+\cdots+\frac{1}{x_n}}=\frac{n}{\sum\frac{1}{x}} \tag{6-4}$$

式中：H——调和平均数。

加权调和平均数是先计算总体各单位标志值倒数的加权算术平均数，然后求其倒数

$$H=\frac{m_1+m_2+\cdots+m_n}{\frac{m_1}{x_1}+\frac{m_2}{x_2}+\cdots+\frac{m_n}{x_n}}=\frac{\sum m}{\sum\frac{m}{x}} \tag{6-5}$$

式中：m——权数。

[**例 6-5**]　某车间各等级奖金的分配情况如表 6-3 所示，计算该车间的平均奖金额度。

表 6-3　某车间奖金分配情况　　单位：元

等　级	奖金额 x_i	奖金总额 m_i
一等	120	960
二等	100	4 200
三等	90	2 700
合　计	—	7 860

由于平均奖金额度＝$\frac{奖金总额}{总人数}$，根据已知条件，各等级奖金总额已知，人数未知，人数的计算需用各等级奖金总额除以各等级奖金额，故应采用加权调和平均数的计算公式。

$$H=\frac{\sum m}{\sum\frac{m}{x}}=\frac{960+4\ 200+2\ 700}{\frac{960}{120}+\frac{4\ 200}{100}+\frac{2\ 700}{90}}\text{元}=\frac{7\ 860}{80}\text{元}=98.25\text{元}$$

该车间的平均奖金额度为 98.25 元。

（三）几何平均数

几何平均数是 n 个比率乘积的 n 次方根。

在社会经济统计中，几何平均数适用于计算平均比率和平均速度。

简单几何平均数的计算公式为：

$$G = \sqrt[n]{x_1 \cdot x_2 \cdot \cdots \cdot x_n} \tag{6-6}$$

式中：G——几何平均数；

x——变量值；

n——变量值个数。

加权几何平均数的计算公式为：

$$G = \sqrt[f_1+f_2+\cdots+f_n]{x_1 f_1 \cdot x_2 f_2 \cdot \cdots \cdot x_n f_n} \tag{6-7}$$

关于几何平均数的具体计算及应用将在第 7 章进行具体讲解。

三、位置平均数

（一）众数

众数是指社会经济现象总体中最普遍出现的标志值。从分布的角度看，众数是具有明显集中趋势的数值。在分配曲线图上，众数就是曲线的最高峰所对应的标志值，如图 6-1 所示。

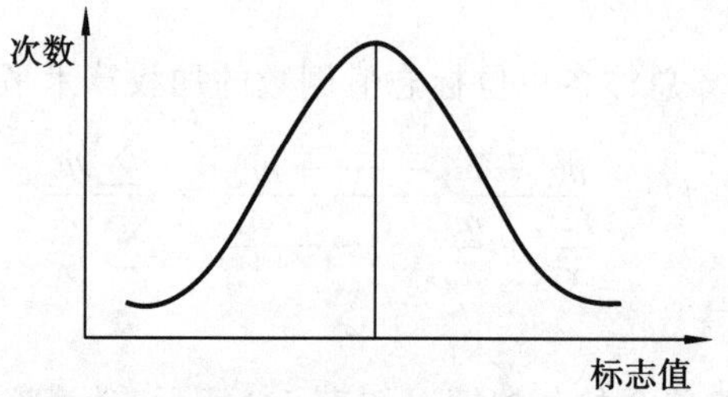

图 6-1 众数

在分配数列中，具有最多次数的标志值就是众数。由于这个标志值出现的次数最多，在总体中占有重要地位，有时就利用它来表明社会经济现象的一般水平，有时也可以用它来作为某些生产决策的参考依据。例如，为了掌握市场上某种商品的价格水平，不一定要全面登记该商品的成交量和成交价格，只要调查其最普遍的成交价格即可。再如，制鞋厂在制订各种尺码鞋子的生产计划时，计划产量最多的尺码就应是在市场上销售量最大（众数）的尺码。

未经整理的资料是无法确定众数的。为了确定众数，一定要先将资料进行整理，编制分配数列。由于分组有单项式分组和组距式分组，而组距式分组又有等距分组和不等距分组之分，因而在各种不同的资料条件下确定众数的方法有所不同。

根据变量数列种类的不同，确定众数的方法可分为由单项式数列确定众数和由组距数列确定众数两种。

1. 由单项式数列确定众数

由单项式数列确定众数的方法比较简单，即出现次数最多的标志值就是众数。

［**例 6-6**］ 根据表 6-4，确认商品价格的众数。

表 6-4 某种商品的价格情况

价格/元	销售数量/千克
2.0	20
2.4	60
3.0	140
4.0	80
合 计	300

表 6-4 所示数列中，价格为 3.0 元的商品的销售量最多，即出现次数最多，则众数为 3.0 元。

2. 由组距数列确定众数

由组距数列确定众数，应首先确定众数组，然后再通过一定的公式计算众数的近似值。在等距分组的条件下，众数组就是次数最多的那一组；在不等距分组的条件下，众数组则是频数密度或频率密度最高的那一组。众数值是依据众数组次数与众数组相邻两组次数的关系（见图 6-2）来近似计算的。

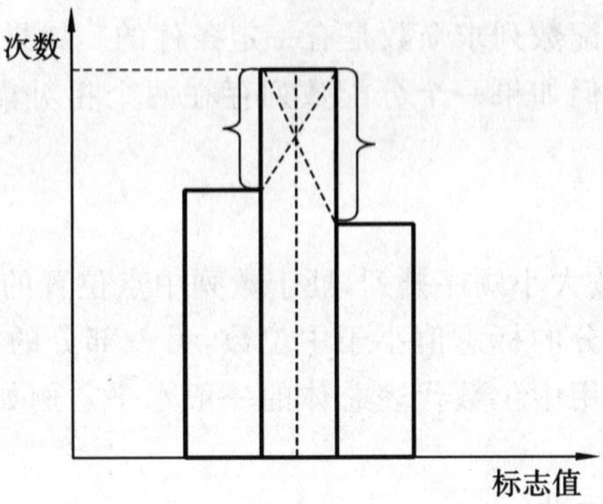

图 6-2 组距数列确定众数

下限公式为：

$$M_O = L + \frac{\Delta_1}{\Delta_1 + \Delta_2} \cdot d \tag{6-8}$$

上限公式为：

$$M_O = U - \frac{\Delta_2}{\Delta_1 + \Delta_2} \cdot d \tag{6-9}$$

式中：M_O——次数；

L——众数所在组的下限

U——众数所在组的上限；

Δ_1——众数所在组次数与前一组次数之差；

Δ_2——众数所在组次数与后一组次数之差；

d——众数所在组的组距。

［**例 6-7**］ 调查某地区 2018 年工业企业工人人均收入情况，共抽查 1 000 人，取得平均月收入资料如表 6-5 所示。试计算众数。

表 6-5 某地区 2018 年工业企业工人人均收入情况表

平均月收入/元	人数/人
800 以下	60
800～1 000	110
1 000～1 200	150
1 200～1 400	500
1 400～1 600	130
1 600 以上	50
合　计	1 000

根据次数的多少确定众数组为 1 200～1 400 元，次数为 500 次。

$$M_O = L + \frac{\Delta_1}{\Delta_1 + \Delta_2} \times d = \left(1\,200 + \frac{350}{350+370} \times 200\right)\text{元} = 1\,297.22\ \text{元}$$

$$M_O = U - \frac{\Delta_2}{\Delta_1 + \Delta_2} \times d = \left(1\,400 - \frac{370}{350+370} \times 200\right)\text{元} = 1\,297.22\ \text{元}$$

即众数值为 1 297.22 元。

应该注意的是，对一个分配数列求众数是有一定条件的。如果一个分配数列没有一个明显的集中趋势，就不存在众数。但如果一个分配数列存在两个相对集中趋势，则这个分配数列就有两个众数。

（二）中位数

将总体各单位的标志值按大小顺序排列，处于数列中点位置的标志值为中位数。中位数将数列分为相等的两部分，一部分的标志值小于中位数，另一部分的标志值大于中位数。在许多情况下不易计算平均值时，可用中位数代表总体的一般水平。例如，人口年龄中位数可表示人口总体年龄的一般水平。

1. 由未分组资料确定中位数

根据未分组资料确定中位数时，首先将标志值按大小顺序排列，然后根据公式$(n+1)/2$确定中位数的位次，再根据中位数的位次找出对应的标志值。

［**例 6-8**］ 要测试 7 种新型小轿车的耗油量，其每百公里耗油量（单位：公升）分别为 7、8、9、10、11、13、15。

已知 $n=7$，中位数位次$=(n+1)/2=(7+1)/2=8/2=4$。

第四个位次对应的数值 10 为中位数值，即 $M_e=10$ 公升，M_e 表示中位数。

若数据个数为偶数，如小轿车的耗油量（单位：公升）为 8、9、10、11、13、15，此时 $n=6$，中位数值根据中位数位次$=(6+1)/2=3.5$所对应的标志值的平均数来确定，即为$(10+11)/2=10.5$。

2. 由单项式分组资料确定中位数

直接采用公式 $\frac{\sum f}{2}$ 确定中位数的位次，再根据位次用较小累计次数或较大累计次数的方法将累计次数刚超过中位数位次的组确定为中位数组，该组的标志值即为中位数。

［**例 6-9**］ 根据表 6-6 计算中位数。

表 6-6 某工厂工人日产零件数

日产零件数/件	工人人数/人	向上累计次数/人
26	6	6
31	7	13
32	14	27
34	27	54
36	18	72
41	8	80
合　计	80	—

中位数位次＝80/2＝40，按向上累计次数，到 34 件所在组为 54 人，到 32 件所在组为 27 人，故中位数应在 34 件所在组，即中位数为 34 件。

3. 由组距分组资料确定中位数

组距分组资料已经将资料的标志值序列化，确定中位数的方法类似于单项式分组资料，先通过累计次数确定中位数所在的组，再根据比例插值法计算中位数的近似值。组距分组资料确定中位数与单项式分组资料不同的是需要采用公式计算。

下限公式为：

$$M_e = L + \frac{\frac{\sum f}{2} - S_{m-1}}{f_m} d \tag{6-10}$$

上限公式为：

$$M_e = U - \frac{\frac{\sum f}{2} - S_{m+1}}{f_m} d \tag{6-11}$$

式中：L——中位数组的下限；

U——中位数组的上限；

f_m——中位数组的次数；

S_{m-1}——中位数所在组以前各组的累计次数；

S_{m+1}——中位数所在组以后各组的累计次数；

$\sum f$——总次数；

d——中位数所在组的组距。

［**例 6-10**］ 根据表 6-7 计算中位数。

表 6-7 农民家庭年人均纯收入水平

农民家庭年人均纯收入/元	农民家庭户数/户	向上累计次数/户	向下累计次数/户
1 000～1 200	240	240	3 000
1 200～1 400	480	720	2 760

续表

农民家庭年人均纯收入/元	农民家庭户数/户	向上累计次数/户	向下累计次数/户
1 400～1 600	1 050	1 770	2 280
1 600～1 800	600	2 370	1 230
1 800～2 000	270	2 640	630
2 000～2 200	210	2 850	360
2 200～2 400	120	2 970	150
2 400～2 600	30	3 000	30
合　计	3 000	—	—

中位数位次 $=\frac{\sum f}{2}=\frac{3\ 000}{2}=1\ 500$，根据向上累计次数情况可知，中位数组为 1 400～1 600元。

$$M_e=\left(1\ 400+\frac{\frac{3\ 000}{2}-720}{1\ 050}\times 200\right)\text{元}=1\ 548.6\text{ 元}$$

$$M_e=\left(1\ 600-\frac{\frac{3\ 000}{2}-1\ 230}{1\ 050}\times 200\right)\text{元}=1\ 548.6\text{ 元}$$

农民家庭年人均纯收入水平的中位数为 1 548.6 元。

（三）四分位数

四分位数是指将所有数值按大小顺序排列并分成四等份后，处于三个分割点位置上的变量值，如图 6-3 所示。

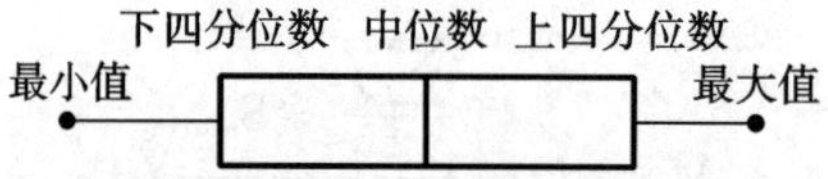

图 6-3　四分位数

最小的四分位数称为下四分位数，所有数值中，有 1/4 小于下四分位数，3/4 大于下四分位数。中点位置上的四分位数就是中位数。最大的四分位数称为上四分位数，所有数值中，有 3/4 小于上四分位数，1/4 大于上四分位数。

根据未分组资料计算四分位数的步骤如下。

第一步，确定四分位数的位置。

四分位数是将数列等分成四个部分的数，一个数列有三个四分位数，设下四分位数、中位数和上四分位数分别为 Q_1、Q_2、Q_3，则 Q_1、Q_2、Q_3 的位置可由下述公式确定。

$$Q_1\text{ 的位置}=\frac{n+1}{4}$$

$$Q_2\text{ 的位置}=\frac{2(n+1)}{4}=\frac{n+1}{2}$$

$$Q_3\text{ 的位置}=\frac{3(n+1)}{4}$$

式中：n——资料的项数。

第二步，根据第一步所确定的四分位数的位置，确定其相应的四分位数。

［**例 6-11**］ 某车间某月工人生产某产品的数量分别为13、13.5、13.8、13.9、14、14.6、14.8、15、15.2、15.4、15.7，单位为千克，求四分位数。

三个四分位数的位置分别为：

$$Q_1\text{的位置}=\frac{n+1}{4}=\frac{(11+1)}{4}=3$$

$$Q_2\text{的位置}=\frac{n+1}{2}=\frac{11+1}{2}=6$$

$$Q_3\text{的位置}=\frac{3(n+1)}{4}=\frac{3\times(11+1)}{4}=9$$

计算结果表明，变量数列中第3个、第6个、第9个工人的该种产品产量分别为下四分位数、中位数和上四分位数，即 $Q_1=13.8$ 千克、$Q_2=14.6$ 千克、$Q_3=15.2$ 千克。

例 6-11 中，$n+1$ 恰好为 4 的整数倍数，所以确定四分位数较简单，如果 $n+1$ 不为 4 的整数倍数，按上述公式计算出来的四分位数位置就带有小数，这时，有关的四分位数就应该是与该小数位置相邻的两个整数位置上的标志值的平均数，权数的大小取决于两个整数位置距离的远近，距离越近权数越大，距离越远权数越小，权数之和等于1。

［**例 6-12**］ 某车间某月工人生产某产品的数量分别为13、13.5、13.8、13.9、14、14.6、14.8、15、15.2、15.4，单位为千克，求四分位数。

三个四分位数的位置分别为：

$$Q_1\text{的位置}=\frac{n+1}{4}=\frac{(10+1)}{4}=2.75$$

$$Q_2\text{的位置}=\frac{n+1}{2}=\frac{10+1}{2}=5.5$$

$$Q_3\text{的位置}=\frac{3(n+1)}{4}=\frac{3\times(10+1)}{4}=8.25$$

计算结果表明，变量数列中第2.75个、第5.5个、第8.25个工人的该种产品产量分别为下四分位数、中位数和上四分位数，即：

$Q_1=0.25\times$第二个数量$+0.75\times$第三个数量$=(0.25\times13.5+0.75\times13.8)$千克$=13.73$ 千克

$Q_2=0.5\times$第五个数量$+0.5\times$第六个数量$=(0.5\times14+0.5\times14.6)$千克$=14.3$ 千克

$Q_3=0.75\times$第八个数量$+0.25\times$第九个数量$=(0.75\times15+0.25\times15.2)$千克$=15.05$ 千克

在实际资料中，由于标志值序列中的相邻标志值往往是相同的，因而不一定要通过计算才能得到有关的四分位数。

四、众数、中位数和算术平均数的关系

众数、中位数和算术平均数是按不同的方法确定的，而且含义也不相同，但都是反映总体一般水平的平均指标，彼此间存在着一定的数量关系。在对称的正态分布条件下，算术平均数等于众数等于中位数，即 $\bar{x}=M_O=M_e$；在非对称正态分布的情况下，众数、中位数和平均数三者的差别取决于偏斜的程度，偏斜的程度越大，它们之间的差别越大；偏斜的程度越小，它们之间的差别越小。钟形分布如图 6-4 所示，当次数分配呈右偏（正偏）时，算术平均数受极大值的影响，

就有 $\overline{x}>M_e>M_O$；当次数分配呈左偏（负偏）时，算术平均数受极小值的影响，有 $M_O>M_e>\overline{x}$；中位数总是介于众数和平均数之间。

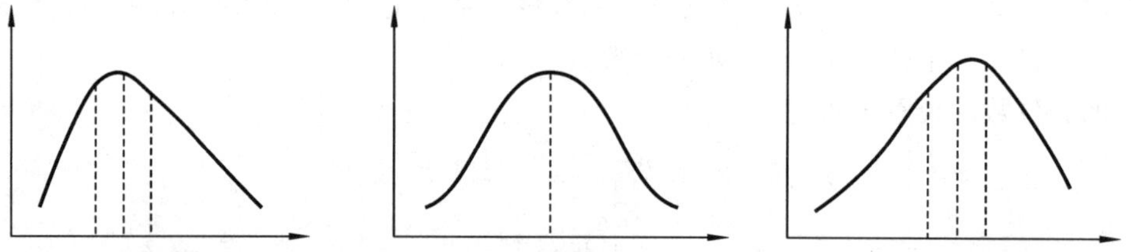

图 6-4　钟形分布

英国统计学家皮尔逊的研究提出，在存在轻微偏斜的情况下，众数、中位数和算术平均数之间数量关系的经验公式为：算术平均数 $\overline{x}$ 和众数 M_O 的距离约等于算术平均数 $\overline{x}$ 与中位数 M_e 距离的三倍。

$$\overline{x}-M_O\approx 3(\overline{x}-M_e) \tag{6-12}$$

利用式(6-12)，可以从已知的两个平均指标来推算另一个平均指标。

［**例 6-13**］　某车间生产的一批零件中，直径大于 402 厘米的占一半，众数为 400 厘米，试估计其平均数，并判定其偏斜方向。

已知 $M_e=402$ 厘米，$M_O=400$ 厘米。

根据皮尔逊经验公式可得到：

$$\overline{x}=\frac{3M_e-M_O}{2}=\frac{3\times 402-400}{2}\text{厘米}=403\text{厘米}$$

由于 $M_O<M_e<\overline{x}$，所以分布形态为右偏。

6.2　标志变异指标——分布的离中趋势

一、标志变异指标的含义和作用

1. 标志变异指标的含义

标志变异指标就是说明总体单位标志值的差异大小和差异程度的指标。

在统计研究中，一方面要计算平均数，用以反映总体各单位标志值的一般水平，另一方面也要测定标志变动度，用以反映总体各单位标志值的差异程度。同时，平均数的代表性还必须用标志变动度指标来测量。标志变动度大，平均数的代表性就小；相反，标志变动度小，平均数的代表性就大。如果标志变动度等于零，则说明平均数具有完全的代表性。所以，为了全面、准确地反映总体特征，在计算了平均数之后，还要进一步计算标志变异指标，以便对平均数做出补充说明。

2. 标志变异指标的作用

(1) 标志变异指标可以用来衡量平均数的代表性。

平均指标作为总体数量标志的代表值，其代表性取决于总体各单位标志值的差异程度，标志变动度与平均数成反比关系。总体各单位标志值的变异程度越大，平均指标的代表性就越小；总体各单位标志值的变异程度越小，平均指标的代表性就越大。

(2) 标志变异指标可以用来衡量经济活动过程的节奏性、均衡性。

变异指标可以表明生产过程的节奏性和其他经济活动的均衡性，因此可作为企业产品质量控制和评价经济管理工作的依据。例如，有两个乡的水稻平均单产都是 400 千克，甲乡水稻单产为 350～450 千克的地块只占播种面积的 60%，而乙乡水稻单产为 350～450 千克的地块只占播种面积的 30%。哪个乡具有比较稳定而又可靠的水稻产量？显然，在这种情况下，甲乡的水稻产量是比较稳定、可靠的。所以，在计算平均数之后，还应该测定标志的变动度。

(3) 标志变异指标可以用来研究总体标志值分布偏离正态的情况。

一般地说，标志值分布越集中，频数分布的形态也越尖峭；标志值分布越分散，频数分布的形态也越平坦。这也可以通过变异指标来测度。

(4) 标志变异指标是进行抽样推断等统计分析的一个基本指标。

在统计分析中，进行相关分析、趋势分析、抽样推断和统计决策等，都需要利用变异指标。

二、标志变异的测度

测量标志变异的主要指标有极差、平均差、方差、标准差和标志变异系数等。

1. 极差

极差也称全距，就是总体单位中最大值与最小值之差。它说明标志值的变动范围，是测量标志变动度最简单的一种方法。计算公式为：

$$R = x_{\max} - x_{\min} \tag{6-13}$$

如果资料经过统计整理并形成组距分配数列，则全距的近似值为最高组的上限与最低组的下限之差。计算公式为：

$$R = U_{\max} - L_{\min} \tag{6-14}$$

式中：$U_{\max}$——最高组的上限；

$L_{\min}$——最低组的下限。

例如，某班级学生的英语成绩中，最低分为 48 分，最高分为 96 分，全距＝(96－48)分＝48 分

[例 6-14] 某车间 40 名工人的日产量如表 6-8 所示，计算极差。

表 6-8 某车间 40 名工人的日产量情况表

日产量/件	工人数/人
50～60	2
60～70	8
70～80	16
80～90	10
90～100	4
合　计	40

$$R = x_{\max} - x_{\min} = (100 - 50)\text{ 件} = 50\text{ 件}$$

即日产量的最大变动值为50件。

全距的优点在于可以说明总体中两个极端标志值的变动范围，其计算方法简便、易懂。但是，全距也存在较大缺陷，它受极端值影响很大，不能全面反映各单位标志值的差异程度。所以，在实际应用上有一定的局限性。

2. 四分位差

四分位差也称内距或四分间距，是上四分位数与下四分位数之差。计算公式为：

$$Q_d = Q_L - Q_U \tag{6-15}$$

式中：Q_d——四分位差；

Q_L——上四分位数；

Q_U——下四分位数。

四分位差反映了中间50%数据的离散程度，其数值越小，说明中间的数据越集中；其数值越大，说明中间的数据越分散。四分位差不受极值的影响。此外，由于中位数处于数列的中间位置，因此，四分位差的大小在一定程度上也说明了中位数对一组数据的代表程度。四分位差主要用于测度顺序数据的离散程度。对于数值型数据也可以计算四分位差，但对分类数据不适合计算四分位差。

3. 平均差

平均差用 $A.D.$ 或 $M.D.$ 表示，是总体所有单位标志值与其算术平均数的离差绝对值的算术平均数。平均差是一种平均离差。离差是总体各单位的标志值与其算术平均数之差。因离差和为零，故离差的平均数不能用离差和除以离差的个数求得，而必须对离差取绝对值来消除正负号。

平均差反映各标志值与算术平均数之间的平均差异。平均差越大，表明各标志值与算术平均数之间的差异程度越大，该算术平均数的代表性就越小；平均差越小，表明各标志值与算术平均数之间的差异程度越小，该算术平均数的代表性就越大。平均差的计算公式为：

$$A.D. = \frac{\sum |x - \bar{x}|}{n} \tag{6-16}$$

在资料分组的情况下，只需加权就可以了，即：

$$A.D. = \frac{\sum |x - \bar{x}| f}{\sum f} \tag{6-17}$$

［例6-15］ 已知工人日产量情况如表6-9所示，计算平均差。

表6-9　工人日产量情况

日产量/千克	工人人数 f/人	组中值 x/千克	xf	$x-\bar{x}$	$\lvert x-\bar{x}\rvert$	$\lvert x-\bar{x}\rvert f$
20～30	10	25	250	−17	17	170
30～40	70	35	2 450	−7	7	490
40～50	90	45	4 050	+3	3	270
50～60	30	55	1 650	+13	13	390
合　计	200	—	8 400	−8	40	1 320

日产量为组距数列，则采取加权算术平均数的公式来计算：

$$\bar{x}=\frac{\sum xf}{\sum f}=\frac{8\ 400}{200}\text{千克}=42\text{ 千克}$$

再根据加权平均差的计算公式计算平均差：

$$A.D.=\frac{\sum|x-\bar{x}|f}{\sum f}=\frac{1\ 320}{200}\text{千克}=6.6\text{ 千克}$$

工人日产量平均差为 6.6 千克。

平均差的优点在于计算简便、意义明确，能反映各标志值的变异大小和变异程度。平均差的缺点表现为采用绝对值，不适于数理统计中的数字处理，使用受限制。

4. 方差和标准差

标准差是测定标志变动度最重要的指标，它的意义与平均差的意义基本相同，但在数学性质上比平均差优越，由于各标志值与算术平均数的离差的平方和最小，所以，在反映标志变动度大小时，一般都采用标准差。方差与标准差是测定标志变异程度常用的指标。

标准差是总体各单位标志值与其算术平均数离差的平方和的平均数的均方根。计算公式为：

$$\sigma=\sqrt{\frac{\sum(x-\bar{x})^2}{n}} \tag{6-18}$$

在资料分组的情况下，需要加权，即：

$$\sigma=\sqrt{\frac{\sum(x-\bar{x})^2f}{\sum f}} \tag{6-19}$$

［**例 6-16**］ 根据表 6-9，计算工人平均日产量的标准差。

由于工人日产量为组距数列，需先计算平均日产量：

$$\bar{x}=\frac{\sum xf}{\sum f}=\frac{8\ 400}{200}\text{千克}=42\text{ 千克}$$

再计算标准差，即：

$$\begin{aligned}\sigma&=\sqrt{\frac{\sum(x-\bar{x})^2f}{\sum f}}\\&=\sqrt{\frac{(25-42)^2\times10+(35-42)^2\times70+(45-42)^2\times90+(55-42)^2\times30}{200}}\text{千克}\\&=\sqrt{61}\text{ 千克}=7.81\text{ 千克}\end{aligned}$$

则工人平均日产量的标准差为 7.81 千克。

极差、平均差和标准差都是说明总体某一数量标志差异大小和程度的指标，用来说明不同数值平均数的代表性大小。

5. 是非标志的标准差

在社会经济现象中，有时把某种社会经济现象的全部单位分为具有某一标志的单位和不具有某一标志的单位。例如，全部产品分为合格产品和不合格产品两组，全部农作物播种面积分为受灾面积和非受灾面积两组，全部人口分为男性和女性两组，等等。我们把划分出的这两部分分别用“是”或“非”、“有”或“无”表示，这种用“是”或“非”、“有”或“无”表示的标志称为是非标志或交替标志。用“1”表示具备所研究标志的标志值，用“0”表示不具备所研究标志的标志值，全部单位数用 N 表示，具有所研究标志的单位数用 N_1 表示，不具有所研究标志的单位数用 N_0 表示，则 $\frac{N_1}{N}$ 为具有所研究标志的单位在全部单位中所占的比重，即成数，用 p 表示；$\frac{N_0}{N}$ 为不具有所研究标志的单位在全部单位中所占的比重，亦即成数，用 q 表示。两个成数之和等于 1，即 $p+q=1$。

是非标志标准差的计算公式：

$$\sigma = \sqrt{pq} = \sqrt{p(1-p)} \tag{6-20}$$

［**例 6-17**］ 已知某产品的合格率为 95%，求其合格率的方差和标准差。

$$\sigma^2 = p(1-p) = 95\% \times 5\% = 4.75\%$$

$$\sigma = \sqrt{pq} = \sqrt{p(1-p)} = \sqrt{95\% \times 5\%} = 21.79\%$$

即合格率的方差为 4.75%，而标准差为 21.79%。

6. 变异系数

各种变异指标(包括极差、四分位差、标准差等)都有与平均指标相同的计量单位，都是反映总体各单位标志值变异大小与程度的绝对指标。这些变异指标的大小不仅取决于总体的变异程度，而且还与标志值绝对水平的高低有关。所以，不同现象或具有不同水平的单位，不宜直接用变异指标来比较它们的变异程度，而应该采用标志值变异的相对指标，即变异系数。

变异系数也称离散系数，是各变异指标与其算术平均数的比值。例如，将极差与其平均数对比，得到极差系数；将标准差与其平均数对比，得到标准差系数。最常用的变异系数是标准差系数。计算公式为：

$$\upsilon = \frac{\sigma}{x} \tag{6-21}$$

［**例 6-18**］ 根据表 6-10 的数据，比较甲、乙两厂工人平均劳动生产率的代表性。

表 6-10 甲、乙两厂工人劳动生产率情况

厂 名	工人劳动生产率 $\bar{x}$/(元/人)	标准差 σ/(元/人)	标准差系数 $\upsilon_\sigma=\frac{\sigma}{x}$
甲	32 000	1 200	3.75
乙	16 000	800	5.00

甲厂的标准差＞乙厂的标准差，但不能由此断言甲厂工人劳动生产率的代表性小于乙厂。在这种情况下，只有通过标准差系数才能比较得出恰当的结论，因为它消除了不同数列平均水平的影响。甲厂的标准差系数＜乙厂的标准差系数，所以乙厂工人劳动生产率的代表性小于甲厂。

［**例 6-19**］ 某市 6 岁男童体重与身高资料如表 6-11 所示，比较两组平均数的代表性。

表 6-11 某市 6 岁男童体重与身高情况

	平均数 $\bar{x}$	标准差 σ
体重/千克	19.39	2.16
身高/厘米	115.87	4.86

由于两组平均数涉及两个不同的总体，计量单位不同，所以无法直接比较其大小。只有计算标准差系数才能解决不同计量单位无法比较的问题。

$$\upsilon_1=\frac{2.16}{19.39}\times100\%=11.14\% \qquad \upsilon_2=\frac{4.86}{115.87}\times100\%=4.19\%,$$

因为 $\upsilon_1>\upsilon_2$，所以身高平均数的代表性大于体重平均数的代表性。

6.3 分布的偏度和峰度

一、偏度

偏度是用于衡量分布的不对称程度或偏斜程度的指标。如果用矩法方式测定，偏度指标 α 等于变量的三阶中心动差除以标准差的三次方，用公式表示为：

$$\alpha=\frac{\nu_3}{\sigma^3}=\frac{\nu_3}{(\nu_2)^{\frac{3}{2}}} \tag{6-22}$$

当分布对称时，它的所有奇数阶中心矩均为 0，要判断分布是否对称，可考虑用奇数阶中心矩测定。一阶中心矩恒为 0，五阶以上中心矩的计算较为烦琐。偏度指标 α 就是以三阶中心动差来测定的，由于三阶中心矩含有计量单位，为消除计量单位的影响，除以 σ^3。

正态分布曲线左右完全对称，三阶中心动差 ν_3 等于 0，即 $\alpha=0$。当分布不对称时，三阶中心动差不为 0，其分布的偏斜程度使 α 大于 0 或小于 0。如图 6-5 所示，当 $\alpha=0$ 时为正态分布，当 $\alpha>0$ 时为正偏斜，当 $\alpha<0$ 时为负偏斜。

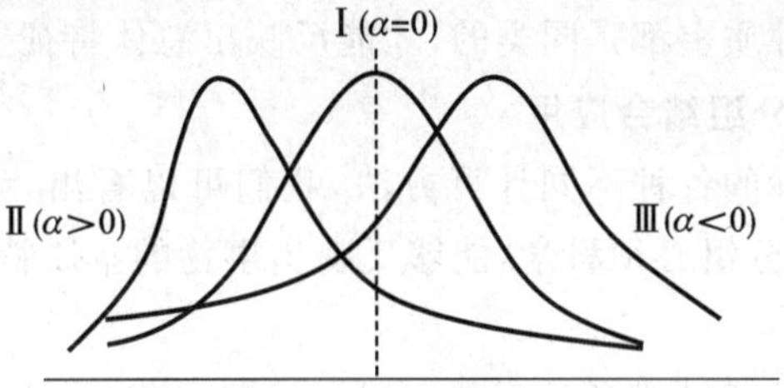

图 6-5　偏度

二、峰度

峰度是用于衡量分布的集中程度或分布曲线的尖峭程度的指标。峰度指标 β 的计算公式为：

$$\beta=\frac{\nu_4}{\sigma^4}-3=\frac{\sum(x-\bar{x})^4 f}{\sigma^4\sum f}-3 \tag{6-23}$$

分布曲线的尖峭程度与偶数阶中心矩的数值大小有直接关系，ν_2 是方差，以四阶中心动差 ν_4 度量分布曲线的尖峭程度。ν_4 含有计量单位，其计量单位同 σ^4。为消除计量单位的影响，将

ν_4 除以 σ^4，就得到无量纲的相对数。因为衡量分布的集中程度或分布曲线的尖峭程度是以正态分布的峰度作为比较标准的，在正态分布的条件下 $\frac{\nu_4}{\sigma^4}\equiv 3$。将各种不同分布的尖峭程度与正态分布相比较，即 $\frac{\nu_4}{\sigma^4}$ 减 3，就得到峰度指标 β 的测定公式。

如图 6-6 所示，当 $\beta>0$ 时，表示分布比正态分布更集中在平均数周围，分布呈尖峰形态；当 $\beta=0$ 时，分布为正态分布；当 $\beta<0$ 时，表示分布比正态分布更分散，分布呈低峰形态。

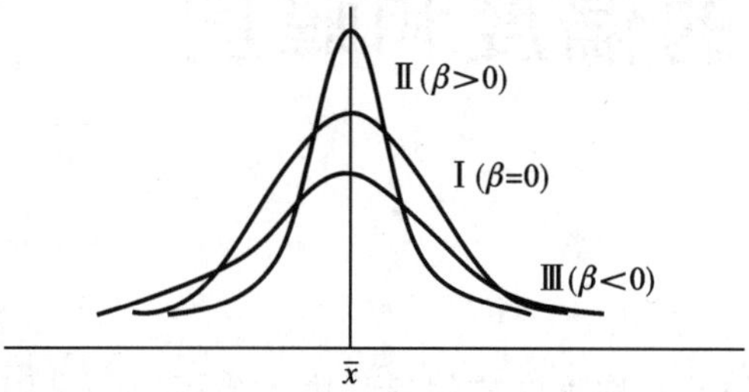

图 6-6　峰度

6.4　运用平均指标的原则

1. 总体各单位必须是同质的

在统计研究中之所以需要计算平均数，是因为总体的各个单位在数量标志上存在着差异，通过平均，它们之间个别的、偶然的差异可以相互抵消，从而反映出整个总体的特征。所以，只有研究总体的各个单位在性质上都是同类的，才能反映出总体特征。

2. 平均指标要与统计分组结合应用

通过以上所述平均指标的各种不同计算方法，我们可以看出，计算平均指标是在分组的基础上进行的，这就要求统计分组必须科学，能够反映出事物的本质特征。

3. 与变异分析相结合

这样既可以通过平均数反映现象的一般水平，又可以通过标志变动度的各项指标来表明平均数代表程度的高低，反映现象的节奏性和稳定性，从而说明各项工作的质量。

☆ 平均指标与标志变异指标案例

中集集团 2018 年 7 月到 8 月的股价交易记录如表 6-12 所示。

表 6-12　中集集团 2018 年 7 月到 8 月的股价交易记录

日　期	交易量/股	交易金额/元	当日平均价格/(元/股)
2018-8-10	6 475 733	76 799 770	11.86
2018-8-9	9 267 037	109 834 786	11.85
2018-8-8	8 592 909	100 604 188	11.71

续表

日　期	交易量/股	交易金额/元	当日平均价格/(元/股)
2018-8-7	8 099 280	92 974 005	11.48
2018-8-6	6 801 741	77 535 249	11.40
2018-8-3	6 544 619	75 903 518	11.60
2018-8-2	12 452 150	146 067 694	11.73
2018-8-1	7 439 771	92 512 553	12.43
2018-7-31	4 355 991	53 949 882	12.39
2018-7-30	5 082 086	62 995 196	12.40
2018-7-27	8 987 555	112 085 835	12.47
2018-7-26	7 409 231	94 117 082	12.70
2018-7-25	9 381 026	120 230 659	12.82
2018-7-24	13 396 369	172 213 899	12.86
2018-7-23	7 085 702	88 188 248	12.45
2018-7-20	6 771 424	82 587 515	12.20
2018-7-19	8 709 726	107 872 730	12.39
2018-7-18	10 094 006	126 646 262	12.55
2018-7-17	7 224 393	90 867 931	12.58
2018-7-16	5 863 374	75 176 240	12.82
2018-7-13	6 938 420	89 947 352	12.96
2018-7-12	9 120 300	118 508 136	12.99
2018-7-11	8 185 810	103 218 187	12.61
2018-7-10	9 438 866	120 528 569	12.77
2018-7-9	10 163 575	125 649 505	12.36
2018-7-6	15 504 073	186 350 133	12.02
2018-7-5	6 999 496	88 473 384	12.64
2018-7-4	4 677 553	60 400 371	12.91
2018-7-3	7 350 666	94 961 820	12.92
2018-7-2	7 999 592	104 195 083	13.03

根据表 6-12 所示数据，可进行以下相应分析。

(1) 当日平均价格体现为算数平均数，以 2018 年 8 月 10 日的股价交易情况为例，有：

$$\text{当日平均价格}=\frac{\text{交易金额}}{\text{交易量}}=\frac{76\ 799\ 770}{6\ 475\ 733}\text{元/股}=11.86\text{ 元/股}$$

$$30\text{ 天的平均价格}=\frac{30\text{ 天的总交易金额}}{30\text{ 天的总交易量}}=\frac{3\ 051\ 395\ 782}{246\ 412\ 474}\text{元/股}=12.38\text{ 元/股}$$

(2) 对这 30 天的当日平均价格进行研究，确认其中的众数。

众数是指社会经济现象总体中最普遍出现的标志值。从分布的角度看，众数是具有明显集中趋势的数值。

该案例中出现次数最多指的是成交股数最多，即交易量最大，则需对当日平均价格按照交易量进行排序，如表6-13所示。由表6-13可知，2018年7月6日的交易量在30天中最大，当日平均价格12.02元/股为众数。

表6-13　对当日平均价格按照交易量进行排序

日　期	交易量(升序排列)/股	交易金额/元	当日平均价格/(元/股)
2018-7-31	4 355 991	53 949 882	12.39
2018-7-4	4 677 553	60 400 371	12.91
2018-7-30	5 082 086	62 995 196	12.40
2018-7-16	5 863 374	75 176 240	12.82
2018-8-10	6 475 733	76 799 770	11.86
2018-8-3	6 544 619	75 903 518	11.60
2018-7-20	6 771 424	82 587 515	12.20
2018-8-6	6 801 741	77 535 249	11.40
2018-7-13	6 938 420	89 947 352	12.96
2018-7-5	6 999 496	88 473 384	12.64
2018-7-23	7 085 702	88 188 248	12.45
2018-7-17	7 224 393	90 867 931	12.58
2018-7-3	7 350 666	94 961 820	12.92
2018-7-26	7 409 231	94 117 082	12.70
2018-8-1	7 439 771	92 512 553	12.43
2018-7-2	7 999 592	104 195 083	13.03
2018-8-7	8 099 280	92 974 005	11.48
2018-7-11	8 185 810	103 218 187	12.61
2018-8-8	8 592 909	100 604 188	11.71
2018-7-19	8 709 726	107 872 730	12.39
2018-7-27	8 987 555	112 085 835	12.47
2018-7-12	9 120 300	118 508 136	12.99
2018-8-9	9 267 037	109 834 786	11.85
2018-7-25	9 381 026	120 230 659	12.82
2018-7-10	9 438 866	120 528 569	12.77
2018-7-18	10 094 006	126 646 262	12.55
2018-7-9	10 163 575	125 649 505	12.36
2018-8-2	12 452 150	146 067 694	11.73
2018-7-24	13 396 369	172 213 899	12.86
2018-7-6	15 504 073	186 350 133	12.02

(3) 对这 30 天的当日平均价格进行研究，确认其中的中位数。

将总体各单位的标志值按大小顺序排列，处于数列中点位置上的标志值为中位数。

将 30 天的当日平均价格按照数值大小进行排序，如表 6-14 所示。

表 6-14　将当日平均价格按照数值大小进行排序

日　期	交易量/股	交易金额/元	当日平均价格/(元/股)
2018-8-6	6 801 741	77 535 249	11.40
2018-8-7	8 099 280	92 974 005	11.48
2018-8-3	6 544 619	75 903 518	11.60
2018-8-8	8 592 909	100 604 188	11.71
2018-8-2	12 452 150	146 067 694	11.73
2018-8-9	9 267 037	109 834 786	11.85
2018-8-10	6 475 733	76 799 770	11.86
2018-7-6	15 504 073	186 350 133	12.02
2018-7-20	6 771 424	82 587 515	12.20
2018-7-9	10 163 575	125 649 505	12.36
2018-7-31	4 355 991	53 949 882	12.39
2018-7-19	8 709 726	107 872 730	12.39
2018-7-30	5 082 086	62 995 196	12.40
2018-8-1	7 439 771	92 512 553	12.43
2018-7-23	7 085 702	88 188 248	12.45
2018-7-27	8 987 555	112 085 835	12.47
2018-7-18	10 094 006	126 646 262	12.55
2018-7-17	7 224 393	90 867 931	12.58
2018-7-11	8 185 810	103 218 187	12.61
2018-7-5	6 999 496	88 473 384	12.64
2018-7-26	7 409 231	94 117 082	12.70
2018-7-10	9 438 866	120 528 569	12.77
2018-7-25	9 381 026	120 230 659	12.82
2018-7-16	5 863 374	75 176 240	12.82
2018-7-24	13 396 369	172 213 899	12.86
2018-7-4	4 677 553	60 400 371	12.91
2018-7-3	7 350 666	94 961 820	12.92
2018-7-13	6 938 420	89 947 352	12.96
2018-7-12	9 120 300	118 508 136	12.99
2018-7-2	7 999 592	104 195 083	13.03

中位数的位次为 $Q_{\frac{n}{2}}=\frac{n+1}{2}=\frac{30+1}{2}=15.5$，则中位数位于第15项12.45元/股与第16项12.47元/股之间，则当日平均价格的中位数为：

$$M_e=\frac{12.45+12.47}{2}\text{元/股}=12.46\text{元/股}$$

(4) 计算标志变异指标。

方差为：

$$\sigma^2=\frac{\sum(x-\bar{x})^2 f}{\sum f}$$

$$=\frac{\sum(11.86-12.38)^2\times 6\,475\,733+(11.85-12.38)^2\times 9\,267\,037+\cdots+(13.03-12.38)^2\times 7\,999\,592}{246\,412\,474}\text{元}$$

$$=0.224\,0\text{元}$$

标准差为：

$$\sigma=\sqrt{\sigma^2}=\sqrt{0.224\,0}\text{元}=0.473\,3\text{元}$$

【本章小结】

本章主要讲述了平均指标与标志变异指标。

平均指标用来表示社会经济现象总体各单位某一标志在一定时间、地点条件下所达到的一般水平。在社会经济现象的分析中，统计平均数具有广泛的应用，它可以反映总体各单位变量分布的集中趋势和一般水平；可以用来比较同类现象在不同单位的发展水平和同类现象在不同时期的发展变化趋势或规律；可以用来分析现象之间的依存关系。

根据设置平均指标方法的不同，平均指标划分为数值平均数和位置平均数。数值平均数就是以统计数列的各项数据来计算平均数，用以反映统计数列各项数值的平均水平。数值平均数由于计算方法的不同，分为算术平均数、调和平均数和几何平均数。算术平均数是总体单位的标志值总量除以总体单位数，表明总体单位标志值的平均水平。算术平均数分为简单算术平均数和加权算术平均数两种形式。调和平均数是总体各单位标志值倒数的算术平均数的倒数，也称倒数平均数。调和平均数分为简单调和平均数和加权调和平均数。几何平均数是 n 个比率乘积的 n 次方根。在社会经济统计中，几何平均数适用于计算平均比率和平均速度。

位置平均数是根据标志值的位置来确定的，它通常不是对统计数列中的所有数据进行计算的结果，而是根据总体中处于特殊位置上的个别单位或部分单位的标志值来确定的代表值。常用的位置平均数有众数和中位数两种。众数是指社会经济现象总体中最普遍出现的标志值。从分布的角度看，众数是具有明显集中趋势的数值。中位数是将总体各单位的标志值按大小顺序排列后，处于数列中点位置上的标志值。中位数将数列分为相等的两部分。将所有数值按大小顺序排列并分成四等份，处于三个分割点位置上的数值就是四分位数。

标志变异指标就是说明总体单位标志值的差异大小和差异程度的指标。标志变异指标可以用来衡量平均数的代表性大小，标志变动度与平均数成反比关系；可以用来衡量经济活动过程的节奏性、均衡性。测量标志变异度的主要指标有极差、平均差、方差、标准差和标志变异系数等。极差就是总体单位中最大值与最小值之差，它说明标志值的变动范围；平均差是总体所有单位与其算术平均数的离差绝对值的算术平均数；标准差是反映标志变动度的最重要的指标,是指总体各单位的标志值与其算术平均数离差的平方和的平均数的均方根;变异系数也称离散系数,是各变异指标与其算术平均数的比值。

运用平均指标要注意总体各单位必须是同质的,并且平均指标要与统计分组和变异分析结合起来应用。

【练习题】

一、填空题

1. 平均指标是表明__________某一标志在具体时间、地点、条件下达到的__________的统计指标,也称为平均数。

2. 权数对算术平均数的影响不决定于权数的大小,而决定于权数__________的大小。

3. 几何平均数是 n 个__________的 n 次方根,它是计算__________和平均速度的最常用的一种方法。

4. 当标志值较大而次数较多时,平均数接近于标志值较__________的一方;当标志值较小而次数较多时,平均数靠近于标志值较__________的一方。

5. 当__________时,加权算术平均数等于简单算术平均数。

6. 利用组中值计算加权算术平均数是假定各组内的标志值是__________分布的,其计算结果是一个__________。

7. 中位数是位于变量数列__________的那个标志值,众数是在总体中出现次数__________的那个标志值。中位数和众数也可以称为__________平均数。

8. 调和平均数是平均数的一种,它是__________的算术平均数的__________。

9. 当变量数列中算术平均数大于众数时,这种变量数列的分布呈__________分布;反之,算术平均数小于众数时,变量数列的分布则呈__________分布。

10. 较常使用的离中趋势指标有__________、__________、__________、__________、__________、__________。

11. 标准差系数是__________与__________之比。

12. 已知某数列的平均数是 200,标准差系数是 30%,则该数列的方差是__________。

13. 对某村 6 户居民家庭共 30 人进行调查,所得的结果是人均收入 400 元,其离差平方和为 5 100 000 元。则标准差是__________,标准差系数是__________。

14. 在对称分布的情况下,平均数、中位数与众数是__________的。在偏态分布的情况下,平均数、中位数与众数是__________的。如果众数在左边、平均数在右边,称为__________偏态。如果众数在右边、平均数在左边,则称为__________偏态。

15. 对分组资料,计算平均差的公式是__________,计算标准差的公式是__________。

二、单项选择题

1. 加权算术平均数的大小(　　)。

A. 受各组次数 f 的影响最大　　B. 受各组标志值 x 的影响最大

C. 只受各组标志值 x 的影响　　D. 受各组次数 f 和各组标志值 x 的共同影响

2. 平均数反映了(　　)。

A. 总体分布的集中趋势　　B. 总体中总体单位分布的集中趋势

C. 总体分布的离散趋势　　D. 总体变动的趋势

3. 在变量数列中，如果标志值较小的一组的权数较大，则计算出来的算术平均数（　　）。

A. 接近于标志值大的一方　　B. 接近于标志值小的一方

C. 不受权数的影响　　D. 无法判断

4. 根据变量数列计算平均数时，在（　　）的情况下，加权算术平均数等于简单算术平均数。

A. 各组次数递增　　B. 各组次数大致相等

C. 各组次数相等　　D. 各组次数不相等

5. 已知某局所属12家工业企业的职工人数和工资总额，要求计算该局职工的平均工资，应该采用（　　）。

A. 简单算术平均法　　B. 加权算术平均法

C. 加权调和平均法　　D. 几何平均法

6. 已知5家水果店苹果的单价和销售额，要求计算5家水果店苹果的平均单价，应该采用（　　）。

A. 简单算术平均法　　B. 加权算术平均法

C. 加权调和平均法　　D. 几何平均法

7. 计算平均数的基本要求是所要计算平均数的总体单位应是（　　）。

A. 大量的　　B. 同质的　　C. 差异的　　D. 少量的

8. 某公司下属5家企业，已知每家企业某月产值计划完成百分比和实际产值，要求计算该公司产值计划平均完成程度。应采用加权调和平均数的方法计算，其权数是（　　）。

A. 计划产值　　B. 实际产值　　C. 工人数　　D. 企业数

9. 由组距变量数列计算算术平均数时，用组中值代表组内标志值的一般水平有一个假定条件，即（　　）。

A. 各组的次数必须相等　　B. 各组标志值必须相等

C. 各组标志值在本组内呈均匀分布　　D. 各组必须是封闭组

10. 离中趋势指标中，最容易受极端值影响的是（　　）。

A. 极差　　B. 平均差　　C. 标准差　　D. 标准差系数

11. 平均差与标准差的主要区别在于（　　）。

A. 指标意义不同　　B. 计算条件不同

C. 计算结果不同　　D. 数学处理方法不同

12. 某贸易公司的20家商店本年第一季度按商品销售额分组如表6-15所示。

表6-15　按商品销售额分组

按商品销售额分组/万元	20以下	20～30	30～40	40～50	50以上
商店个数/家	1	5	9	3	2

则该公司20家商店商品销售额的平均差为（　　）。

A. 7万元　　B. 1万元　　C. 12万元　　D. 3万元

13. 当数据组高度偏态时，下列平均指标更具有代表性的是（　　）。

A. 算术平均数　　B. 中位数　　C. 众数　　D. 几何平均数

14. 方差是数据中各变量值与其算术平均数的（　　）。

A. 离差绝对值的平均数　　B. 离差平方的平均数

C. 离差平均数的平方　　　　　　　　D. 离差平均数的绝对值

15. 一组数据的偏态系数为 1.3，表明该组数据的分布是(　　)。

A. 正态分布　　B. 平顶分布　　C. 左偏分布　　D. 右偏分布

16. 当一组数据属于左偏分布时，则(　　)。

A. 平均数、中位数与众数是合而为一的　　B. 众数在左边，平均数在右边

C. 众数的数值较小，平均数的数值较大　　D. 众数在右边，平均数在左边

17. 四分位差排除了数列两端各(　　)单位标志值的影响。

A. 10%　　B. 15%　　C. 25%　　D. 35%

三、多项选择题

1. 在各种平均指标中，不受极端值影响的平均数是(　　)。

A. 算术平均数　B. 调和平均数　C. 中位数　D. 几何平均数　E. 众数

2. 下列各项中，关于加权算术平均数大小的说法，正确的是(　　)。

A. 受各组频数或频率的影响　　B. 受各组标志值大小的影响

C. 受各组标志值和权数的共同影响　　D. 只受各组标志值大小的影响

E. 只受权数大小的影响

3. 平均数的作用是(　　)。

A. 反映总体的一般水平

B. 对不同时间、不同地点、不同部门的同质总体平均数进行对比

C. 测定总体各单位的离散程度

D. 测定总体各单位分布的集中趋势

E. 反映总体的规模

4. 众数是(　　)。

A. 位置平均数　　B. 总体中出现次数最多的标志值

C. 不受极端值的影响　　D. 适用于总体单位数多，有明显集中趋势的情况

E. 处于变量数列中点位置上的那个标志值

5. 在下列各组条件中，加权算术平均数等于简单算术平均数的有(　　)。

A. 各组次数相等　　B. 各组标志值不等

C. 变量数列为组距变量数列　　D. 各组次数都为 1

E. 各组次数占总次数的比重相等

6. 加权算术平均数的计算公式有(　　)。

A. $\frac{\sum x}{n}$　　B. $\frac{\sum xf}{\sum f}$　　C. $\sum x \frac{f}{\sum f}$　　D. $\frac{\sum m}{\sum \frac{m}{x}}$　　E. $\frac{n}{\sum \frac{1}{x}}$

7. 计算和应用平均指标的原则是(　　)。

A. 现象的同质性　　B. 用组平均数补充说明总平均数

C. 用变量数列补充说明平均数　　D. 用时间变量数列补充说明平均数

E. 把平均数和典型事例结合起来

8. 下列变量数列中，可以计算算术平均数的有(　　)。

A. 变量数列　　B. 等距变量数列

C. 品质变量数列　　D. 时间变量数列

E. 不等距变量数列

9. 几何平均数主要适用于(　　)。

A. 标志值的代数和等于标志值总量的情况　　B. 标志值的连乘积等于总比率的情况

C. 标志值的连乘积等于总速度的情况　　D. 具有等比关系的变量数列

E. 求平均比率

10. 中位数是(　　)。

A. 由标志值在变量数列中所处的位置决定的　　B. 根据标志值出现的次数决定的

C. 总体单位水平的平均值　　D. 总体一般水平的代表值

E. 不受总体中极端数值影响的

11. 有些离中趋势指标是用有名数表示的,它们是(　　)。

A. 极差　　B. 平均差　　C. 标准差　　D. 平均差系数　　E. 四分位差

12. 不同总体间的标准差不能直接进行对比,是因为(　　)。

A. 平均数不一致　　B. 标准差不一致

C. 计量单位不一致　　D. 总体单位数不一致

E. 与平均数的离差之和不一致

13. 不同数据组之间各标志值的差异程度可以通过标准差系数进行比较,因为标准差系数(　　)。

A. 消除了不同数据组各标志值的计量单位的影响

B. 消除了不同数列平均水平高低的影响

C. 消除了各标志值差异的影响

D. 数值的大小与数列的差异水平无关

E. 数值的大小与数列的平均数大小无关

14. 关于极差,下列说法正确的有(　　)。

A. 只能说明变量值的变动范围　　B. 不反映所有变量值差异的大小

C. 反映数据的分配状况　　D. 最大的缺点是受极端值的影响

E. 最大的优点是不受极端值的影响

15. 下列指标中,反映数据组中所有数值变异大小的指标有(　　)。

A. 四分位差　　B. 平均差　　C. 标准差　　D. 极差　　E. 离散系数

四、判断题

1. 权数对算术平均数的影响取决于权数本身绝对值的大小。(　　)

2. 算术平均数的大小,只受总体各单位标志值大小的影响。(　　)

3. 在特定条件下,加权算术平均数可以等于简单算术平均数。(　　)

4. 中位数和众数都属于平均数,因此它们数值的大小受总体内各单位标志值大小的影响。(　　)

5. 分位数都属于数值平均数。(　　)

6. 在资料已分组并形成变量数列的条件下,计算算术平均数或调和平均数时,应采用简单式;反之,采用加权式。(　　)

7. 当各标志值的连乘积等于总比率或总速度时,宜采用几何平均法计算平均数。(　　)

8. 众数是总体中出现次数最多的数。(　　)

9. 未知计算平均数的基本计算公式中的分子资料时,应采用加权算术平均数方法计算。(　　)

10. 按人口计算的平均粮食产量是一个平均数。(　　)

11. 变量数列的分布呈右偏分布时,算术平均数的值最小。(　　)

12. 总体中各标志值之间的差异程度越大,标准差系数就越小。(　　)

13. 用同一数列计算的平均差、标准差必然相等。(　　)

14. 如果两个数列的极差相同,那么,它们的离中程度就相同。(　　)

15. 离中趋势指标既反映了数据组中各标志值的共性,又反映了它们之间的差异性。(　　)。

16. 若两组数据的平均数与标准差均相同,则其分布也是相同的。(　　)

五、计算题

1. 某工厂生产班组有12个工人,每个工人日产产品件数(单位:件)为:17、15、18、16、17、16、14、17、16、15、18、16。试计算该生产班组工人的平均日产量。

2. 某公司某月购进四批材料,每批材料的价格及采购金额如表6-16所示。

表6-16　每批材料的价格及采购金额

批　　项	价格/元	采购金额/元
第一批	35	10 000
第二批	40	20 000
第三批	45	15 000
第四批	50	5 000
合　　计	—	50 000

要求:计算这四批材料的平均价格。

3. 银行对某笔投资的年利率按复利计算,25年的利率分配情况如表6-17所示。

表6-17　利率分配情况

年　　限	利率/(%)	年数/年
第1年	3	1
第2年到第5年	5	4
第6年到第13年	8	8
第14年到第23年	10	10
第24年到第25年	15	2
合　　计	—	25

要求:计算该笔投资的平均年利率。

4. 某企业工人按月工资分组资料如表6-18所示。

表 6-18　工人按月工资分组

按月工资分组/元	工人数/人
600～700	10
700～800	15
800～900	35
900～1 000	12
1 000～1 100	8
合　计	80

要求：计算工人工资的平均数、中位数、众数、全距、标准差、标准差系数。

5. 对 10 名成年人和 10 名幼儿的身高（单位：厘米）进行抽样调查，结果如下：

成年组：166　169　172　177　180　170　172　174　168　173

幼儿组：68　69　68　70　71　73　72　73　74　75

试比较分析哪一组的身高差异大？

6. 甲、乙两个生产班组的工人日产量资料如表 6-19 所示。

表 6-19　工人日产量

甲　班　组		乙　班　组	
日产量/件	人数/人	日产量/件	人数/人
5	3	8	6
7	5	12	7
9	6	14	3
10	4	15	3
13	2	16	1
合　计	20	合　计	20

要求：分别计算甲、乙两个班组工人的平均日产量，并说明哪个班组的平均数的代表性大？为什么？

7. 甲、乙两工厂生产同种电子元件，抽查甲、乙两工厂该种电子元件的耐用时间，分组资料如表 6-20 所示。

表 6-20　耐用时间分组资料

耐用时间/小时	抽查电子元件数量/个	
	甲　厂	乙　厂
1 000 以下	4	3
1 000～1 200	30	11
1 200～1 400	11	31
1 400 以上	5	5
合　计	50	50

要求：

(1) 说明哪家工厂电子元件平均耐用时间长？

(2) 说明哪家工厂电子元件耐用时间差异较大？

(3) 计算两家工厂电子元件耐用时间的众数和中位数。

8. 图 6-7 所示的两个直方图分别反映了 200 种商业类股票和 200 种高科技类股票的收益率分布。在股票市场上，高收益率往往伴随着高风险。但投资哪类股票，往往与投资者的类型有一定关系。

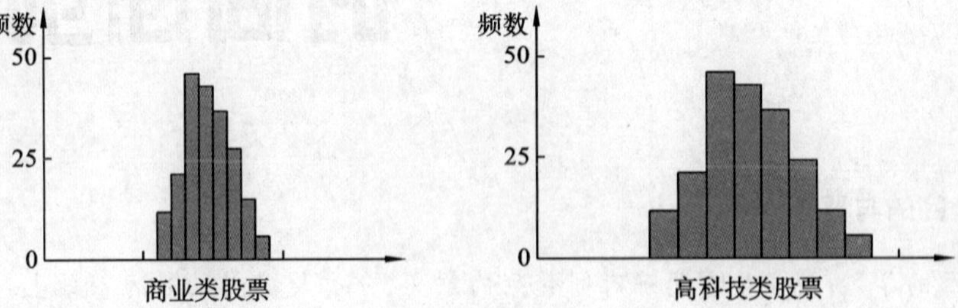

图 6-7　收益率分布

要求：

(1) 说明应用什么指标来反映投资的风险？

(2) 如果选择风险小的股票进行投资，应该选择商业类股票还是高科技类股票？

(3) 如果你进行股票投资，你会选择商业类股票还是高科技类股票？原因是什么？

第7章 时间序列分析

☆ 教学目的与要求

通过本章的学习，使学生在明确时间数列的意义、分类及编制原则的基础上，掌握时间数列水平指标和速度指标的分析原理、分析方法及经济应用。

☆ 教学重点

时间数列的概念、种类和编制原则，计算时间数列的水平指标和速度指标，用最小平方方法对现象的长期趋势进行测定。

☆ 教学难点

计算时间数列的水平指标和速度指标，用最小平方方法对现象的长期趋势进行测定。

许宝騄——中国概率论与数理统计的先驱

许宝騄(1910—1970)，字闲若，出生于北京，原籍浙江杭州。祖父曾任苏州知府，父亲曾任两浙盐运使，系名门世家出身。兄弟姐妹共7人，他最幼。其兄许宝驹、许宝骙均为专家，姐夫俞平伯是著名的红学家。他在中国开创了概率论、数理统计的教学与研究工作。许宝騄在内曼-皮尔逊理论、参数估计理论、多元分析、极限理论等方面取得卓越成就，是多元统计分析学科的开拓者之一。

1979年，美国数理统计学年鉴介绍了许宝騄的生平，并高度评价了他对概率论与数理统计所做出的贡献。1981年和1983年，科学出版社和德国施普林格出版社分别出版了《许宝騄文集》和《许宝騄选集》。《中国大百科全书》称许宝騄是中国早期从事概率论与数理统计学研究并达到世界先进水平的杰出学者。

7.1 时间序列概述

时间序列是指将某种现象的某一个统计指标在不同时间上的各个数值，按时间先后顺序排列而形成的序列。时间序列法是一种定量预测方法，亦称简单外延方法，在统计学中作为一种常用的预测手段被广泛应用。时间序列分析在第二次世界大战前应用于经济预测。第二次世界大战期间和战后，时间序列分析在军事科学、空间科学、气象预报和工业自动化等领域的应用更为广泛。时间序列分析是一种动态数据处理的统计方法。该方法基于随机过程理论和数理统计学方法，研究随机数据序列所遵从的统计规律，以解决实际问题。

一、时间序列的概念与作用

1. 时间序列的概念

社会经济现象随着时间的推移不断变化，关于社会经济现象的统计指标也是在不同时间观察并记录的。

时间序列，也称动态数列，是反映不同时间上的社会经济现象的统计指标值按时间先后顺序加以排列后形成的数列。例如，年度城镇登记失业率等指标情况如表7-1所示。

表7-1 年度城镇登记失业率等指标情况

地区：全国

指标 年份	城镇登记失业率/(%)	年末职工人数/万人	在岗职工平均工资/元	在岗职工工资总额/亿元
1991	2.3	14 508.0	2 340	3 323.9
1992	2.3	14 792.0	2 711	3 939.2
1993	2.6	14 849.0	3 371	4 916.2
1994	2.8	14 848.7	4 538	6 656.4
1995	2.9	14 908.0	5 500	8 100.0
1996	3.0	14 845.0	6 210	9 080.0
1997	3.1	14 668.0	6 470	9 405.3
1998	3.1	12 337.0	7 479	9 296.5
1999	3.1	11 773.4	8 346	9 875.5
2000	3.1	11 259.0	9 371	10 656.2
2001	3.6	10 791.8	10 870	11 830.9
2002	4.0	10 558.0	12 422	13 161.1
2003	4.3	10 492.0	14 040	14 743.5
2004	4.2	10 575.9	16 024	16 900.2
2005	4.2	10 850.3	18 364	19 789.9
2006	4.1	11 160.6	21 001	23 265.9
2007	4.0	11 427.0	24 932	28 244.0
2008	4.2	11 515.4	29 229	33 713.8
2009	4.3	11 823.8	32 736	38 492.0
2010	4.1	12 250.6	37 147	45 116.9

从表 7-1 所示的资料可以看出,时间序列有两个基本因素:一个是统计指标所属的时间,另一个是统计指标在特定时间的指标值。

2. 时间序列的作用

时间序列主要有以下三个作用:①了解和分析社会经济现象的发展过程;②了解和分析社会经济现象发展变化的规律性;③预测现象未来的发展趋势。

二、时间序列的种类

时间序列按照其指标的性质,可以分为总量指标时间序列、相对指标时间序列和平均指标时间序列三种类型。总量指标时间序列也称绝对数时间序列,是基本的时间序列,相对指标时间序列和平均指标时间序列是在其基础上派生出来的。

(一) 总量指标时间序列

总量指标反映社会经济现象达到的绝对水平。把一系列总量指标值按时间先后顺序排列起来就形成总量指标时间序列。根据所反映社会经济现象性质的不同,总量指标又可分为时期指标时间序列和时点指标时间序列。在表 7-1 中,在岗职工工资总额和年末职工人数都属于总量指标,在岗职工工资总额是时期指标,年末职工人数是时点指标。

1. 时期指标时间序列

在绝对数时间序列中,若序列指标反映的是现象在一段时间内发展过程的总量,则该序列就是时期指标时间序列,简称时期序列。

时期指标时间序列具有以下特点:

(1) 可加性。不同时期的总量指标可以相加,所得数值表明现象在更长一段时期的指标值。例如,月度 GDP、季度 GDP 和年度 GDP 指标所属的时期长短不同,把 1 月份、2 月份、3 月份的 GDP 加总,得到第一季度的 GDP;把一年四个季度的 GDP 加总,则得到年度 GDP。

(2) 指标值的大小与所属时期的长短有直接关系。这个特点是很直观的,也是由时间指标的可加性特点所决定的。一般指标所属时期越长,指标值越大,如上面所说的季度 GDP 总是大于月度 GDP,年度 GDP 总是大于季度 GDP。

(3) 指标值采用连续统计的方式获得。由于时期指标是反映现象在一段时间内发展过程的总量,因而必须在这段时间内把现象发生的数量逐一登记,并进行累计计算,以得到指标值。

2. 时点指标时间序列

在绝对数时间序列中,若序列指标反映的是现象在某一时点上所处的水平,则该序列就是时点指标时间序列,简称时点序列。

时点指标时间序列具有以下特点:

(1) 不可加性。不同时点的总量指标不可相加,这是因为把不同时点的总量指标相加后,无法解释所得数值的时间状态。例如,把表 7-1 中 2008 年年末的职工人数 11 515.4 万人和 2009 年年末的职工人数 11 823.8 万人相加得到 23 339.2 万人,但这个数据属于哪个具体时间是无法说明的,因此也是没有意义的。

(2) 指标数值的大小与时间间隔的长短一般没有直接关系。在时点序列中,相邻两个指标所属时间的差距为时点间隔。因为时点指标的时间单位是瞬间,因而许多现象时间间隔的长短与指标值的大小没有直接联系,如企业年底的库存量不一定比各月底的库存量大;企业 12 月底的职工数也未必比 11 月底的职工数多。但如果现象本身存在着长期变化趋势,如呈现长期增长或长期下降趋势,则指标数值的大小与时间间隔的长短就有一定关系了。例如,我国总人口变动呈现长期增长趋势,因此,时间间隔越长,指标的数值就越大。

(3) 指标值采用间断统计的方式获得。时点指标具有不连续统计的特点。因为时点指标是反映现象在某一时刻上状况的数量,故只需要在某一时点上进行统计并取得该时点资料,而不必连续统计。例如,我国历次全国人口普查就是根据联合国的有关建议和国家的有关规定每间隔 10 年进行一次。

(二) 相对指标时间序列和平均指标时间序列

相对指标和平均指标分别反映社会经济现象达到的相对水平和平均水平。把一系列相对指标值或平均指标值按时间先后顺序排列起来,就得到相对指标时间序列或平均指标时间序列。例如,表 7-1 中 1991—2010 年城镇登记失业率时间序列即为相对数时间序列,在岗职工平均工资时间序列为平均数时间序列。

由于各期相对指标和平均指标的计算基数不同,所以,在相对指标时间序列和平均指标时间序列中,各项指标数值加总就没有实际的经济意义。

相对指标时间序列或平均指标时间序列反映了社会经济现象之间相互联系的发展过程。在经济统计分析中,往往把总量指标时间序列、相对指标时间序列和平均指标时间序列结合起来,对社会经济现象进行全面分析。

三、时间序列的编制原则

编制时间序列的目的是通过对序列中各指标的比较来研究社会经济现象的发展及其规律。因此,保证序列中各个指标数值的可比性是编制时间序列的基本原则,具体有以下几点要求。

(一) 时间长短要统一

对于时期序列,序列中指标数值的大小与指标所包含的时期长短有直接关系,故各指标数值所包含的时期长短应该一致,否则就很难直接做出分析和比较。对于时点序列,序列中各指标数值只说明现象在某一时点上的状态,因此,不存在时期长短应该相等的问题。但是,时点序列中各指标数值的时间间隔最好相等,以便更好地反映现象发展变化的过程和规律性。在相对指标时间序列和平均指标时间序列中,也要求各项指标数值所属的时间范围相等。

(二) 总体范围要一致

1. 现象总体范围应一致

无论是时期指标时间序列还是时点指标时间序列,指标值的大小都与现象总体范围有密切关系。若指标的总体范围不一致,则失去比较意义。

2. 计算价格应一致

价值指标有不变价和现行价,而不变价又有不同时期的不变价。编制价值指标的时间序列要保证各指标的计算价格相同,这样才具有比较意义。

3. 计量单位一致

实物指标的计量单位有吨、千克等。编制实物指标时间序列时要保证各指标的计量单位相同。

4. 经济内容要一致

例如,新中国成立以来,我国曾经采用工农业总产值、社会总产值、国民收入和国内生产总值等指标反映我国的经济活动总量,这些指标有不同的经济内容。在编制新中国成立以来的经济活动总量时间序列时,应对这些指标加以区别和调整,以达到可比性的要求。

(三)计算方法要一致

指标名称、总体范围、计算价格、计量单位以及经济内容都一致的指标,有时其计算方法的不一致也会导致数值上的差异。例如,国内生产总值指标可以用生产法、分配法和使用法来计算,从理论上讲,三种方法的计算结果一致,但由于资料来源渠道的不同,这三种方法的计算结果往往存在差异。因此,在编制时间序列时,应注意各指标的计算方法要统一,以确保指标可比。

但是,对时间序列可比性的要求也不能绝对化。有时受资料所限,只要大体可比,也可编成时间序列。

7.2 时间序列的水平分析

在编制时间序列的基础上,可以进行发展水平分析和平均发展水平分析。

一、发展水平

时间序列中的各指标数值就是该序列所反映的社会经济现象在所属时间的发展水平。它们反映了社会经济现象在具体时间上所达到的规模和发展程度。

分析现象的发展水平要区分几个有关水平的概念。在时间序列中,各个指标用 a_i 表示,则该时间序列可表示为 $a_0, a_1, \cdots, a_{n-1}, a_n$,通常把首项 a_0 称为最初水平,末项 a_n 称为最末水平。作为对比基准的水平称为基期水平,被研究考察时间的水平称为报告期水平。各期发展水平示意图如图 7-1 所示。

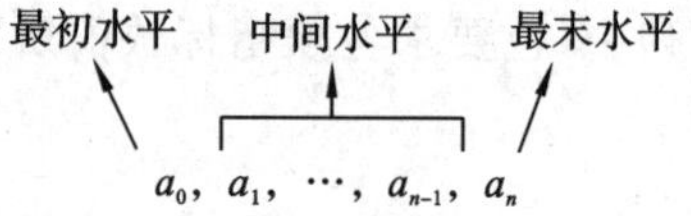

图 7-1 各期发展水平示意图

二、平均发展水平

在对时间序列进行分析时,为了综合说明现象在一段时期内的发展水平,就需要计算平均发展水平指标。

平均发展水平是对各不同时间上的指标数值求平均数,也称序时平均数,是将指标在各时间上表现的差异加以抽象,以一个数值来代表现象在这一段时间内的一般发展水平。

计算序时平均数的方法要根据时间序列指标的性质来确定。主要有由总量指标、相对指标和平均指标形成的时间序列,计算这三种时间序列序时平均数的方法是不同的。但由于相对指标和平均指标是由总量指标派生的，所以以总量指标时间序列计算序时平均数是最基本的方法。

（一）由总量指标计算序时平均数

总量指标时间序列分为时期序列和时点序列两种，二者的计算方法有所不同，下面分别加以说明。

1. 时期序列水平分析

对时期序列进行水平分析，计算序时平均数，可采用简单算术平均法，即以各期指标数值之和除以时期项数求得。计算公式为：

$$\bar{a} = \frac{a_1 + a_2 + \cdots + a_n}{n} = \frac{\sum_{i=1}^{n} a_i}{n} \tag{7-1}$$

式中：$\bar{a}$——序时平均数；

a_i——各时期发展水平；

n——时期项数。

［**例 7-1**］　某省 2001—2008 年年内出生人数资料如表 7-2 所示，求该省 2001—2008 年间的年均出生人数。

表 7-2　某省 2001—2008 年年内出生人数　　单位：万人

年份	2001	2002	2003	2004	2005	2006	2007	2008
出生人数	172	159	141	138	130	130	129	131

$$\bar{a} = \frac{\sum a}{n} = \frac{172 + 159 + 141 + 138 + 130 + 130 + 129 + 131}{8} \text{万人} = 141.25 \text{ 万人}$$

该省 2001—2008 年间的年均出生人数为 141.25 万人。

2. 时点序列平均分析

对时点序列进行平均分析比分析时期序列复杂。正确计算时点序列的动态平均数，需要知道现象在每一瞬间的数值，这几乎是办不到的，所以习惯上以“天”作为瞬间单位。以“天”为时点计算年均人口数，就应有 365 天每天的人口数资料，但是人口的出生和死亡每时每刻都在发生，实践中要登记每天的人口数也是办不到的。因此，一般情况下，只能每隔一段时间登记一次，时点可定在月末、季末或年末。相邻两次登记的时间间隔可以相等，也可以不等，从而形成了间隔相等的间断时点序列和间隔不等的间断时点序列。

(1) 间隔相等的间断时点序列平均分析。计算间隔相等的间断时点序列的动态平均数，是假定现象在两个相邻时点之间的变动是均匀的，因而，可将相邻两个时点上的指标数值之和除以 2 所得值作为这两个时点之间所有时点上指标数值的代表值，然后用简单算术平均法将这些数值平均，就可得到该时点序列的动态平均数，即：

$$\bar{a} = \frac{\frac{a_0 + a_1}{2} + \frac{a_1 + a_2}{2} + \cdots + \frac{a_{n-1} + a_n}{2}}{n}$$

整理可得：

$$\bar{a}=\frac{\frac{a_0}{2}+a_1+\cdots+a_{n-1}+\frac{a_n}{2}}{n} \tag{7-2}$$

［例 7-2］ 根据表 7-3 所示资料，计算某省 2002—2009 年国有单位年均职工人数。

表 7-3 某省 2001—2009 年年末国有单位职工人数 单位：万人

年份	2001	2002	2003	2004	2005	2006	2007	2008	2009
年末职工人数	521	544	571	599	604	717	640	603	485

$$\bar{a}=\frac{\frac{521}{2}+544+571+599+604+717+640+603+\frac{485}{2}}{8}\text{ 万人}$$

$$=\frac{4781}{8}\text{ 万人}=597.63\text{ 万人}$$

即某省 2002—2009 年国有单位年均职工人数为 597.63 万人。

(2) 间隔不等的间断时点序列平均分析。对于间隔不等的间断时点序列，可以各相邻时点的间隔长度(f)为权数，对各相邻时点指标数值的平均数进行加权平均，计算动态平均数。计算公式为：

$$\bar{a}=\frac{\frac{a_0+a_1}{2}f_1+\frac{a_1+a_2}{2}f_2+\cdots+\frac{a_{n-1}+a_n}{2}f_n}{f_1+f_2+\cdots+f_n} \tag{7-3}$$

［例 7-3］ 根据表 7-4 所示资料，计算某省 2002—2009 年年均从业人数。

表 7-4 某省 2001—2009 年年底从业人数 单位：万人

年份	2001	2003	2006	2008	2009
年底从业人数	4 086	4 332	4 509	4 820	5 000

$$\bar{a}=\frac{\frac{4\,086+4\,332}{2}\times 2+\frac{4\,332+4\,509}{2}\times 3+\frac{4\,509+4\,820}{2}\times 2+\frac{4\,820+5\,000}{2}\times 1}{8}\text{ 万人}$$

$$=4\,490\text{ 万人}$$

计算结果表明，2002—2009 年该省平均每年有 4 490 万人处于就业状态。

需注意的是，根据时点序列计算的动态平均数，实际上是按照一定条件推算出来的近似数，这个条件就是假定现象在相邻两个时点之间的变动是均匀的。时间间隔越长，其假定性就越大，准确程度也就越差。为此，间断时点序列的时间间隔不宜过长。

（二）相对数时间序列平均分析

由于相对数时间序列不具备可加性，所以，相对数时间序列不能像绝对数时间序列那样直接计算动态平均数，只能按照时间序列的性质，先分别计算分子、分母两个绝对数时间序列的动态平均数，然后将分子序列和分母序列的动态平均数对比求得。计算公式为：

$$\bar{c}=\frac{\bar{a}}{\bar{b}} \tag{7-4}$$

式中，$\bar{c}$——相对数时间序列的动态平均数；

$\bar{a}$——分子序列的动态平均数；

$\bar{b}$——分母序列的动态平均数。

具体计算时，要注意区分分子序列和分母序列的性质，选用合适的计算方法，以便得到正确的结果。

［**例 7-4**］ 根据表 7-5 所示资料，计算某省 2002—2009 年间的人口年均自然增长率。

表 7-5 某省 2001—2009 年人口变动情况

年份	2001	2002	2003	2004	2005	2006	2007	2008	2009
出生人数/万人	214	172	159	141	138	130	130	129	131
死亡人数/万人	56	58	61	56	57	57	58	58	59
自然增加人数/万人	158	114	98	85	81	73	72	71	72
年末人数/万人	8 649	8 763	8 861	8 946	9 027	9 100	9 172	9 243	9 315
自然增长率/(‰)	—	13.15	11.14	9.52	9.02	8.13	7.84	7.67	7.80

人口自然增长率的计算公式为：

$$\text{人口自然增长率}=\frac{\text{出生人数}-\text{死亡人数}}{\text{年平均人数}}\times 1000‰=\frac{\text{自然增加人数}}{\text{年平均人数}}\times 1000‰$$

因此，要计算人口自然增长率的动态平均数，就要先计算人口自然增加数的序时平均数和年末人口数的序时平均数。由于分子、分母属于性质不同的指标，因此其序时平均数需用不同的方法计算。

$$\bar{a}=\frac{114+98+85+81+73+72+71+72}{8}\text{ 万人}=83.25\text{ 万人}$$

$$\bar{b}=\frac{\frac{8\ 649}{2}+8\ 763+8\ 861+8\ 946+9\ 027+9\ 100+9\ 172+9\ 243+\frac{9\ 315}{2}}{8}\text{ 万人}$$

$$=9\ 011.75\text{ 万人}$$

$$\bar{c}=\frac{\bar{a}}{\bar{b}}=\frac{83.25}{9\ 011.75}\times 1000‰=9.24‰$$

从表 7-5 可以看到，2002—2009 年间人口的死亡数大体稳定，影响人口自然增长率变动的主要因素是人口的出生数。由于年内出生人数逐年减少，相应的人口自然增长率逐年降低，8 年间人口的平均自然增长率为 9.24‰。

（三）平均数时间序列平均分析

平均数时间序列可由静态平均数组成，也可由动态平均数组成，其动态平均分析的方法是不同的。

1. 静态平均数时间序列平均分析

静态平均数时间序列由两个绝对数时间序列相应项对比形成，其动态平均数的计算方法与静态相对数时间序列相同，先分别计算分子序列（一般为时期序列）和分母序列（一般为时点序列）的动态平均数，然后将这两个动态平均数对比。

［**例 7-5**］ 根据表 7-6 所示资料，计算某省 2005—2008 年间的职工平均工资。

表 7-6　某省 2004—2008 年职工平均工资

年份	工资总额/万元	年底职工人数/万人	平均工资/(元/人)
2004	2 751 812	788	—
2005	3 477 035	815	4 338
2006	4 074 296	842	4 918
2007	4 340 763	841	5 158
2008	4 310 088	748	5 425

职工平均工资序列是一个静态平均数时间序列，由于在计算各年职工平均工资时，各年的职工人数不等，所以，不能直接根据职工平均工资序列计算动态平均数。其具体计算过程为：

$$\bar{a}=\frac{3\ 477\ 035+4\ 074\ 296+4\ 340\ 763+4\ 310\ 088}{4}\text{万元}=\frac{16\ 202\ 182}{4}\text{万元}=4\ 050\ 545.5\ \text{万元}$$

$$\bar{b}=\frac{\frac{788}{2}+815+842+841+\frac{748}{2}}{4}\text{万人}=816.5\ \text{万人}$$

$$\bar{c}=\frac{\bar{a}}{\bar{b}}=\frac{4\ 050\ 545.5}{816.5}/(\text{元/人})=4\ 961/(\text{元/人})$$

即该省 2005—2008 年间职工年平均工资为 4961 元。

2. 动态平均数时间序列平均分析

在动态平均数时间序列中，若动态平均数所含时期相等，可直接采用简单算术平均法计算其动态平均数；如果所含时期不相等，以时期作为权数，采用加权算术平均法计算其动态平均数。

［**例 7-6**］　根据表 7-7 所示资料，计算 2001—2008 年间某省年平均人数。

表 7-7　2001—2008 年某省年平均人数　　单位：万人

年　份	2001	2002	2003	2004	2005	2006	2007	2008
年平均人数	8 706	8 812	8 904	8 987	9 064	9 136	9 208	9 279

2001—2008 年某省年平均人数是一个动态平均数时间序列，且动态平均数所含时期相等，所以 2001—2008 年间该省的年平均人口数可用简单算术平均法计算，即：

$$\bar{a}=\frac{8\ 706+8\ 812+8\ 904+8\ 987+9\ 064+9\ 136+9\ 208+9\ 279}{8}\text{万人}$$

$$=\frac{72\ 096}{8}\text{万人}=9\ 012\ \text{万人}$$

即该省 2001—2008 年间的年平均人数为 9 012 万人。

三、增减量

增减量是报告期水平与基期水平之差，用来说明某种现象在一定时期内增加或减少的绝对数量。

增减量若为正值，就是增长量；若为负值，就是减少量或降低量。其计算公式为：

$$\text{增减量}=\text{报告期水平}-\text{基期水平} \tag{7-5}$$

由于采用基期的不同，增减量可分为逐期增减量和累计增减量。

逐期增减量是报告期水平与前一期水平之差，说明现象报告期比前一期增加或减少的绝对数量。

累计增减量是报告期水平与某一固定时期水平（通常为最初水平）之差，说明现象报告期比某一固定时期增加或减少的绝对数量，也可以说是现象在某一段较长时期内总的增减量。逐期增减量和累计增减量用符号表示如下：

逐期增减量：$a_1-a_0, a_2-a_1, \cdots, a_n-a_{n-1}$

累计增减量：$a_1-a_0, a_2-a_0, \cdots, a_n-a_0$

不难发现，$a_n-a_0=(a_1-a_0)+(a_2-a_1)+\cdots+(a_n-a_{n-1})$，即逐期增减量之和等于对应的累计增减量。

［**例 7-7**］ 根据表 7-8 所示资料，计算某省第三产业从业人员的逐期增减量和累计增减量。

表 7-8 某省 2011—2018 年年末第三产业从业人数 单位：万人

年份	2011	2012	2013	2014	2015	2016	2017	2018
年末第三产业从业人数	582	606	653	682	719	766	828	900
逐期增减量	—	24	47	29	37	47	62	72
累计增减量	—	24	71	100	137	184	246	318

表 7-8 中，2012—2018 年间某省第三产业从业人数的逐期增减量之和为 318 万人，等于 2018 年的累计增减量。

有些现象的数量随季节变化而变化，为了消除季节变动的影响，常需计算同比增减量。同比增减量又称年距增减量，它是报告期水平与上年同期水平之差，即：

$$\text{同比增减量}=\text{报告期水平}-\text{上年同期水平} \tag{7-6}$$

四、平均增减量

平均增减量是将各逐期增减量的数量差异抽象化，用来说明某种现象在较长时期内平均每期增减数量的统计分析指标。其计算公式为：

$$\text{平均增减量}=\frac{\text{逐期增减量之和}}{\text{逐期增减量的个数}} \tag{7-7}$$

根据表 7-8，某省 2012—2018 年间第三产业从业人数的平均增减量为 45.43 万人。

上述计算平均增减量的方法称为水平法，它可以保证以基期发展水平 a_0 为基础，每期按平均增减量增减，第 n 期的理论水平和第 n 期的实际水平完全相等，即：

$$a_0+\overline{\Delta}+\overline{\Delta}+\cdots+\overline{\Delta}=a_n$$

整理得：

$$\overline{\Delta}=\frac{a_n-a_0}{n} \tag{7-8}$$

可见，按水平法计算平均增减量时，只考虑了最末水平和最初水平，而与中间各期水平无关。用此平均增减量推算的各期的理论水平，与各期的实际水平可能差别很大，不能准确反映实际情况。它只适用于现象的发展比较均匀的情况。当现象在各期的发展不太均匀时，可用累计法计算。

用累计法计算平均增减量的基本要求：用平均增减量推算的各期理论水平之和应等于各期实际水平之和，即：

$$(a_0+\overline{\Delta})+(a_0+2\overline{\Delta})+\cdots+(a_0+n\overline{\Delta})=\sum_{i=1}^{n}a_i$$

整理上式得：

$$\overline{\Delta}=\frac{2\left(\sum_{i=1}^{n}a_i-na_0\right)}{n(n+1)} \tag{7-9}$$

根据表 7-8，某省 2012—2018 年第三产业从业人数的平均增减量为：

$$\overline{\Delta}=\frac{2\times(5\ 154-7\times 582)}{7\times 8}\text{万人}=38.57\text{万人}$$

根据表 7-8，按水平法和累计法计算的第三产业从业人数的平均增减量差别较大，因为第三产业从业人员的增减变化并不均匀，用累计法计算的平均增减量更符合实际情况。

7.3 时间序列速度分析

对时间序列进行速度分析，主要通过计算发展速度、增长速度、平均发展速度和平均增长速度来完成。

一、发展速度和增长速度

1. 发展速度

发展速度是用相对数形式表示的动态指标，是时间序列中两个不同时期发展水平对比的结果，说明报告期水平已发展到基期水平的多少倍或百分之几。其计算公式为：

$$\text{发展速度}=\frac{\text{报告期水平}}{\text{基期水平}} \tag{7-10}$$

由于采用基期的不同，发展速度可分为定基发展速度和环比发展速度。

定基发展速度是报告期水平与某一固定时期水平（一般为最初水平）之比，表明现象在一段较长时期内总的变动程度，因此，有时也称总速度。

环比发展速度是报告期水平同前一期水平之比，说明现象逐期发展变化的程度。将各期的环比发展速度和定基发展速度按时间顺序排列，就形成动态相对数时间序列，分别可表示为：

定基发展速度：$\frac{a_1}{a_0},\frac{a_2}{a_0},\frac{a_3}{a_0},\cdots,\frac{a_n}{a_0}$

环比发展速度：$\frac{a_1}{a_0},\frac{a_2}{a_1},\frac{a_3}{a_2},\cdots,\frac{a_n}{a_{n-1}}$

定基发展速度和环比发展速度之间的关系如下：

第一，各环比发展速度的连乘积等于相应时期的定基发展速度。

$$\frac{a_1}{a_0}\times\frac{a_2}{a_1}\times\frac{a_3}{a_2}\times\cdots\times\frac{a_n}{a_{n-1}}=\frac{a_n}{a_0}$$

第二，相邻两期的定基发展速度之商等于相应的环比发展速度。

$$\frac{a_3}{a_0} \div \frac{a_2}{a_0} = \frac{a_3}{a_2}$$

根据上述关系，可以进行指标之间的相互推算。

在实际工作中，常计算同比发展速度，它可以消除季节变动的影响。同比发展速度是报告期水平与上年同期水平之比。其计算公式为：

$$同比发展速度=\frac{报告期水平}{上年同期水平} \tag{7-11}$$

2. 增长速度

增长速度也是用相对数形式表示的动态相对指标，是各期增减量与基期水平对比的结果，说明报告期水平比基期水平增长了多少倍或百分之几。其计算公式为：

$$增长速度=\frac{增减量}{基期水平} \tag{7-12}$$

由于增减量是报告期水平与基期水平之差，故有：

$$\begin{aligned}增长速度&=\frac{报告期水平-基期水平}{基期水平}\\&=发展速度-1\end{aligned} \tag{7-13}$$

当发展速度大于1时，增长速度为正值，表明现象的增长程度；当发展速度小于1时，增长速度为负值，表明现象的降低程度。

与发展速度相对应，增长速度又可分为定基增长速度和环比增长速度。

定基增长速度是累计增减量与固定基期水平之比，或是定基发展速度减1，表明社会经济现象在一段较长时期内总的增减程度。

环比增长速度是逐期增减量与前一期水平之比，或是环比发展速度减1，表明社会经济现象相邻两期逐期增减的程度。

定基增长速度和环比增长速度都是发展速度的派生指标，只反映增长部分的相对程度，两者之间不存在发展速度之间的那种数量关系。

同样，也可以计算同比增长速度。同比增长速度是同比增长量与上年同期水平对比的结果。其计算公式为：

$$\begin{aligned}同比增长速度&=\frac{同比增长量}{上年同期水平}=\frac{报告期水平-上年同期水平}{上年同期水平}\\&=同比发展速度-1\end{aligned} \tag{7-14}$$

［**例 7-8**］ 根据表 7-9 所示资料，计算某省国内生产总值(GDP)的各期发展速度和增长速度。

表 7-9　某省 2010—2018 年 GDP 及其动态相对指标

年　份	可比价 GDP/亿元	发展速度/(%)		增长速度/(%)	
		环　比	定　基	环　比	定　基
2010	935.0	—	100.0	—	—
2011	999.5	106.9	106.9	6.9	6.9
2012	1 136.4	113.7	121.5	13.7	21.5

续表

年 份	可比价 GDP/亿元	发展速度/(%)		增长速度/(%)	
		环 比	定 基	环 比	定 基
2013	1 316.0	115.8	140.7	15.8	40.7
2014	1 497.6	113.8	160.2	13.8	60.2
2015	1 719.2	114.8	183.9	14.8	83.9
2016	1 958.2	113.9	209.4	13.9	109.4
2017	2 161.9	110.4	231.2	10.4	131.2
2018	2 350.0	108.7	251.3	8.7	151.3

由上述相对数时间序列可以看出，2011—2018 年该省经济发展经历了 2011 年恢复性发展阶段、2012—2016 年快速发展阶段和 2017—2018 年缓速发展阶段。

二、平均发展速度和平均增长速度

（一）平均发展速度和平均增长速度的概念

平均发展速度是现象在一段较长时期内发展变化的平均程度，是各期环比发展速度的动态平均数。

平均增长速度是现象在一段较长时期内增长变化的平均程度，可视为环比增长速度的动态平均数，但在计算时，不能直接根据各环比增长速度求得，应根据发展速度和增长速度的关系计算。

$$平均增长速度=平均发展速度-1 \tag{7-15}$$

平均速度指标是制订和检查长期计划的重要依据之一。利用平均速度指标还可以对比不同发展阶段、不同国家或地区社会经济现象的发展变化情况。

（二）平均发展速度和平均增长速度的计算方法

平均发展速度常用几何平均法或方程式法进行计算。

1. 几何平均法（水平法）

现象在一段时间内发展的总速度等于各期环比发展速度的连乘积。所以，计算平均发展速度不能用算术平均法，而要用几何平均法。计算公式为：

$$\overline{x} = \sqrt[n]{x_1 x_2 x_3 \cdots x_n} = \sqrt[n]{\prod x} \tag{7-16}$$

式中：

$\overline{x}$——平均发展速度；

x_i——各期环比发展速度；

$\prod$——连乘积的符号。

由于 $x_i = \dfrac{a_i}{a_{i-1}}(i = 1,2,\cdots,n)$，所以公式(7-16)又可表示为：

$$\overline{x} = \sqrt[n]{\frac{a}{a_0} \times \frac{a_2}{a_1} \times \cdots \times \frac{a_n}{a_{n-1}}} = \sqrt[n]{\frac{a_n}{a_0}} \tag{7-17}$$

从式(7-16)可以看出,应用几何平均法计算的平均发展速度的数值大小和各期的环比发展速度有关,似乎也与各期的发展水平有关;但从式(7-17)可以看出,这样计算的平均发展速度实际上只与最初水平和最末水平有关。

根据掌握资料的不同情况,可以有选择地使用上述两个公式。如果只有各期的环比发展速度资料,可用式(7-16)计算;如果掌握最末水平和最初水平资料,则可用式(7-17)计算。

按几何平均法计算的平均发展速度,可以保证用这一平均速度推算的最末一期的理论水平与其实际水平相等,由此推算的最末一期的定基发展速度也与其实际定基发展速度相等。但由于这种方法计算的平均发展速度仅取决于最初水平和最末水平,而与中间各期的发展水平无关,因此,用这一平均发展速度推算的各期发展水平可能与各期的实际水平相差悬殊,不能准确反映各期发展的实际水平。

2. 方程式法(累计法)

方程式法是以定基发展速度为基础计算的。在时间序列中,各期发展水平是基期水平与各该期定基发展速度的乘积,也是基期水平与有关各期环比发展速度的连乘积。据此可计算出各期发展水平之和,进而计算平均发展速度。

$$a_0\frac{a_1}{a_0}+a_0\frac{a_2}{a_0}+a_0\frac{a_3}{a_0}+\cdots+a_0\frac{a_n}{a_0}=\sum_{i=1}^{n}a_i$$

用 x_i 代表第 i 期的环比发展速度,上式可变成:

$$a_0x_1+a_0x_1x_2+\cdots+a_0x_1x_2x_3\cdots x_n=\sum_{i=1}^{n}a_i$$

将各期环比发展速度平均化,用平均发展速度 $\overline{x}$ 代替各期环比发展速度 x_i,则:

$$a_0\overline{x}+a_0\overline{x}\cdot\overline{x}+\cdots+a_0\overline{x}\cdot\overline{x}\cdot\overline{x}\cdot\cdots\cdot\overline{x}=\sum_{i=1}^{n}a_i$$

$$a_0\overline{x}+a_0\overline{x}^2+a_0\overline{x}^3+\cdots+a_0\overline{x}^n=\sum_{i=1}^{n}a_i$$

$$\overline{x}+\overline{x}^2+\overline{x}^3+\cdots+\overline{x}^n=\frac{\sum_{i=1}^{n}a_i}{a_0} \tag{7-18}$$

这个方程的正根就是所求的平均发展速度。求解这个方程式是比较复杂的,在实际统计工作中,一般是根据事先编好的平均增长速度查对表查得所需的平均发展速度。

三、计算和应用平均速度应注意的几个问题

1. 根据研究问题的目的和研究对象的特点,合理选择计算方法

若侧重于考察最末一年所达到的水平,可采用几何平均法计算平均速度。若侧重于考察长时间(比如5年)内各期达到的总量,可以采用方程式法计算其平均速度。

另外,当现象在一段时期内波动比较大时,用水平法反映不出中间各期水平的变化,用累计法就可以考虑中间各期水平的波动,因此,可以两种方法结合起来进行分析研究。

2. 基期的选择要适当

在计算速度指标时,要注意选择适当的基期。例如,分析五年计划的完成情况时,一般选择五年计划时期的前一年为固定基期;又如,为反映经济政策的调整对社会经济现象造成的影响,

往往选择经济政策调整的前一年为固定基期，等等。

3. 用几何平均法计算平均速度时，要特别关注特殊时期环比速度的变动情况

用几何平均法计算的平均速度仅决定于现象的最末水平与最初水平这两个数值，而与中间各期的发展水平值完全无关。如果中间各期出现了特殊的高低变化或者最初、最末水平受到特殊因素的影响，几何平均速度就会失去其代表性。因此，在计算平均速度时，要结合特殊时期的环比速度加以分析，说明造成这一结果的具体原因。

4. 用分段平均速度补充说明总平均速度

这对于分析现象在较长一段时期内的发展变化情况尤为重要。因为一个总的平均速度指标，仅能笼统、概括地反映现象在长时期内平均发展变化的程度，而不能据此深入了解这种现象在整个发展过程中的变化情况。这时，应按某些重要的因素将这一较长历史时期划分为几个阶段，计算出分段的平均速度以补充说明总的平均速度。

另外，在用平均速度指标分析问题时，还应和时间序列中的其他分析指标结合起来进行分析、研究，并加以补充说明，这样才能对被研究现象有正确和全面的认识。

7.4 时间序列的长期趋势分析

时间序列中各项发展水平的变化是众多因素(如基本因素、季节因素、偶然因素等)共同作用的结果。影响因素不同所起的作用就不同，引起变化的形式也不同，其综合结果就是现实的时间序列。为了研究现象发展变化的趋势并据以预测未来，就需要将影响时间序列的各种因素的变动形态测定出来。

时间序列的变动形态按其性质不同可分为长期趋势变动(T)、季节变动(S)、循环变动(C)和不规则变动(I)。

时间序列总变动(Y)和上述四种变动形态的结合有两种假定，即乘法模式和加法模式。

当影响现象变动的因素是相互影响的关系时，时间序列总变动是各因素变动的乘积，即：

$$Y = T \cdot S \cdot C \cdot I$$

这种结构称为乘法模式。

当影响现象变动的因素是互相独立的关系时，时间序列总变动是各种因素变动的总和，即：

$$Y = T + S + C + I$$

这种结构称为加法模式。

在实际工作中，一般采用乘法模式对现象进行分析和计算。

一、测定长期趋势的意义

长期趋势是指客观现象由于受某种基本因素的影响，在一段相当长的时间内，持续向上或向下发展变化的趋势。

例如，随着科学技术的发展，农作物种植方法不断改良，在播种面积一定的情况下其收获量不断增加；我国人口基数庞大，新中国成立后，由于人们生活水平的提高和生存条件的改善，人口总数逐年上升;等等。

测定长期趋势就是采用适当的方法对时间序列进行修匀,使修匀后的序列排除季节变动、循环变动和不规则变动的影响,显示出现象变动的基本趋势。测定长期趋势的意义:第一,研究现象在过去一段时间内的发展方向和趋势,以便认识和掌握现象发展变化的规律性;第二,利用现象发展的长期趋势,可以对未来的情况做出预测;第三,测定长期趋势,还可以将长期趋势从时间序列中分离出来,更好地研究季节变动和循环变动等。

测定现象变动的长期趋势主要是对原有时间序列进行修匀。修匀的方法主要有时距扩大法、移动平均法、最小平方法和指数平滑法等。

二、时距扩大法和移动平均法

1. 时距扩大法

时距扩大法是测定长期趋势最简便的方法,它是将原有时间序列中较小时距单位的若干个数值加以合并,得出扩大了的较大时距单位的数据。其作用在于消除较小时距单位所受到的非基本因素的影响,以显示出现象变动的总趋势。

[**例 7-9**] 某企业某商品的销售量资料如表 7-10 所示,用时距扩大法测定其长期趋势。

表 7-10 某企业某商品的销售量资料

年份	商品销售量/$\times 10^3$ 件			
	第一季度	第二季度	第三季度	第四季度
2014	2	3	13	18
2015	5	8	14	18
2016	6	10	16	22
2017	8	12	19	25
2018	15	17	21	24

从给出的资料可以看出,该商品的销售量存在着明显的有规则的以四个季度为周期的重复变动,且有逐年持续增长的趋势。为了显示现象发展变化的长期趋势,必须将其他因素对时间序列的影响剔除掉。采用时距扩大法,将以季度为单位的商品销售量合并成以年为单位的商品销售量后,就可满足上述要求,这可从修匀后形成的新的时间序列(见表 7-11)中反映出来。

表 7-11 修匀后的销售量时间序列

年份	商品销售量/$\times 10^3$ 件	季平均销售量/$\times 10^3$ 件
2014	36	9.00
2015	45	11.25
2016	54	13.50
2017	64	16.00
2018	77	19.25

用时距扩大法测定长期趋势简单明了,但缺点非常明显:扩大时距之后形成的新时间序列的数据大量减少,这不便于做进一步的趋势分析,也不能满足季节变动分析的需要。为此,需对时距扩大法进行改良,就出现了移动平均法。

2. 移动平均法

移动平均法是对原时间序列按一定的时距扩大，采用逐期递推移动的方法计算出一系列扩大了时距的动态平均数(或称移动平均数)，并以这一系列动态平均数作为对应时期的趋势值。通过移动平均，消除了偶然因素对时间序列的影响，反映出现象发展的长期趋势。

［**例 7-10**］ 用移动平均法对某省历年固定资产投资额(见表 7-12)进行修匀，编制新的时间序列。

表 7-12 某省历年固定资产投资额

单位：亿元

年份编号	固定资产投资额	三项移动平均	四项移动平均	
			第一次移动平均	第二次移动平均
1	47.25	—	—	—
2	53.52	54.06	62.28	—
3	61.40	67.28	82.20	72.24
4	86.93	91.76	105.06	93.63
5	126.95	119.61	129.81	117.44
6	144.94	144.10	159.09	144.45
7	160.42	169.80	174.27	166.68
8	204.05	184.05	189.57	181.92
9	187.68	199.28	213.58	201.58
10	206.12	216.75	242.27	227.93
11	256.46	260.47	307.96	275.12
12	318.83	341.91	413.44	360.70
13	450.43	465.76	550.58	482.01
14	628.03	627.83	721.78	636.18
15	805.03	812.22	900.47	811.13
16	1 003.61	991.28	1 076.10	988.29
17	1 165.19	1 166.45	—	—
18	1 330.56	—	—	—

尽管某省固定资产投资额在某些年份有所减少，但总趋势是逐步上升的，这可从第 3 年和第 4 年移动平均之后所得的两个新序列中明显地反映出来。

采用移动平均法测定长期趋势时应注意：

(1) 凡是奇数项移动平均求得的平均值，应对准所平均时期的中间时期，一次即得长期趋势值。偶数项移动平均求得的平均值，应置于所平均时期的中间两个时期之间，为了移正长期趋势值，还需要再进行一次两项移动平均。

(2) 移动平均法中时距扩大的程度应视时间序列的具体情况而定。如果现象的变动有一定的周期，扩大时距时应注意与现象周期变动的时距一致。例如，在分月(或季)的时间序列中，必须消除季节因素变动的影响，需要采用 12 项(或 4 项)移动平均；在以年为单位的时间序列中，不存在季节变动因素，需要消除的是循环变动和不规则变动的影响，通过对时间序列中指标数值的观察，循环周期大体为几年，就相应采用几年移动平均。一般来说，移动平均的项数用得越多，对原序列修匀的作用越大，长期趋势表现得越明显，但得出的移动平均数项目就越少；反之，项数越少，修匀的作用就越小，所得出的移动平均数项目就越多。

(3) 不宜根据修匀后的新时间序列进行直接预测。按移动平均法修匀后的新序列较原序列项数减少，首尾损失了部分信息量，所以利用这一方法可以观察出现象发展变化的总趋势，但不宜据此序列进行直接预测，若要进行预测，需要对修匀后的新序列做进一步的加工，这表明移动平均法并不是测定长期趋势的理想方法。

三、最小平方法

最小平方法是测定长期趋势最常用的方法。它是通过建立数学方程，对原时间序列配合一条较为理想的趋势线，使得原序列中的各实际值与趋势值的离差平方和最小。根据加权与否，最小平方法可分为一般最小平方法和折扣最小平方法两种。一般最小平方法的统计表达式为：

$$\sum(y-\hat{y})^2 = \text{最小值}$$

式中：y——时间序列中的各期实际值；

$\hat{y}$——通过趋势线求出的趋势值。

采用这一方法可以配合趋势直线，也可以配合趋势曲线，这要根据原序列反映出来的现象变动的特点来确定。趋势形态的判断方法较多，最为简单的是画散点图，若散点大致在某一条直线周围波动，就配合趋势直线；若散点大致在某一条曲线周围波动，就配合趋势曲线。也可根据动态指标判断，方法是：若时间序列各逐期增长量大体相等，基本趋势是直线型的，可配合趋势直线；若二级增长量(原始时间序列逐期增长量的逐期增长量)大体相等，基本趋势属抛物线型，可配合抛物线趋势；若各环比发展速度大体相等，基本趋势属指数形态，可配合指数方程。

直线趋势方程的一般形式：

$$\hat{y} = a + bx \tag{7-19}$$

式中：x——时间；

a——趋势直线的截距，表示最初发展水平的趋势值；

b——趋势直线的斜率，表示 x 每变动一个单位时，y 平均变动的数量，实际上是时间序列中的平均增长量。

依据最小平方法“$\sum(y-\hat{y})^2 = \text{最小值}$”的要求，通过对参数 a 和 b 求偏导便可得出下列两个联立标准方程：

$$\begin{cases}\sum y = na + b\sum x \\ \sum xy = a\sum x + b\sum x^2\end{cases}$$

解方程组得：

$$b = \frac{n\sum xy - \sum x\sum y}{n\sum x^2 - \left(\sum x\right)^2} \tag{7-20}$$

$$a = \frac{\sum y}{n} - b \times \frac{\sum x}{n} \tag{7-21}$$

[**例 7-11**]　某省历年人口资料如表 7-13 所示，要求拟合适当的趋势方程，并以此趋势预测第 9 年年末的人口数。

表 7-13　某省历年年末人口数及有关数值计算表

年份编号	人口数 y/万人	x	x^2	xy	$\hat{y}$
1	8 763	1	1	8 763	8 781.5
2	8 861	2	4	17 722	8 859.2
3	8 946	3	9	26 838	8 936.9
4	9 027	4	16	36 108	9 014.5
5	9 100	5	25	45 500	9 092.2
6	9 172	6	36	55 032	9 169.9
7	9 243	7	49	64 701	9 247.6
8	9 315	8	64	74 520	9 325.2
合　计	72 427	36	204	329 184	72 427

以横轴表示时间，纵轴表示原数列的指标数值，坐标原点定在编号为“0”的年份，将该序列中的指标数值和相对应的时间形成的点画在直角坐标系中，可发现散点集中在一条直线周围，故可以拟合直线趋势方程。

根据求参数公式，经计算得：

$$b=\frac{8\times 329\ 184-36\times 72\ 427}{8\times 204-36^2}=\frac{26\ 100}{336}=77.68$$

$$a=\frac{72\ 427}{8}-77.68\times\frac{36}{8}=8\ 703.82$$

$$\hat{y}=a+bx=8\ 703.82+77.68x$$

将“9”代入配合的趋势方程，可得到第 9 年年末某省人口数的趋势值(即预测值)：

$$\hat{y}=8\ 703.82+77.68\times 9=9\ 402.94$$

即第 9 年年末该省人口数将达到 9 402.94 万人。

另外，为了便于手工计算，可把原数列的中点移至坐标原点，使得“$\sum x=0$”，此时，标准方程组可简化为：

$$\begin{cases}\sum y=na\\ \sum xy=b\sum x^2\end{cases}$$

于是可得：

$$b=\frac{\sum xy}{\sum x^2} \tag{7-22}$$

$$a=\frac{\sum y}{n} \tag{7-23}$$

需注意的是，当时间序列为奇数项时，中间一年为原点，x 值分别为…、−3、−2、−1、0、1、2、3、…，从而使 $\sum x=0$；当时间序列为偶数项时，中间两项的中点为原点，这时，x 以半年为单位，原点以前各项的 x 值分别为…、−5、−3、−1，原点以后各项的 x 值依次为 1、3、5、…，同样可使 $\sum x=0$。

现根据表 7-14,用简捷法来拟合例 7-11 的趋势方程。

表 7-14 某省历年年末人口数及有关数值计算表(简捷法)

年份编号	年末人口数 y/万人	x	x^2	xy
1	8 763	−7	49	−61 341
2	8 861	−5	25	−44 305
3	8 946	−3	9	−26 838
4	9 027	−1	1	−9 027
5	9 100	1	1	9 100
6	9 172	3	9	27 516
7	9 243	5	25	46 215
8	9 315	7	49	65 205
合计	72 427	0	168	6 525

$$b=\frac{6\ 525}{168}=38.84$$

$$a=\frac{72\ 427}{8}=9\ 053.38$$

$$\hat{y}=9\ 053.38+38.84x$$

用此方程计算各期趋势值,结果和前一种方法相同。注意,这里 $a=9\ 053.38$ 表示第 4 年和第 5 年中点的人口数,$b=38.84$ 表示时间每变动一个单位(半年)时人口平均增加的数量。

四、非线性趋势的测定

当客观现象的发展呈曲线变动时,仍可使用最小平方法配合趋势曲线方程。曲线有多种多样,这里以常用的二次曲线(即抛物线)和指数曲线为例加以说明。

1. 二次曲线趋势测定

如前所述,当时间序列中的二级增长量大致相同时,就可配合二次曲线方程。二次曲线方程的一般形式为:

$$\hat{y}=a+bx+cx^2 \tag{7-24}$$

方程中有 a、b、c 三个待定参数,根据最小平方法可得出下列三个标准方程式:

$$\begin{cases}\sum y=na+b\sum x+c\sum x^2\\ \sum xy=a\sum x+b\sum x^2+c\sum x^3\\ \sum x^2y=a\sum x^2+b\sum x^3+c\sum x^4\end{cases}$$

按照前面所讲的方法,将原序列的中点移至坐标原点,使 $\sum x=0$,标准方程组可简化为:

$$\begin{cases}\sum y=na+c\sum x^2\\ \sum xy=b\sum x^2\\ \sum x^2y=a\sum x^2+c\sum x^4\end{cases}$$

［**例 7-12**］ 某省历年国有单位职工人数资料如表 7-15 所示，试据此配合一个适当的趋势方程。

表 7-15 某省国有单位职工人数及计算表

年份编号	职工人数 y/万人	x	xy	x^2	x^2y	x^4	$\hat{y}$
1	544	−3	−1 632	9	4 896	81	541.59
2	571	−2	−1 142	4	2 284	16	573.08
3	599	−1	−599	1	599	1	596.73
4	604	0	0	0	0	0	612.54
5	617	1	617	1	617	1	620.51
6	640	2	1 280	4	2 560	16	620.64
7	603	3	1 809	9	5 427	81	612.93
合 计	4 178	0	333	28	16 383	196	—

由于该时间序列的二级增长量大致相等，故可拟合二次曲线方程。由于 $\sum x=0$，所以可得下面的方程组：

$$\begin{cases} 4\,178 = 7a + 28c \\ 333 = 28b \\ 16\,383 = 28a + 196c \end{cases}$$

解该方程组得：

$$\begin{cases} a = 612.54 \\ b = 11.89 \\ c = -3.92 \end{cases}$$

于是，得到的二次曲线趋势方程就为：

$$\hat{y} = 612.54 + 11.89x - 3.92x$$

将 x 的取值分别代入上式，可得各年的趋势值。

2. 指数曲线趋势

当时间序列中的各期环比发展速度大体相同时，可配合指数曲线方程。指数曲线的方程式为：

$$\hat{Y} = ab^x \tag{7-25}$$

式中：a——$x=0$ 时的趋势值；

b——现象的平均发展速度。

进行指数曲线拟合，可先将其转化为直线形式。在上述等式两边取对数，可得：

$$\lg\hat{Y} = \lg a + (\lg b)x \tag{7-26}$$

设 $Y'=\lg\hat{Y}$，$A=\lg a$，$B=\lg b$，可得直线形式：

$$Y' = A + Bx \tag{7-27}$$

从而，可按直线拟合的方法确定所需要的指数曲线。用最小平方法先求出 A 和 B，再求其反对数，得到 a 和 b。

［**例 7-13**］ 某省 2011—2018 年出生人数资料如表 7-16 所示，试配合适当的趋势线。

表 7-16　某省 2011—2018 年出生人数

年份	2011	2012	2013	2014	2015	2016	2017	2018
出生人数/万人	172	159	141	138	130	130	129	131
环比发展速度/(%)	—	92	89	98	94	100	99	102

通过计算可知，各年的环比发展速度大体相同，所以可配合指数趋势方程，具体计算资料如表 7-17 所示。

表 7-17　指数曲线计算表

年　份	出生人数 Y	x	x^2	$\lg Y$	$x\lg Y$	$\hat{Y}$
2011	172	−7	49	2.235 5	−15.648 5	161.85
2012	159	−5	25	2.201 4	−11.007 0	155.45
2013	141	−3	9	2.149 2	−6.447 6	149.29
2014	138	−1	1	2.139 9	−2.139 9	143.38
2015	130	1	1	2.113 9	2.113 9	137.70
2016	130	3	9	2.113 9	6.341 7	132.25
2017	129	5	25	2.110 6	10.553 0	127.01
2018	131	7	49	2.117 3	14.821 1	121.98
合　计	1 130	0	168	17.181 7	−1.413 3	—

由于 $\sum x = 0$，所以：

$$B = \frac{\sum x\lg Y}{\sum x^2} = \frac{-1.413\ 3}{168} = -0.008\ 4$$

$$A = \frac{\sum \lg Y}{n} = \frac{17.181\ 7}{8} = 2.147\ 7$$

查反对数表得：

$$a = 140.51$$
$$b = 0.98$$

因此，指数趋势曲线方程为：

$$\hat{Y} = 140.51 \times 0.98^x$$

把 x 的取值分别代入上式，可得各年的趋势值。

需注意的是，这里的 $b=0.98$ 是每半年的平均发展速度，年平均发展速度应为 $0.98^2 = 0.96$。

7.5 季节变动和循环波动的测定

一、季节变动的概念和分析意义

季节变动是指客观现象由于受自然条件或社会条件的影响，按一定周期(年、季、月或周)进行的有规律性的重复变动。例如，农业生产因受到自然条件的影响而出现季节性的变化，春、夏、秋三季农忙，冬季农闲；交通运输往往因受到自然条件和社会生活习惯的影响而出现季节性变动，春季(尤其是春节)人口流动量比较大，客运量出现季节性高峰；等等。

从长期的观点考察，被研究的现象在季节日期和数量表现方面可能会出现差异，这可视为长期趋势或偶然因素的影响。由于季节变动最大的周期为一年，所以，以年份为单位的时间序列中不可能有季节变动。

季节变动往往会给社会生产和人们生活带来一定的影响，但这与一定的历史条件相联系，随着科学技术的不断发展，季节变动也会随之改变。研究现象的季节变动，认识现象在一定周期内的变动规律性，便于制订计划，更好地组织生产、流通，安排好人们的经济生活；研究季节变动还可以消除季节变动对时间序列造成的影响，便于测定现象的循环变动和不规则变动。

二、季节变动的测定和分析

测定季节变动大致有两种方法：一是不考虑长期趋势的影响，直接根据原序列进行计算，常用的方法是按季(或月)平均法；二是将原序列中的长期趋势及循环变动剔除后，再进行测定，常用的方法是移动平均趋势剔除法。不管采用哪种方法，都需具备至少连续五年分季(或月)的资料，才能比较客观地描述和认识现象的季节变动。

1. 按季(或月)平均法

按季(或月)平均法是测定现象季节变动的最简便的方法。它是通过季节指数(或称季节比率)来表明季节变动程度的。

计算各季(或月)季节比率的步骤：第一，根据历年同季(或月)的数值总和计算历年同季(或月)的平均水平；第二，根据历年各季(或月)的数值总和计算总的季(或月)的平均水平；第三，将历年同季(或月)的平均水平与总的季(或月)的平均水平对比，得到用百分数表示的季节比率(也称季节指数)。它表明各季水平比全期总水平高或低的程度，即季节变动的一般规律。

[**例 7-14**]　某商场某种商品的销售量资料如表 7-18 所示，用按季(或月)平均法计算各季的季节比率。季节比率大于 100%表明该季是旺季，小于 100%则为淡季。

表 7-18　某商场某种商品的销售量及季节比率

单位：件

年　份	第一季度	第二季度	第三季度	第四季度	合　计
2014	5 000	7 000	13 000	18 000	43 000
2015	5 000	8 000	14 000	18 000	45 000
2016	6 000	10 000	16 000	22 000	54 000

续表

年　份	第一季度	第二季度	第三季度	第四季度	合　计
2017	8 000	12 000	19 000	25 000	64 000
2018	15 000	17 000	20 000	28 000	80 000
合　计	39 000	54 000	82 000	111 000	286 000
季平均	7 800	10 800	16 400	22 200	14 300
季节比率/(%)	54.55	75.52	114.69	155.24	400.00

在例 7-14 中，第三、第四季度为该商品销售的旺季，第一、第二季度为该商品销售的淡季。该商场可以根据该商品销售量季节变动的规律，合理安排商品的购进、库存及销售价格。

计算季节比率需注意：各季(或月)的季节比率之和应正好等于 400%(或 1 200%)，但有时，由于受其他因素的干扰，各季(或月)的季节比率之和不是 400%(或 1 200%)，这就需要进行调整，把差数分摊到各季(或月)中去。例如，假定根据某资料计算出的各季度季节比率之和为 398.73%，则调整系数为 1.003 185(即 400/398.73)，以此系数依次乘以各季节比率，得调整后的季节比率，其和正好是 400%。

此方法的优点是计算简便，容易了解和掌握。但是，采用这一方法有个重要的前提，即原序列不存在长期趋势变动。若时间序列中有上升(或下降)的长期趋势存在时，近期数值比远期数值具有更大的影响，从而不能对客观事实做出正确的反映，此时宜采用长期趋势剔除法来测定其季节变动。

2. 长期趋势剔除法

这种方法是先利用移动平均法将原时间序列中的长期趋势测定出来，利用乘法模式将其剔除，然后再测定季节变动。

利用长期趋势剔除法计算季节变动的步骤：

第一，根据各年的季(或月)资料进行四项(或十二项)移动平均，修匀时间序列，剔除偶然因素对时间序列的影响，以确定时间序列的趋势值(T)；

第二，将实际值(Y)和趋势值(T)对比，以剔除时间序列中的长期趋势；

第三，将 Y/T 的数值按季(或月)排列，再按季(或月)求其季节比率；

第四，加总各季(或月)的季节比率，其总和应为 400%(或 1 200%)，如果不等于此数，需求调整系数，用调整系数去乘各季(或月)的季节比率，即得调整后的季节比率。

[**例 7-15**]　仍用表 7-18 所示资料说明长期趋势剔除法的计算过程。

对表 7-18 所示的资料进行整理，得某商场某种商品的销售量及四项移动平均计算表(见表 7-19)。

表 7-19　某商场某种商品的销售量及四项移动平均计算表

年　份	季　别	销售量 Y/千件	四项移动平均/千件	趋势值 T/千件	Y/T/(%)
2014	1	5		—	—
	2	7	—	—	—
	3	13	10.75	10.750	120.93
	4	18	10.75	10.875	165.52

续表

年份	季别	销售量 Y/千件	四项移动平均/千件	趋势值 T/千件	Y/T/(%)
2015	1	5	11.00	11.125	44.94
	2	8	11.25	11.250	71.11
	3	14	11.25	11.375	123.08
	4	18	11.50	11.750	153.19
2016	1	6	12.00	12.250	48.98
	2	10	12.50	13.000	76.92
	3	16	13.50	13.750	116.36
	4	22	14.00	14.250	154.39
2017	1	8	14.50	14.875	53.78
	2	12	15.25	15.625	76.80
	3	19	16.00	16.875	112.59
	4	25	17.75	18.375	136.05
2018	1	15	19.00	19.125	78.43
	2	17	19.25	19.625	86.62
	3	20	20.00	—	—
	4	28	—	—	—

将表 7-19 中的 Y/T 重新加以排列，得表 7-20。

表 7-20 季节比率计算表

单位：%

年份	第一季度	第二季度	第三季度	第四季度	合计
2014	—	—	120.93	165.52	—
2015	44.94	71.11	123.08	153.19	—
2016	48.98	76.92	116.36	154.39	—
2017	53.78	76.80	112.59	136.05	—
2018	78.43	86.62	—	—	—
合计	226.13	311.45	472.96	609.15	—
季节比率	56.53	77.86	118.24	152.29	404.92
调整后的季节比率	55.84	76.92	116.80	150.44	400

将表 7-19 中每年同季的数值加以平均，所得相对数即为季节比率。各季季节比率的合计数为 404.92，大于 400，因此需要调整，调整系数为 0.987 85(400÷404.92)，用这个系数分别乘以各季的季节比率，得调整后的季节比率。

测定季节变动的目的是方便将来的工作安排，增强预见性。而计算的季节比率只能作为参考数据，因为预计未来是对各种因素综合判断的结果，而不是计算的直接结果。

三、循环变动的测定与分析

循环变动是指客观现象以若干年为周期的涨落起伏相间的变动。在时间序列中表现为：统计指标数值反复发生从高到低，再从低到高的波浪式变动。

从表现形式上看，循环变动和季节变动没有实质的区别，都属于周期变动，但从引起的原因和它们所产生的影响来看却有着相当大的不同。季节变动起因于四季的自然更替和社会风俗习惯，变化的循序性和规律性较强，对社会经济生活的影响也就较小。循环变动则不同，其成因一般较复杂，并具有较长时期（如五年、十年，甚至更长时间等）的渐进性和隐蔽性，常伴有突发性质和连锁反应，波及的范围与经济的发展及联系程度密切相关，可能在一国内部发生，也可能涉及几个国家，甚至具有国际性。因此，它对一国的经济往往造成巨大的影响。

循环变动的测定常用所谓的"剩余法"，其基本思路：先对各期时间序列资料用长期趋势值和季节比率消除趋势变动和季节变动的影响，得到反映循环变动和不规则变动的时间序列，然后再采用移动平均法消除不规则变动的影响，便可得到反映循环变动程度的各期循环变动系数。用关系式表示为：

$$\frac{Y}{T \cdot S} = C \cdot I \tag{7-28}$$

对 $C \cdot I$ 序列进行移动平均修匀，修匀后的序列即为循环变动系数，这就达到了测定循环变动的目的。

实际上，在以年为单位的时间序列中，由于不存在季节性变动的影响，短期的不规则波动在采用移动平均法测定长期趋势时也趋于抵消，这时只需消除长期趋势，循环变动就能较好地凸显出来。

测定循环变动，就是要将循环变动从时间序列中分离出来，以便考察现象周期性上升或下降的表现形式、特点、周期长度及各阶段所持续的时间，预见下一个循环变动可能产生的各种影响，以便充分利用有利因素、避免不利因素，这对于保持国民经济持续、稳定发展有重要的意义。

在国外，人们习惯于称循环变动为商业循环，在我国则更多地称之为经济周期。资本主义经济发展中存在着经济周期，这是不争的事实。我国经济发展是否也存在经济周期？对比长期以来的不同认识，目前较为一致的看法：不能回避我国经济活动总水平也存在一定程度的周期性波动，问题的关键在于如何更好地研究，更准确地把握，搞好我国的经济景气预测，从而有更充分的应对措施。引起我国经济周期性波动的原因较多，它与我国五年期的国民经济计划、产业技术进步、产业政策的调整、宏观调控措施的运作以及与国际经济联系的加强等有着直接的关系。

表 7-21 所示是我国国内生产总值（GDP）的资料，通过简单地计算国内生产总值的环比发展速度，就可以较直观地看到我国经济发展周期性波动的一个侧面。

表 7-21　我国 GDP 的环比发展速度　　单位：%

年　份	GDP 的环比发展速度	年　份	GDP 的环比发展速度	年　份	GDP 的环比发展速度
1954	104.2	1969	116.9	1984	115.3
1955	106.8	1970	119.4	1985	113.2
1956	115.0	1971	107.0	1986	108.5

续表

年　份	GDP的环比发展速度	年　份	GDP的环比发展速度	年　份	GDP的环比发展速度
1957	105.1	1972	108.8	1987	111.5
1958	121.3	1973	107.9	1988	111.3
1959	108.8	1974	102.3	1989	104.2
1960	99.9	1975	108.7	1990	104.2
1961	72.7	1976	98.4	1991	109.1
1962	94.4	1977	107.6	1992	114.1
1963	110.2	1978	111.7	1993	113.1
1964	118.3	1979	107.6	1994	112.6
1965	117.0	1980	107.8	1995	109.0
1966	110.7	1981	105.2	1996	109.8
1967	94.3	1982	109.3	1997	108.5
1968	95.9	1983	111.1	1998	107.8

从表7-21可以看出：1954—1998年我国经济发展存在着明显的周期波动特征，它大体经历了10个从低到高、再从高到低的波动过程，即1954—1957年、1957—1961年、1961—1967年、1967—1971年、1971—1974年、1974—1976年、1976—1981年、1981—1986年、1986—1990年、1990—1998年。在这一波动过程中，经济增长率的回落幅度（从一个最高点到下一个最低点用百分比表示的差额）依次为9.9、48.6、24、12.4、6.5、10.3、6.5、6.8、7.3、6.3。周期内的年均增长率（%）分别为7.6、－1.1、6.9、9.3、6.3、6.9、7.9、11.5、7.7、10.5。分阶段看，改革开放以前经济增长的回落幅度较大，波动周期较短，经济增长率的水平较低，年均增长率为6%，其中1960年、1961年、1962年、1967年、1968年、1976年6个年份为负增长。改革开放以后，经济增长率的波动幅度明显降低，波动周期延长，增长率的年均水平提高到9.6%。因此，从总体上看，我国经济增长率的回落幅度呈由大变小的趋势，而经济增长率的平均水平在逐步提高。

四、不规则变动的测定

不规则变动是指客观现象由于受到临时或偶然因素的影响而出现的非周期性或趋势性的随机变动，如地震、水灾、战争或某些不明原因等所引起的现象的变动。这种变动一般是无法预知的，表现为不规则变动。

对各期时间序列资料，用长期趋势值、季节比率和各期的循环变动系数消除长期趋势、季节变动和循环变动后，即可得到反映不规则变动的时间序列。这一时间序列的数值表现形式为相对数，一般用系数表示。用关系式表示为：

$$\frac{Y}{T \cdot S \cdot C} = I \tag{7-29}$$

不规则变动系数在1的上下波动，若系数大于1，不规则变动对时间序列的影响为正（即使现象向好的方向发展）；若小于1，不规则变动对时间序列的影响为负（即使现象向坏的方向发展）；离1越远，不规则变动对时间序列的影响越大；若等于1，则没有不规则变动。

☆ 时间序列分析案例

（一）时间序列的种类

中集集团2008年至2017年的相关财务数据如表7-22和表7-23所示。

表7-22　中集集团2008年至2017年年末资产负债情况

时　间	资产总额/亿元	负债总额/亿元	资产负债率/(%)
2008-12-31	345.6	196.2	56.77
2009-12-31	373.6	215.3	57.63
2010-12-31	541.3	349.2	64.51
2011-12-31	643.6	427.5	66.42
2012-12-31	629.9	408.8	64.90
2013-12-31	726.1	481.1	66.26
2014-12-31	877.8	604.9	68.91
2015-12-31	1 071	713.4	66.61
2016-12-31	1 246	854.8	68.60
2017-12-31	1 306	873.7	66.90

表7-23　中集集团2009年至2017年收入、利润以及平均资产情况

年　份	营业总收入/亿元	净利润/亿元	平均资产总额/亿元
2009年	204.8	10.81	359.6
2010年	517.7	28.51	457.45
2011年	641.3	36.59	592.45
2012年	543.3	19.3	636.75
2013年	578.7	26.34	678
2014年	700.7	30.34	801.95
2015年	586.9	23.51	974.4
2016年	511.1	7.35	1 158.5
2017年	763	31.58	1 276

根据表7-22和表7-23所示的资料有如下分析：

(1) 资产总额、负债总额时间序列反映的是每年年末的情况，即时间点情况，应为时点序列；

(2) 营业总收入、净利润时间序列反映的是每年总收入以及净利润情况，即时间段为一年，具有可加性，应为时期序列；

(3) 资产负债率$=\frac{年末负债数额}{年末资产数额}\times 100\%$，如 2008 年的资产负债率$=\frac{196.2}{345.6}\times 100\%=56.77\%$，其他各年的资产负债率的计算与此相同，资产负债率为相对数，故资产负债率时间序列为相对数时间序列；

(4) 平均资产总额$=\frac{年初资产额度+年末资产额度}{2}$，如 2010 年的平均资产总额$=\frac{2010年年初(2009年年末)资产额度+2010年年末资产额度}{2}=\frac{373.6+541.3}{2}$亿元$=457.45$亿元，其他各年的计算方法相同，故各年的平均资产总额为平均数，构成平均数时间序列。

最终分析结果如图 7-2 所示。

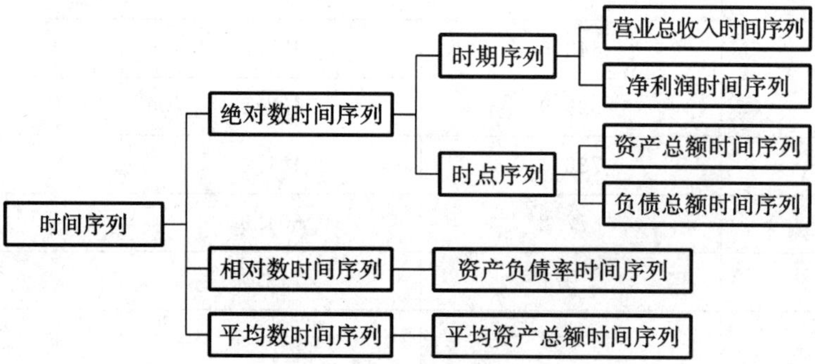

图 7-2　时间序列分类举例

(二) 时间序列的水平分析

结合表 7-23 中的营业总收入时间序列进行水平分析，如表 7-24 所示。

表 7-24　营业总收入时间序列水平指标分析表　　单位：亿元

水平分析指标			2009 年	2010 年	2011 年	2012 年	2013 年	2014 年	2015 年	2016 年	2017 年
			a_0	a_1	a_2	a_3	a_4	a_5	a_6	a_7	a_8
发展水平		a_i	204.8	517.7	641.3	543.3	578.7	700.7	586.9	511.1	763
增减量	逐期增减量	a_i-a_{i-1}	—	312.9	123.6	−98	35.4	122	−113.8	−75.8	251.9
	累计增减量	a_i-a_0	—	312.9	436.5	338.5	373.9	495.9	382.1	306.3	558.2

营业总收入时间序列为时期序列，根据时期序列平均发展水平计算公式可得：

$$年平均营业总收入=\frac{\sum a}{n+1}=\frac{a_0+a_1+\cdots+a_n}{n+1}$$
$$=\frac{204.8+517.7+\cdots+763}{8+1}亿元=560.8亿元$$

$$营业总收入年平均增长量=\frac{a_n-a_0}{n}=\frac{763-204.8}{8}亿元=69.775亿元$$

(三) 时间序列的速度分析

结合表 7-23 中的营业总收入时间序列进行速度分析，如表 7-25 所示。

表 7-25　营业总收入时间序列速度指标分析表　　单位：亿元

速度分析指标			2009 年 a_0	2010 年 a_1	2011 年 a_2	2012 年 a_3	2013 年 a_4	2014 年 a_5	2015 年 a_6	2016 年 a_7	2017 年 a_8
发展水平		a_i	204.8	517.7	641.3	543.3	578.7	700.7	586.9	511.1	763
发展速度/(%)	环比发展	a_i/a_{i-1}	—	252.78	123.87	84.72	106.52	121.08	83.76	87.08	149.29
	定基发展	a_i/a_0	100	252.78	313.13	265.28	282.57	342.14	286.57	249.56	372.56
增长速度/(%)	环比增长	$(a_i/a_{i-1})-1$	—	152.78	23.87	−15.28	6.52	21.08	−16.24	−12.92	49.29
	定基增长	$(a_i/a_0)-1$	—	152.78	213.13	165.28	182.57	242.14	186.57	149.56	272.56

2009 年至 2017 年间：

$$\text{营业总收入年平均发展速度} = \sqrt[n]{\frac{a_n}{a_0}} = \sqrt[8]{\frac{763}{204.8}} \times 100\% = 117.87\%$$

$$\text{营业总收入年平均增长速度} = \sqrt[n]{\frac{a_n}{a_0}} - 1 = \left(\sqrt[8]{\frac{763}{204.8}} - 1\right) \times 100\% = 17.87\%$$

(四)时间序列的长期趋势分析

1. 时距扩大法

结合表 7-23 中的营业总收入时间序列进行分析，如表 7-26 所示。

表 7-26　营业总收入时间序列

年份	2009 年	2010 年	2011 年	2012 年	2013 年	2014 年	2015 年	2016 年	2017 年
营业总收入/亿元	204.8	517.7	641.3	543.3	578.7	700.7	586.9	511.1	763

根据营业总收入时间序列绘制的折线图如图 7-3 所示。

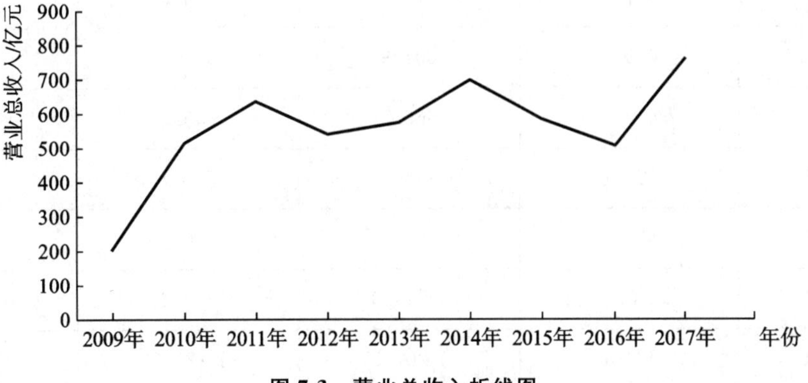

图 7-3　营业总收入折线图

通过表 7-26 和图 7-3 可分析出，营业总收入并未表现出明显的长期趋势，需要使用时距扩大法来体现长期趋势，从研究每年的营业总收入扩大到研究每三年的营业总收入，具体如表 7-27 和图 7-4 所示。

表 7-27　营业总收入时间序列（时距扩大法）

时间	2009—2011 年	2012—2014 年	2015—2017 年
三年营业收入总和/亿元	1 363.8	1 822.7	1 861
年平均营业收入/亿元	454.6	607.6	620.3

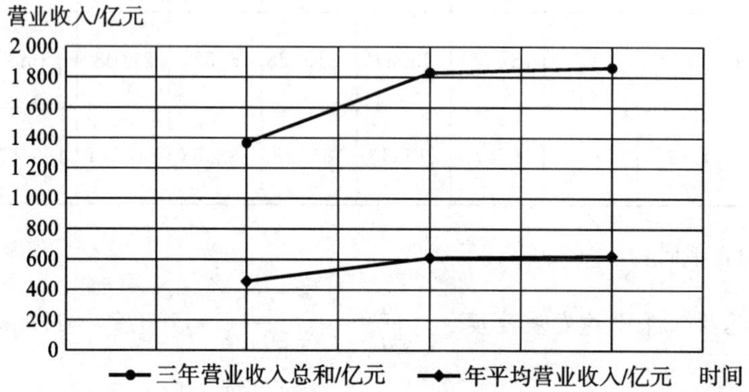

图 7-4　营业总收入时间序列长期趋势分析

2. 移动平均法

利用移动平均法对表 7-22 中的资产总额时间序列进行分析，分别进行三项和四项移动平均，具体如表7-28和图 7-5 所示。

表 7-28　资产总额时间序列（移动平均法）

时　　间	资产总额/亿元	三年移动平均	四年移动平均	二次移动
2008 年末	345.6	—	—	—
2009 年末	373.6	420.2	—	—
2010 年末	541.3	519.5	476.0	511.6
2011 年末	643.6	604.9	547.1	591.2
2012 年末	629.9	666.5	635.2	677.3
2013 年末	726.1	744.6	719.4	772.8
2014 年末	877.8	891.6	826.2	903.2
2015 年末	1 071	1 064.9	980.2	1 052.7
2016 年末	1 246	1 207.7	1 125.2	—
2017 年末	1 306	—	—	—

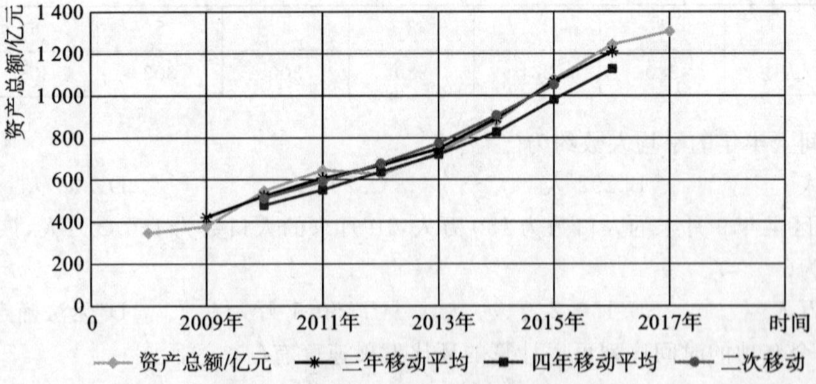

图 7-5　资产总额时间序列移动平均分析

【本章小结】

时间序列是将说明社会经济现象在各个不同时期或时点上的某种数量特征的指标数值，按照时间先后顺序排列而形成的一种统计数列。时间序列可以分为绝对数时间序列、相对数时间序列和平均数时间序列。其中，绝对数时间序列是最基本的数列，而相对数时间序列和平均数时间序列是在绝对数时间序列的基础上派生得到的。

时间序列主要进行水平分析、速度分析和动态趋势分析。时间序列的水平分析采用发展水平、平均发展水平、增减量和平均增减量四类指标；时间序列的速度分析采用发展速度、平均发展速度、增长速度和平均增长速度四类指标；时间序列的动态趋势有长期趋势、季节变动、循环变动和不规则变动。

长期趋势的分析和测定主要采取时距扩大法、移动平均法和最小平方法等。

【练习题】

一、单项选择题

1. 时间序列与变量序列(　　)。

A. 都是根据时间顺序排列的

B. 都是根据变量值大小排列的

C. 前者是根据时间顺序排列的，后者是根据变量值大小排列的

D. 前者是根据变量值大小排列的，后者是根据时间顺序排列的

2. 在时间序列中，数值大小与时间长短有直接关系的是(　　)。

A. 平均数时间序列　　B. 时期序列

C. 时点序列　　D. 相对数时间序列

3. 发展速度属于(　　)。

A. 比例相对数　　B. 比较相对数　　C. 动态相对数　　D. 强度相对数

4. 计算发展速度的分母是(　　)。

A. 报告期水平　　B. 基期水平　　C. 实际水平　　D. 计划水平

5. 某车间月初工人人数资料如表 7-29 所示。

表 7-29　某车间月初工人人数

月份	1	2	3	4	5	6	7
月初人数/人	280	284	280	300	302	304	320

则该车间上半年的平均人数约为(　　)。

A. 296 人　　B. 292 人　　C. 295 人　　D. 300 人

6. 某地区某年 9 月末的人口数为 150 万人,10 月末的人口数为 150.2 万人,该地区 10 月的人口平均数为(　　)。

A. 150 万人　　B. 150.2 万人　　C. 150.1 万人　　D. 无法确定

7. 由一个 9 项的时间序列可以计算的环比发展速度有(　　)。

A. 8 个　　B. 9 个　　C. 10 个　　D. 7 个

8. 采用几何平均法计算平均发展速度的依据是(　　)。

A. 各年环比发展速度之积等于总速度　　B. 各年环比发展速度之和等于总速度

C. 各年环比增长速度之积等于总速度　　D. 各年环比增长速度之和等于总速度

9. 某企业的产值 2015 年比 2010 年增长了 58.6%,则该企业 2011—2015 年间产值的平均发展速度为(　　)。

A. $\sqrt[5]{58.6\%}$　　B. $\sqrt[5]{158.6\%}$　　C. $\sqrt[6]{58.6\%}$　　D. $\sqrt[6]{158.6\%}$

10. 根据牧区每个月月初的牲畜存栏数计算全牧区半年的牲畜平均存栏数,采用的方法是(　　)。

A. 简单平均法　　B. 几何平均法

C. 加权序时平均法　　D. 首末折半法

11. 时间序列在一年内重复出现的周期性波动称为(　　)。

A. 长期趋势　　B. 季节变动　　C. 循环变动　　D. 随机变动

二、多项选择题

1. 对于时间数列,下列说法中正确的有(　　)。

A. 序列是按数值大小顺序排列的　　B. 序列是按时间顺序排列的

C. 序列中的数值都有可加性　　D. 序列是进行动态分析的基础

E. 编制时应注意数值间的可比性

2. 时点序列的特点有(　　)。

A. 数值大小与间隔长短有关　　B. 数值大小与间隔长短无关

C. 数值相加有实际意义　　D. 数值相加没有实际意义

E. 数值是连续登记得到的

3. 下列说法中,正确的有(　　)。

A. 平均增长速度大于平均发展速度　　B. 平均增长速度小于平均发展速度

C. 平均增长速度=平均发展速度−1　　D. 平均发展速度=平均增长速度−1

E. 平均发展速度×平均增长速度=1

4. 下列计算增长速度的公式中,正确的有(　　)。

A. $增长速度=\dfrac{增长量}{基期水平}\times100\%$　　B. $增长速度=\dfrac{增长量}{报告期水平}\times100\%$

C. 增长速度＝发展速度－100％　　D. 增长速度$=\frac{\text{报告期水平}-\text{基期水平}}{\text{基期水平}}\times 100\%$

E. 增长速度$=\frac{\text{报告期水平}}{\text{基期水平}}\times 100\%$

5. 采用几何平均法计算平均发展速度的公式有(　　)。

A. $\bar{x}=\sqrt[n]{\frac{a_1}{a_0}\times\frac{a_2}{a_1}\times\frac{a_3}{a_2}\times\cdots\times\frac{a_n}{a_{n-1}}}$　　B. $\bar{x}=\sqrt[n]{\frac{a_n}{a_0}}$

C. $\bar{x}=\sqrt[n]{\frac{a_n}{a_1}}$　　D. $\bar{x}=\sqrt[n]{R}$

E. $\bar{x}=\frac{\sum x}{n}$

6. 某公司连续五年的销售额资料如表 7-30 所示。

表 7-30　某公司连续五年的销售额

时间	第一年	第二年	第三年	第四年	第五年
销售额/万元	1 000	1 100	1 300	1 350	1 400

根据上述资料计算的下列数据中，正确的有(　　)。
A. 第二年的环比增长速度＝定基增长速度＝10％
B. 第三年的累计增长量＝逐期增长量＝200 万元
C. 第四年的定基发展速度为 135％
D. 第五年增长 1％，绝对值为 14 万元
E. 第五年增长 1％，绝对值为 13.5 万元
7. 下列关系中，正确的有(　　)。
A. 环比发展速度的连乘积等于相应的定基发展速度
B. 定基发展速度的连乘积等于相应的环比发展速度
C. 环比增长速度的连乘积等于相应的定基增长速度
D. 环比发展速度的连乘积等于相应的定基增长速度
E. 平均增长速度＝平均发展速度－1
8. 测定长期趋势的方法主要有(　　)。
A. 时距扩大法　B. 方程法　C. 最小平方法　D. 移动平均法　E. 几何平均法
9. 关于季节变动的测定，下列说法中正确的有(　　)。
A. 目的在于掌握事物变动的季节周期性　　B. 常用的方法是按月(季)平均法
C. 需要计算季节比率　　D. 按月计算的季节比率之和应等于 400％
E. 季节比率越大，说明事物的变动越处于淡季
10. 时间序列的可比性原则主要指(　　)。
A. 时间长度要一致　　B. 经济内容要一致
C. 计算方法要一致　　D. 总体范围要一致
E. 计算价格和单位要一致

三、判断题

1. 时间序列中的发展水平都是统计绝对数。(　　)

2. 相对数时间序列中的数值相加没有实际意义。(　　)
3. 由两个时期序列的对应项相对比而产生的新序列仍然是时期序列。(　　)
4. 由于时点序列和时期序列都是绝对数时间序列,所以它们的特点是相同的。(　　)
5. 时期序列有连续时期序列和间断时期序列两种。(　　)
6. 发展速度可以为负值。(　　)
7. 只有增长速度大于 100%才能说明事物的变动是增长的。(　　)
8. 年距发展速度=年距增长速度+1。(　　)
9. 平均增长速度可以直接根据环比增长速度来计算。(　　)

四、计算题

1. 某公司某年 9 月末有职工 250 人,10 月上旬的人数变动情况是:10 月 4 日新招聘 12 名大学生上岗,6 日有 4 名老职工退休离岗,8 日有 3 名青年工人应征入伍,同日又有 3 名职工辞职离岗,9 日招聘 7 名营销人员上岗。试计算该公司 10 月上旬的平均在岗人数。

2. 某银行 2018 年部分月份的现金库存额资料如表 7-31 所示。

表 7-31　某银行 2018 年部分月份的现金库存额

日期	1月1日	2月1日	3月1日	4月1日	5月1日	6月1日	7月1日
现金库存额/万元	500	480	450	520	550	600	580

要求:
(1) 具体说明这个时间序列属于哪一种时间序列;
(2) 分别计算该银行 2018 年第一季度、第二季度和上半年的平均现金库存额。

3. 某单位上半年的职工人数统计资料如表 7-32 所示。

表 7-32　某单位上半年的职工人数

时间	1月1日	2月1日	4月1日	6月30日
人数/人	1 002	1 050	1 020	1 008

要求:
(1) 计算第一季度的平均人数;
(2) 计算上半年的平均人数。

4. 某企业 2018 年上半年的产量和单位成本资料如表 7-33 所示。

表 7-33　某企业 2018 年上半年的产量和单位成本

月份	1	2	3	4	5	6
产量/件	2 000	3 000	4 000	3 000	4 000	5 000
单位成本/元	73	72	71	73	69	68

试计算该企业 2018 年上半年的产品单位成本。

第8章 统计指数

☆ 教学目的与要求

通过本章的学习，使学生了解指数的基本概念和基本原理，掌握总指数两种形式的编制方法，并能利用指数体系进行因素分析。

☆ 教学重点

综合指数和平均数指数的编制方法，利用指数体系进行因素分析；指数体系的分类和作用；各类常用指数的编制方法。

☆ 教学难点

综合指数和平均数指数的编制方法，利用指数体系进行因素分析。

8.1 统计指数概述

一、统计指数的概念

统计指数是一种常用的统计分析指标，用来分析研究社会经济现象数量之间的关系。

统计指数的含义有广义和狭义之分。广义上的统计指数泛指所有反映社会经济现象变动程度的相对数，用来反映客观现象在不同空间、不同时间上的变动程度，如动态相对数、计划完成相对数、比较相对数等。狭义上的统计指数是指用来综合反映那些不能直接相加的复杂社会经济现象总体变动的相对数，是一种特殊的相对数。例如，零售物价指数是反映所有零售商品价格总变动的相对数，工业产品产量指数是表明在某一范围内全部工业产品实物量总变动的相对数，等等。本章主要研究狭义的统计指数。

二、统计指数的作用

1. 反映复杂社会经济现象总体的综合变动程度

统计研究社会现象的总体变动时，除了说明个别现象，如个别产品产量、个别产品成本、个别商品价格等的变动情况外，还要综合研究多种产品产量和多种商品价格总的变动情况。因为不同商品或产品的单价、单位成本虽然都用货币表示，但它们的使用价值不同，生产单位产品所需要的物力、劳力不一样，同样不能简单对比。因此，就要利用指数将这些不能直接相加或对比的现象，过渡到能够相加并综合对比，以反映其总的变动情况。

2. 分析和测定复杂社会经济现象总变动中各个因素的变动对它的影响程度和差异

复杂社会经济现象的总体是由多个因素构成的，其变动是诸多因素综合影响的结果，如商品销售额是由商品销售量和商品销售价格两个因素组成的：

商品销售额＝商品销售量×商品销售价格

商品销售额的多少取决于商品销售量的多少和商品销售价格的高低。诸如此类的现象，就要编制指数来分析和测定社会经济现象总体中各个构成因素对其总变动的影响程度。

3. 测定平均水平对比分析中各组平均水平与总体结构变动对其的影响程度

在对现象总体进行分组的条件下，平均水平数值的大小既受现象水平高低的影响，又受现象总体内部结构不同的影响。例如，职工平均工资的变化，既受各组平均工资水平高低的影响，又受各组工人人数在全体职工中所占比重大小的影响。要分析平均水平中两个因素的变动情况和影响程度，可以通过编制平均指标指数来研究。

4. 反映计划的综合执行情况

在检查计划的完成情况时，经常涉及不能直接相加的复杂社会经济现象。有时，还要将它们在不同地区和不同空间之间进行对比分析，这时就需要运用统计指数。

三、统计指数的分类

统计指数是分析社会经济现象变动的相对数，可以从不同角度进行分类。

（一）按所反映对象范围大小的不同分类

按所反映对象范围大小的不同，统计指数可分为个体指数和总指数两种。

1. 个体指数

个体指数是说明单个现象变动的相对数，如某产品产量指数、某种商品的价格指数等。其计算方法为：

$$个体产品产量指数\ K_Q=\frac{Q_1}{Q_0}\times 100\%$$

$$个体物价指数\ K_P=\frac{P_1}{P_0}\times 100\%$$

$$个体成本指数\ K_Z=\frac{Z_1}{Z_0}\times 100\%$$

式中：K_Q、K_P、K_Z——分别为产量个体指数、物价个体指数、成本个体指数；

Q_1、Q_0——分别为报告期和基期商品销售量或产品实物量；

P_1、P_0——分别为报告期和基期商品或产品的单价；

Z_1、Z_0——分别为报告期和基期商品或产品的单位成本。

2. 总指数

总指数是指说明多种事物综合变动的相对数，如反映多种产品产量综合变动的数量总指数，说明多种产品价格综合变动的价格总指数等。它们的编制和计算方法比较复杂，我们将在后面章节专门研究。

此外，还有一种介于个体指数与总指数之间的指数——类指数，它是反映总体中某一组或某一类现象变动的相对数。其编制和计算方法与总指数相同。

（二）按所研究对象性质的不同分类

按所研究对象性质的不同，统计指数可分为数量指标指数和质量指标指数两种。

1. 数量指标指数

数量指标指数简称数量指数，是反映现象数量指标变动程度的相对数，用以说明总体规模和水平的变动情况，如产品产量指数、职工人数指数、商品销售量总指数等。

2. 质量指标指数

质量指标指数简称质量指数，是反映现象质量指标变动程度的相对数，用以说明总体内在质量的变动情况，是表明工作质量好坏和管理水平高低的指数，如价格总指数、平均工资总指数、劳动生产率指数等。

在统计指数的编制和应用中，必须十分注意数量指数和质量指数的区分，它们采用不同的编制方法。

（三）按所采用基期的不同分类

按所采用基期的不同，统计指数可分为定基指数和环比指数两种。定基指数是指以某一固定时期作为对比基期的指数；环比指数是指各个指数都以前一期为基期的指数。

（四）按所对比内容时间的不同分类

按所对比内容时间的不同，统计指数可分为动态指数和静态指数两种。动态指数是指由两个不同时期的变量值对比形成的相对数，说明现象在不同时间上的变化情况。静态指数是指在同一时间条件下，不同空间上的同一现象的不同数值对比的相对数。

（五）按编制方法的不同分类

按编制方法的不同，统计指数可分为综合指数和平均数指数两种。有关这方面的内容将在后面章节做专门介绍。

8.2 总指数的编制和计算

总指数分为综合指数和平均指数两种。综合指数是将不能直接相加的各种社会经济变量通过乘以另一个与此有关的同度量因素转换成可以相加的总量指标，然后进行对比，得到的相对数，用来说明复杂现象的综合变动情况。综合指数是总指数的基本形式，按其研究对象性质的不同，可分为数量指数和质量指数两种。

平均指数是以被研究现象总体中的各个个体指数为基础，对其进行加权平均而编制的总指数。它是综合指数的变形。

一、编制总指数的一般方法

在编制总指数时，要理解以下三个问题。

1. 运用两分法将复杂社会经济现象进行分解

由于构成现象的各种因素之间存在着相互联系，因此，要对现象总体进行分解，并判别它们是数量因素还是质量因素，从而确定所要编制的指数是数量指数还是质量指数，并确定同度量因素及其所属时期。如表 8-1 所示，甲、乙、丙三种商品销售额的构成因素中，销售量是数量因素，而销售价格是质量因素。

表 8-1　某商店销售甲、乙、丙三种不同商品的有关资料

商品名称	计量单位	基期			报告期			假定销售额/万元	
		销售量	单价/元	销售额/万元	销售量	单价/元	销售额/万元		
		Q_0	P_0	Q_0P_0	Q_1	P_1	Q_1P_1	Q_1P_0	Q_0P_1
甲	m	40 000	24	96	60 000	22	132	144	88
乙	kg	50 000	12	60	56 000	10	56	67.2	50
丙	件	10 000	60	60	8 000	55	44	48	55
合计	—	—	—	216	—	—	232	259.2	193

2. 选择适当的同度量因素，使原来不能直接相加的现象过渡到可以相加

从表 8-1 可以看出，甲、乙、丙三种不同商品，它们的使用价值和计量单位不同，不能直接相加，因而也不能直接进行对比以反映它们的总变动。为此，需要找到一个同度量因素，以此作为媒介。借助于三种商品各自的销售价格，不同商品的销售量乘以相应的销售价格后过渡到商品销售额价值量，就可以进行相加和对比，计算商品销售量总指数。同样，三种商品的销售价格也不能简单相加，要通过商品销售量对其同度量化后才能相加和对比，以计算价格总指数。统计中，通过乘以一个因素把原来不能直接相加的现象过渡到可以相加，这个被乘的作为媒介的因素称为同度量因素。它在指数计算中具有权衡轻重的作用，所以又称为权数。

3. 确定同度量因素的所属时期

在编制总指数时，要分析一个因素的变动情况，就必须使另一个因素固定不变，以排除它对总指数的影响，即要把所对比的分子和分母所乘以的那个同度量因素固定在某一时期不变。在复杂现象总体中，各个不同时期的同度量因素不同、数值不同：有基期的，也有报告期的；有实际的，也有计划的。那么，同度量因素应选择在哪个时期呢？这是统计中一个重要的理论问题，业内有着不同的观点。根据实践中的应用情况，确定统计指数同度量因素所属时期的方法一般是：编制数量总指数时，以基期的质量因素作为同度量因素；编制质量总指数时，以报告期的数量因素作为同度量因素。

二、数量总指数的编制和计算方法

数量总指数是反映数量因素综合变动情况的指标。

[**例 8-1**] 根据表 8-1 所示资料，计算甲、乙、丙三种商品的销售量个体指数。

从表 8-1 所示的资料可以看出，甲、乙两种商品的销售量报告期比基期有所增加，而丙商品却减少了。它们各自的变动情况，可通过计算个体销售量指数来说明：

$$甲商品销售量指数\ K_Q=\frac{Q_1}{Q_0}\times 100\%=\frac{60\ 000}{40\ 000}\times 100\%=150\%$$

$$乙商品销售量指数\ K_Q=\frac{Q_1}{Q_0}\times 100\%=\frac{56\ 000}{50\ 000}\times 100\%=112\%$$

$$丙商品销售量指数\ K_Q=\frac{Q_1}{Q_0}\times 100\%=\frac{8\ 000}{10\ 000}\times 100\%=80\%$$

式中：K_Q——个体数量指数；

Q_1、Q_0——分别为报告期和基期的商品销售量。

为了反映三种商品销售量的总变动情况，需要编制销售量综合指数。如前所述，不能将它们直接相加取得两个时期的销售量总指标，但可以借助它们各自的价格作为同度量因素，而价格是反映三种商品质量好坏的质量因素。因此，把同度量因素——价格固定在基期，排除了价格对销售量综合指数的影响，然后用价格乘以各自的销售量得到销售额，从而将销售量过渡到价值形态，使三种商品由不同的使用价值形态转化为同质异量的价值总量，于是就能得到三种商品基期销售额的总量和按基期价格与报告期销售量计算所得的假定销售额总量，然后将这两个总量指标进行对比，得到三种商品的销售量综合指数。其一般的计算公式如下：

$$\overline{K_Q}=\frac{\sum Q_1P_0}{\sum Q_0P_0}\times 100\% \tag{8-1}$$

式中：$\overline{K_Q}$——销售量综合指数；

P_0——基期销售价格。

式(8-1)最早是由德国经济学家拉斯贝尔提出的，所以又称为拉斯贝尔数量指数公式，简称拉氏公式。例如，产量指数、职工人数指数、商品销售量指数等数量指数，一般都用这个公式编制和计算，并将作为同度量因素的质量因素固定在基期。

[**例 8-2**] 根据表 8-1 所示资料，计算销售量综合指数。

将表 8-1 所示的资料代入式(8-1)中，可得：

$$\overline{K_Q}=\frac{\sum Q_1P_0}{\sum Q_0P_0}\times 100\%=\frac{259.2}{216}\times 100\%=120\%$$

三种商品的销售量报告期比基期平均增长了 20%。

式中的分子和分母之差为：

$$\sum Q_1P_0-\sum Q_0P_0=(259.2-216)\ 万元=43.2\ 万元$$

计算结果表明，由于三种商品的销售量平均增长了 20%，销售额增加了 43.2 万元。这是在假定价格不变的情况下，由于销售量报告期比基期增加而增加的销售额，其经济意义很明确。

关于数量总指数的编制与计算，统计学界也有不同的观点。有的学者主张将同度量因素销售价格固定在报告期，其公式为：

$$\overline{K_Q}=\frac{\sum Q_1P_1}{\sum Q_0P_1}\times 100\%=\frac{232}{193}\times 100\%=120.21\%$$

计算结果表明,三种商品的销售量平均增长了20.21%。

式中的分子与分母之差为:

$$\sum Q_1P_1 - \sum Q_0P_1 = (232-193)\text{万元} = 39\text{万元}$$

上述结果表明,由于三种商品的销售量平均增长了20.21%,销售额增加了39万元。这是在三种商品的销售价格发生了变化的情况下,销售量的变动引起的销售额的增加,它不仅是销售量变动的结果,还包括了销售价格变动的因素影响;而且,这个结果表明了报告期的销售量与基期的销售量按报告期的价格计算所得的销售额之间变动的程度和差额,其经济意义与现实意义都很缺乏;同时,与编制数量综合指数纯粹是为了说明销售量变动的初衷相违背。因此,在实际工作中,大多不采用这个式子来测定数量的综合变动。

三、质量总指数的编制和计算方法

质量总指数是反映现象质量因素总变动情况的指标。

[**例8-3**] 根据表8-1所示资料,分别计算甲、乙、丙三种商品的个体价格指数。

从表8-1中可以看出,甲、乙、丙三种商品的销售价格报告期比基期都有所下降,它们各自的变动情况,可以通过编制个体价格指数来说明:

$$\text{甲商品的价格指数 } K_Q = \frac{P_1}{P_0}\times 100\% = \frac{22}{24}\times 100\% = 91.67\%$$

$$\text{乙商品的价格指数 } K_Q = \frac{P_1}{P_0}\times 100\% = \frac{10}{12}\times 100\% = 83.33\%$$

$$\text{丙商品的价格指数 } K_Q = \frac{P_1}{P_0}\times 100\% = \frac{55}{60}\times 100\% = 91.67\%$$

式中:K_P——个体价格指数;

P_1、P_0——分别为报告期和基期的商品销售价格。

为了反映三种商品销售价格的总变动情况,需要编制价格综合指数。虽然三种商品的销售价格都是以货币为计量单位,但也不能简单相加,因为它们具有不同的度量。甲商品销售价格是每米的价格,乙商品销售价格是每千克的价格,丙商品销售价格是每件的价格,将它们相加是没有意义的。因此,要通过同度量因素使之转化为可以相加的价值量指标。这里,可以将它们各自的销售量作为同度量因素,而销售量是反映三种商品销售数量多少的数量因素。按照编制总指数的一般方法,把同度量因素——销售量固定在报告期,然后乘以各自的价格,使它们过渡到价值形态,这样就能得到三种商品报告期的销售额总量和按基期的价格与报告期销售量计算所得的假定销售额总量,再将这两个总量指标进行对比,得到三种商品的价格综合指数。其一般公式为:

$$\overline{K_P} = \frac{\sum Q_1P_1}{\sum Q_1P_0}\times 100\% \tag{8-2}$$

式中:$\overline{K_P}$——价格综合指数。

式(8-2)由德国经济学家哈曼·派许最早提出,故又称为派许质量指数公式,简称派氏公式。例如,物价总指数、单位成本总指数等一般都用这个公式编制和计算。

[**例8-4**] 根据表8-1所示资料,计算三种商品的综合价格指数。

将表8-1中的资料代入公式(8-2)中,得到:

$$\overline{K_P}=\frac{\sum Q_1P_1}{\sum Q_1P_0}\times 100\%=\frac{232}{259.2}\times 100\%=89.51\%$$

计算结果表明，三种商品的销售价格报告期比基期平均下降了10.49%。

式中的分子与分母之差为：

$$\sum Q_1P_1-\sum Q_1P_0=(232-259.2)\text{万元}=-27.2\text{万元}$$

计算结果表明，由于三种商品的价格平均下降了10.49%，销售额减少了27.2万元。这是在假定同度量因素——销售量不变，并将其固定在报告期的情况下，销售价格报告期比基期下降而导致销售额减少了，计算结果具有现实的经济意义，同时也包含了销售量变化的因素。

关于质量总指数的编制，在统计学界同样有不同的观点。有人提出将同度量因素——数量因素固定在基期，其公式为：

$$\overline{K_P}=\frac{\sum Q_0P_1}{\sum Q_0P_0}\times 100\%=\frac{193}{216}\times 100\%=89.35\%$$

计算结果表明，三种商品的销售价格报告期比基期平均下降了10.65%。

公式中的分子与分母之差为：

$$\sum Q_0P_1-\sum Q_0P_0=(193-216)\text{万元}=-23\text{万元}$$

计算结果表明，由于三种商品的销售价格平均下降了10.65%，销售额减少了23万元。这是在假定销售量没有变动的情况下，纯粹由于价格变动而产生的结果。这个价格综合指数反映了价格变动的程度和差额，其经济意义也是很明确的。

将这两个质量综合指数进行比较：前面的公式是以报告期的销售量为同度量因素计算的价格综合指数，其结果受销售价格与销售量变动的双重影响，即这种价格综合指数不仅反映了价格的变动，同时还包含了销售量变化的影响。然而，它却具有非常现实的经济意义，因为这个公式的计算结果表明，由于价格的变化，商店销售额减少了27.2万元；而对于消费者来说，报告期购买这类商品由于价格下降而少支出27.2万元。而按后面的公式以基期销售量为同度量因素计算的结果表明，由于价格的变化，按报告期价格计算，销售额减少了23万元。对于消费者来说，基期购买的商品如果等到报告期再购买，可少支出23万元。显然，这是缺乏现实经济意义的。另外，实际生活表明，价格的变化会引起生产或销售商品结构的变化，也会推动居民消费结构的变化。所以，我们在编制价格总指数反映价格变化对生产和销售以及消费者的影响时，应从现实出发，一般选择报告期的销售量作为同度量因素为宜。但是，这也不是绝对的，当基期销售量资料比较容易取得，而报告期销售量资料不易取得或尚不具备时，也可以用基期销售量作为同度量因素来编制价格指数。

8.3 平均数指数和平均指标指数的因素分析

一、平均数指数

在实际工作中，用前面讨论的综合指数研究社会经济现象的变动情况时，常常会因为受所掌握资料的限制而遇到困难。以个体指数为基础,采用加权平均形式编制的总指数在统计中称为平均数指数。它与综合指数相比,只是由于掌握资料的不同,所采用的计算方法不同而已,其计算结果和经济意义是一样的。平均数指数实质上是综合指数的变形。按指数化因素的性质和平均方法的不同,平均数指数可以分为加权算术平均数指数和加权调和平均数指数两种。

1. 加权算术平均数指数

加权算术平均数指数是对个体数量指数采用加权算术平均方法计算的总指数。一般情况下,在编制数量总指数时,当掌握的资料是个体数量指数和基期的总量指标时,可以采用这种形式来编制数量总指数。其计算公式为:

$$\overline{K_Q} = \frac{\sum K_Q \cdot P_0 Q_0}{\sum P_0 Q_0} \times 100\% = \sum K_Q \cdot \frac{P_0 Q_0}{\sum P_0 Q_0} \times 100\% \tag{8-3}$$

式中:$\overline{K_Q}$——数量加权算术平均指数;

K_Q——个体数量指数$\frac{Q_1}{Q_0}$。

[**例 8-5**] 以表 8-1 所示资料为例编制表 8-2,根据表 8-2 所示资料编制加权算术平均数指数。

表 8-2 某商店三种商品的销售量和销售额资料

商品名称	计量单位	销售量		基期销售额/万元	销售量个体指数/(%)	假定销售额/万元
		基期 Q_0	报告期 Q_1	$Q_0 P_0$	$K_Q = \frac{Q_1}{Q_0}$	$K_Q \times Q_0 P_0 = Q_1 P_0$
甲	m	40 000	60 000	96	150	144
乙	kg	50 000	56 000	60	112	67.2
丙	件	10 000	8 000	60	80	48
合　计	—	—	—	216	—	259.2

$$\overline{K_Q} = \frac{\sum Q_1 P_0}{\sum Q_0 P_0} \times 100\% = \frac{\sum K_Q Q_0 P_0}{\sum Q_0 P_0} \times 100\% = \frac{259.2}{216} \times 100\% = 120\%$$

公式中的分子、分母之差为:

$$\sum K_Q Q_0 P_0 - \sum Q_0 P_0 = (259.2 - 216)\text{ 万元} = 43.2\text{ 万元}$$

计算结果表明,三种商品的销售量报告期比基期平均增长了 20.0%,由于销售量增长而增加的销售额为 43.2 万元。

上式中,个体销售量指数 K_Q 是变量,以基期商品销售额 $Q_0 P_0$ 为权数,将销售量综合指数进行变形即可得到加权算术平均数指数,即:

$$\frac{\sum Q_1 P_0}{\sum Q_0 P_0} = \frac{\sum \frac{Q_1}{Q_0} Q_0 P_0}{\sum Q_0 P_0} = \frac{\sum K_Q Q_0 P_0}{\sum Q_0 P_0}$$

从中可以看出,在资料完全相同的情况下,以基期价值总量指标为权数的加权算术平均数指数与前面所讲的数量综合指数的经济意义是一致的,而且计算结果也相等。

2. 加权调和平均数指数

加权调和平均数指数是对个体质量指数用加权调和平均方法计算的总指数。当编制质量总指数时，若只掌握报告期的总量指标和个体质量指数，可用这种方法编制质量总指数。

$$\overline{K_P}=\frac{\sum Q_1P_1}{\sum Q_1P_0}\times 100\%=\frac{\sum Q_1P_1}{\sum Q_1P_1\frac{P_0}{P_1}}\times 100\%=\frac{\sum Q_1P_1}{\sum \frac{1}{K_P}Q_1P_1}\times 100\% \tag{8-4}$$

式中：$\overline{K_P}$——质量加权调和平均数指数；

K_P——个体数量指数$\frac{P_1}{P_0}$。

［**例 8-6**］ 以表 8-1 所示资料为例编制表 8-3，根据表 8-3 所示资料编制加权调和平均数指数。

表 8-3 某商店甲、乙、丙三种商品的销售量和销售额资料

商品名称	计量单位	价格/元		报告期销售额/万元	价格个体指数/(%)	假定销售额/万元
		P_0	P_1	Q_1P_1	$K_P=\frac{P_1}{P_0}$	$\frac{Q_1P_1}{K_P}$
甲	m	24	22	132	91.67	144
乙	kg	12	10	56	83.33	67.2
丙	件	60	55	44	91.67	48
合　计	—	—	—	232	—	259.2

$$\overline{K_P}=\frac{\sum Q_1P_1}{\sum Q_1P_0}\times 100\%=\frac{\sum Q_1P_1}{\sum \frac{1}{K_P}Q_1P_1}\times 100\%=\frac{232}{259.2}\times 100\%=89.51\%$$

$$\sum Q_1P_1-\sum \frac{1}{K_P}Q_1P_1=(232-259.2)\text{万元}=-27.2\text{万元}$$

计算结果表明，三种商品的销售价格报告期比基期平均下降 10.49%，销售价格的下降，使商品销售额减少了 27.2 万元。计算结果的经济意义与前面讲的质量综合指数完全相同。

上式中，个体价格指数 K_P 是变量，以报告期商品销售额 Q_1P_1 为权数，将商品销售价格总指数公式进行变形即可得到加权调和平均数指数公式，即

$$\frac{\sum Q_1P_1}{\sum Q_1P_0}=\frac{\sum Q_1P_1}{\sum Q_1P_1\frac{P_0}{P_1}}=\frac{\sum Q_1P_1}{\sum \frac{1}{K_P}Q_1P_1}$$

由此可见，在资料相同的情况下，以报告期价值总量指标为权数计算的加权调和平均数指数与前面所讨论的质量综合指数是一致的。

3. 固定权数加权平均数指数

编制加权平均数指数时，其权数有变动权数和固定权数两种。权数随报告期而经常变动的称为变动权数，权数确定后在较长时间内不变的称为固定权数。

在统计工作中，有时由于报告期权数的资料不易取得，往往选择经济发展比较稳定的某一

时期的价值总量结构作为固定权数 W 来计算平均数指数。这种固定权数使总指数的计算比较简便、迅速，有较大的灵活性，如我国的零售物价指数就是采用固定权数的平均数指数。

固定权数为结构形式，即 $\dfrac{QP}{\sum QP}$，以 W 表示 QP，则加权算术平均数指数和调和平均数指数公式分别为：

$$\overline{K_Q}=\frac{\sum K_Q W_0}{\sum W_0} \qquad \overline{K_P}=\frac{\sum W_1}{\sum \frac{1}{K_P}W_1} \tag{8-5}$$

二、平均指标指数及其因素分析

平均指标指数也称总平均指数，是对总体平均指标变动程度的测定，如劳动生产率指数、平均工资指数、平均成本指数等。下面以表 8-4 所示资料为例，说明平均指标指数的编制及其应用；同时，根据平均指标指数之间的内在联系，分析平均指标总变动中各组的平均水平及结构变动对它的影响程度。

表 8-4 某铁矿集团采矿量和工人数资料表

矿区名称	工人人数/人				人均采矿量/(×10³ 吨/人)		总产量/×10³ 吨			劳动生产率指数/(%)
	基期		报告期		基期	报告期	基期	报告期	假定	
	f_0	$\frac{f_0}{\sum f_0}$/(%)	f_1	$\frac{f_1}{\sum f_1}$/(%)	Q_0	Q_1	Q_0f_0	Q_1f_1	Q_0f_1	$\frac{Q_1}{Q_0}$
甲矿	30 000	60	20 000	38.46	0.20	0.25	6 000	5 000	4 000	125
乙矿	20 000	40	32 000	61.54	0.40	0.75	8 000	24 000	12 800	187.5
合　计	50 000	100	52 000	100	0.28	0.557 7	14 000	29 000	16 800	199.18

1. 劳动生产率可变结构指数

在进行平均指标指数的因素分析时，要与统计分组结合起来分析。从表 8-4 可知，某铁矿集团甲、乙两个铁矿的工人人数、产量、劳动生产率各不相同；基期乙矿职工人数比甲矿的少，而劳动生产率却比甲矿的高。为了提高全集团的劳动生产率，除了采取各种科学管理措施以外，调整两个矿的工人人数，改变集团工人人数的结构，也是重要的措施之一。从上述资料可见，公司劳动生产率报告期比基期提高受两个因素的共同影响：一是各铁矿劳动生产率都有所提高；二是两个铁矿的工人人数在全集团总人数中所占比重发生了变化，表明现象总体的平均水平发生变动。由各组平均指标水平高低和工人人数总体中的结构变动两个因素共同作用的指数，称为可变构成指数。

可变构成指数的计算公式为：

$$\frac{\overline{Q_1}}{\overline{Q_0}}=\frac{\dfrac{\sum Q_1 f_1}{\sum f_1}}{\dfrac{\sum Q_0 f_0}{\sum f_0}}\times 100\% \tag{8-6}$$

［**例 8-7**］ 根据表 8-4 中的资料，计算该集团劳动生产率可变构成指数。

$$\frac{\overline{Q}_1}{\overline{Q}_0}=\frac{\dfrac{\sum Q_1 f_1}{\sum f_1}}{\dfrac{\sum Q_0 f_0}{\sum f_0}}\times 100\%=\frac{\dfrac{29\ 000}{52\ 000}}{\dfrac{14\ 000}{50\ 000}}\times 100\%=\frac{0.557\ 7}{0.280\ 0}\times 100\%=199.18\%$$

公式中的分子、分母之差为：

$$\frac{\sum Q_1 f_1}{\sum f_1}-\frac{\sum Q_0 f_0}{\sum f_0}=(557.7-280.0)\text{ 吨 / 人}=277.7\text{ 吨 / 人}$$

计算结果表明，该集团劳动生产率报告期比基期上升了 99.18%，平均每个工人多生产了 277.7 吨铁矿石。这是受各矿劳动生产率变动和劳动生产率水平不同的两矿工人人数结构变动的共同影响所致。

2. 劳动生产率固定结构指数

按指数编制的一般方法，将各矿工人人数的比重固定在报告期，单纯反映甲、乙两矿劳动生产率变动对集团总劳动生产率变动的影响，即用报告期工人人数结构做权数，计算劳动生产率固定结构指数。

劳动生产率固定结构指数的计算公式为：

$$\overline{K}_1=\frac{\dfrac{\sum Q_1 f_1}{\sum f_1}}{\dfrac{\sum Q_0 f_1}{\sum f_1}}\times 100\% \tag{8-7}$$

［**例 8-8**］ 根据表 8-4 中的资料，计算劳动生产率固定结构指数。

$$\frac{\dfrac{\sum Q_1 f_1}{\sum f_1}}{\dfrac{\sum Q_0 f_1}{\sum f_1}}\times 100\%=\frac{\dfrac{29\ 000}{52\ 000}}{\dfrac{16\ 800}{52\ 000}}\times 100\%=\frac{0.557\ 7}{0.323\ 1}\times 100\%=172.61\%$$

$$\frac{\sum Q_1 f_1}{\sum f_1}-\frac{\sum Q_0 f_1}{\sum f_1}=(557.7-323.1)\text{ 吨 / 人}=234.6\text{ 吨 / 人}$$

计算结果表明，在假定甲、乙两铁矿工人人数在全集团总人数中所占比重报告期与基期相同的情况下，各矿劳动生产率的提高使全集团的劳动生产率提高了 72.61%，从而使集团人均产量增加了 234.6 吨铁矿石。

3. 劳动生产率结构影响指数

根据编制指数的一般方法，把各矿的劳动生产率固定在基期，以此作为权数，计算劳动生产率结构影响指数。

劳动生产率结构影响指数的计算公式为：

$$\overline{K}_0 = \frac{\dfrac{\sum Q_0 f_1}{\sum f_1}}{\dfrac{\sum Q_0 f_0}{\sum f_0}} \times 100\% \tag{8-8}$$

［**例 8-9**］　根据表 8-4 中的资料，计算劳动生产率结构影响指数。

$$\frac{\dfrac{\sum Q_0 f_1}{\sum f_1}}{\dfrac{\sum Q_0 f_0}{\sum f_0}} \times 100\% = \frac{\dfrac{16\ 800}{52\ 000}}{\dfrac{14\ 000}{50\ 000}} \times 100\% = \frac{0.323\ 1}{0.280\ 0} \times 100\% = 115.39\%$$

$$\frac{\sum Q_0 f}{\sum f_1} - \frac{\sum Q_0 f_0}{\sum f_0} = (323.1 - 280.0)\ 吨/人 = 43.1\ 吨/人$$

计算结果表明，假定甲、乙两矿劳动生产率报告期和基期一样，由于劳动生产率水平较低的甲矿的工人人数在全集团总人数中所占比重由基期的 60%下降到报告期的 38.46%，而劳动生产率水平比较高的乙矿的工人人数在全集团总人数中所占比重则由基期的 40%上升到报告期的 61.54%，从而全集团的劳动生产率提高了 15.39%，每个人平均产量增加 43.1 吨铁矿石。

从上面的分析可以进一步了解到：可变构成指数、固定结构指数和结构影响指数都是总指数。它们具有独立的经济意义，并且它们之间有着内在的联系，即在相对数上：

可变构成指数＝固定结构指数×结构影响指数

$$\frac{\dfrac{\sum Q_1 f_1}{\sum f_1}}{\dfrac{\sum Q_0 f_0}{\sum f_0}} = \frac{\dfrac{\sum Q_1 f_1}{\sum f_1}}{\dfrac{\sum Q_0 f_1}{\sum f_1}} \times \frac{\dfrac{\sum Q_0 f_1}{\sum f_1}}{\dfrac{\sum Q_0 f_0}{\sum f_0}}$$

199.18%＝172.61%×115.39%

在绝对数上，各因素的分子和分母之差的代数和表示总劳动生产率水平的差额，且存在着这样的联系：劳动生产率可变构成指数的分子、分母之差等于劳动生产率固定结构指数分子、分母之差与劳动生产率结构影响指数分子、分母之差的代数和。

$$\frac{\sum Q_1 f_1}{\sum f_1} - \frac{\sum Q_0 f_0}{\sum f_0} = \left(\frac{\sum Q_1 f_1}{\sum f_1} - \frac{\sum Q_0 f_1}{\sum f_1}\right) + \left(\frac{\sum Q_0 f_1}{\sum f_1} - \frac{\sum Q_0 f_0}{\sum f_0}\right)$$

$$(0.557\ 7 - 0.280\ 0) \times 10^3\ 吨/人 = [(0.557\ 7 - 0.323\ 1) + (0.323\ 1 - 0.280\ 0)] \times 10^3\ 吨/人$$

$$0.277\ 7 \times 10^3\ 吨/人 = (0.234\ 6 + 0.043\ 1) \times 10^3\ 吨/人$$

4. 平均指标指数的特点

第一，平均指标指数是利用分组资料计算的指数，它所测定的总体平均指标指数是对组平均数的加权平均，其权数是各组单位数占总体单位总数的比重。它所综合的不是不可同度量的变量，而是不同地区、不同单位的同一指标。

第二，平均指标指数除了测定总体平均指标的变动程度以外，还可测定总体内部各组水平的平均变动和总体结构变动对总平均指标变动的影响，能适应统计研究的不同要求，计算三种不同形式的总平均指标指数,即上面所讲述的可变构成指数、固定结构指数和结构影响指数。

8.4 指数体系和因素分析

一、指数体系的概念和作用

客观现象是错综复杂的,各种因素对它的影响不是孤立的,而是相互联系、相互制约和相互影响的。统计中,除了依据现象内在因素的联系编制综合指数外,还要应用指数体系来分析现象中各个因素的影响程度,这就需要建立指数体系。

所谓指数体系,是指由若干有联系的指数在数量上、逻辑上形成的一个整体,反映客观事物本身的内在联系所构成的整体。

利用指数体系,可以从相对数和绝对数两个方面分析在受多种因素影响的复杂总体中,各个因素的影响程度、变动方向及绝对数量。利用指数体系,可以进行指数之间的相互推算,若已知指数体系三个指数中的任意两个,就可以推算第三个指数。通过指数体系可以对社会经济现象进行预测。

二、两因素分析

复杂的社会经济现象是由两个或两个以上因素构成的,各因素之间的客观联系是建立统计指数体系的依据。这种客观联系,在相对数上表现为乘积关系,在绝对数上表现为相加的关系。

例如,表 8-1 中某商店销售甲、乙、丙三种不同商品,按照前面计算的结果可以得到:

(1) 在相对数上的关系为:

商品销售额总指数=商品销售量总指数×商品销售价格总指数

$$\frac{\sum Q_1P_1}{\sum Q_0P_0}\times 100\% = \left[\frac{\sum Q_1P_0}{\sum Q_0P_0}\times 100\%\right]\times\left[\frac{\sum Q_1P_1}{\sum Q_1P_0}\times 100\%\right]$$

$$\frac{232}{216}\times 100\% = \left(\frac{259.2}{216}\times 100\%\right)\times\left(\frac{232}{259.2}\times 100\%\right)$$

$$107.41\% = 120\% \times 89.51\%$$

(2) 在绝对数上的关系为:

商品销售额增减总额=因销售量变动影响而增减的销售总额+因销售价格变动影响而增减的销售总额

$$\sum Q_1P_1 - \sum Q_0P_0 = \left(\sum Q_1P_0 - \sum Q_0P_0\right) + \left(\sum Q_1P_1 - \sum Q_1P_0\right)$$

$$(232-216)\text{万元} = [(259.2-216)+(232-259.2)]\text{万元}$$

$$16\ \text{万元} = [43.2+(-27.2)]\text{万元}$$

以上的计算结果表明,某商店甲、乙、丙三种商品的销售额,报告期比基期上升了 7.41%,从而销售金额增加 16 万元。销售额变动是受以下两个因素共同影响的结果:一是由于三种商品的销售量报告期比基期平均上升了 20%,从而销售额增加了 43.2 万元;二是由于三种商品的销售价格报告期比基期平均下降了10.49%，从而销售额减少了27.2万元。

通过指数体系，可以对影响商品销售额变动的两个因素——销售量和销售价格，从相对数和绝对数两个方面进行分析，并测定它们的影响程度和变动的绝对数。同样，通过指数体系可以对产品产值与产品产量、出厂价格之间，生产总成本与产品产量、单位成本之间的关系从相对数和绝对数方面进行两因素分析。

三、总指数多因素分析

复杂社会经济现象的变动有时受三个或三个以上多因素变动的影响，对此，可以利用指数体系进行多因素分析，以测定多个因素的变动对现象总体变动的影响程度。这种分析，从理论上讲可以推广到四个、五个甚至更多因素的分析。但统计研究中应分清主次，抓住主要矛盾，以便采取措施。因此，一般三、四个因素的分析就可以满足要求了。

多因素分析的基本方法与两因素分析相同。在进行多因素分析时，需要注意以下两点：

1. 同度量因素固定时期的选择

为了反映一个因素的变动，必须假定其他因素固定不变，这涉及一个选择同度量因素固定时期的问题，即同度量因素固定时期的选择。一般来说，测定数量因素的变动时，将质量因素固定在基期；测定质量因素的变动时，将数量因素固定在报告期，这与前面讲的综合指数的编制方法相似。其目的是使各个因素指数的连乘积等于总指数，受各个因素指数变动影响的差额之和要等于总指数实际发生的差额，保持指数体系的完整性，保证计算结果有现实意义。

2. 各个因素的排列顺序

在多因素分析中，对各个因素的排列顺序，要根据现象各因素间的内在联系加以确定，应使相邻两个因素的乘积具有独立的经济意义。例如，某企业原材料消耗总额＝产品产量×产品原材料单耗×原材料单价，多因素分析中的排序也是如此，从数量因素逐步过渡到质量因素；或者倒转过来，原材料消耗总额＝原材料单价×产品原材料单耗×产品产量，从质量因素过渡到数量因素。上述两种排序方式，相邻两个因素的乘积都有独立的经济意义，即原材料单价×产品原材料单耗＝产品原材料消耗额。而产品原材料单耗×产品产量＝全部产品原材料消耗总量。这样排序是将三个因素归并为两个因素，即三个因素分析是两个因素分析的拓展。如果按照产品原材料单耗×原材料单价×产品产量来排序，就不符合指数分解逻辑，而按照原材料单价×产品产量×产品原材料单耗来排序，则缺乏现实经济意义。一般，在多因素分析中，各因素的排序是从数量因素逐步过渡到质量因素，即数量因素在最前，而质量因素在最后。

［**例8-10**］ 根据表8-5中的资料，对原材料支出总额进行多因素分析。

表8-5 某厂生产甲、乙两种产品的原材料消耗情况

产品名称	原材料名称	产品产量		产品原材料单耗		原材料单价/元		原材料费用支出总额/万元			
		基期	报告期	基期	报告期	基期	报告期	基期	报告期	假定	
		Q_0	Q_1	M_0	M_1	P_0	P_1	$Q_0M_0P_0$	$Q_1M_1P_1$	$Q_1M_0P_0$	$Q_1M_1P_0$
甲/万件	A/kg	10	12	10	9	14	15	1 400	1 620	1 680	1 512

续表

产品名称	原材料名称	产品产量		产品原材料单耗		原材料单价/元		原材料费用支出总额/万元			
		基期	报告期	基期	报告期	基期	报告期	基期	报告期	假定	
		Q_0	Q_1	M_0	M_1	P_0	P_1	$Q_0M_0P_0$	$Q_1M_1P_1$	$Q_1M_0P_0$	$Q_1M_1P_0$
乙/万袋	B/m	8	7	3.2	3.3	20	21	512	485.1	448	462
合计	—	—	—	—	—	—	—	1 912	2 105.1	2 128	1 974

在相对数上：

原材料费用支出总额指数＝产品产量总指数×产品原材料单耗总指数×原材料单价总指数

$$\frac{\sum Q_1M_1P_1}{\sum Q_0M_0P_0}\times 100\% = \left[\frac{\sum Q_1M_0P_0}{\sum Q_0M_0P_0}\times 100\%\right]\times\left[\frac{\sum Q_1M_1P_0}{\sum Q_1M_0P_0}\times 100\%\right]\times\left[\frac{\sum Q_1M_1P_1}{\sum Q_1M_1P_0}\times 100\%\right]$$

$$\frac{2\ 105.1}{1\ 912}\times 100\% = \left(\frac{2\ 128}{1\ 912}\times 100\%\right)\times\left(\frac{1\ 974}{2\ 128}\times 100\%\right)\times\left(\frac{2\ 105.1}{1\ 974}\times 100\%\right)$$

$$110.10\% = 111.30\%\times 92.76\%\times 106.64\%$$

在绝对数上：

原材料费用支出额增减变动总额＝因产品产量变动而增减的原材料支出总额＋因产品原材料单耗变动而增减的原材料支出总额＋因原材料单价变动而增减的原材料支出总额

$$\sum Q_1M_1P_1-\sum Q_0M_0P_0 = \left(\sum Q_1M_0P_0-\sum Q_0M_0P_0\right)+\left(\sum Q_1M_1P_0-\sum Q_1M_0P_0\right)+\left(\sum Q_1M_1P_1-\sum Q_1M_1P_0\right)$$

(2 105.1－1 912)万元＝[(2 128－1 912)＋(1 974－2 128)＋(2 105.1－1 974)]万元

193.1 万元＝[216＋(－154)＋131.1]万元

据此，可以计算以下几个指数，并对其因素进行分析：

(1) 原材料费用支出总额指数。

$$\overline{K_{QMP}} = \frac{\sum Q_1M_1P_1}{\sum Q_0M_0P_0}\times 100\% = \frac{2\ 105.1}{1\ 912}\times 100\% = 110.10\%$$

$$\sum Q_1M_1P_1-\sum Q_0M_0P_0 = (2105.1-1912)\text{ 万元} = 193.1\text{ 万元}$$

从上面的计算结果可知，原材料支出总额报告期比基期上升了 10.10%，从而原材料支出总额增加了 193.1 万元。

(2) 原材料费用支出总额因素分析。

①产品产量总指数。分析产品产量因素变动对原材料费用支出总额变动的影响时，将作为

同度量因素的两个质量因素,即产品原材料单耗和原材料单价固定在基期,则:

$$\overline{K_Q} = \frac{\sum Q_1 M_0 P_0}{\sum Q_0 M_0 P_0} \times 100\% = \frac{2\ 128}{1\ 912} \times 100\% = 111.30\%$$

计算结果表明,由于报告期的产量比基期增加,原材料费用支出总额上升 11.30%,增加的支出额为:

$$\sum Q_1 M_0 P_0 - \sum Q_0 M_0 P_0 = (2\ 128 - 1\ 912)\ 万元 = 216\ 万元$$

②产品原材料单耗总指数。分析产品原材料单耗变动对原材料费用支出总额变动的影响时,应将产品产量因素固定在报告期,而将原材料单价因素固定在基期,则:

$$\overline{K_M} = \frac{\sum Q_1 M_1 P_0}{\sum Q_1 M_0 P_0} \times 100\% = \frac{1\ 974}{2\ 128} \times 100\% = 92.76\%$$

$$\sum Q_1 M_1 P_0 - \sum Q_1 M_0 P_0 = (1\ 974 - 2\ 128)\ 万元 = -154\ 万元$$

计算结果表明,由于产品原材料单耗下降,原材料费用支出总额下降了 7.24%,从而原材料支出总额减少了 154 万元。

③原材料单价总指数。分析原材料单价变动对原材料费用支出总额变动的影响时,应将产品产量与产品原材料单耗的乘积作为数量因素,固定在报告期,则:

$$\overline{K_P} = \frac{\sum Q_1 M_1 P_1}{\sum Q_1 M_1 P_0} \times 100\% = \frac{2\ 105.1}{1\ 974} \times 100\% = 106.64\%$$

$$\sum Q_1 M_1 P_1 - \sum Q_1 M_1 P_0 = (2\ 105.1 - 1\ 974)\ 万元 = 131.1\ 万元$$

计算结果说明,由于原材料单价报告期比基期上涨,原材料费用支出总额上升了 6.64%,增加支出费用 131.1 万元。

至此,将原材料费用支出总额的变动情况及其影响因素从相对数和绝对数上逐个进行了分析和测定,得出如下结论。

某厂生产甲、乙两种产品,消耗 A、B 两种原材料的支出总额报告期比基期上升 10.10%,增加支出费用 193.1 万元。这是以下三方面因素共同影响的结果:第一,由于产品产量增加,原材料支出总额上升 11.30%,增加支出费用 216 万元;第二,由于产品原材料单耗下降,原材料支出总额下降 7.24%,节约原材料支出费用 154 万元;第三,因为原材料价格上涨,原材料支出总额上升 6.64%,支出费用增加 131.1 万元。说明该厂的经营情况良好,贯彻了“增产节约”的方针,取得了可喜的成绩。

上述分析结果如表 8-6 所示。

表 8-6　某厂原材料费用支出因素分析表

项　目	费用支出额/万元		指数/(%)	报告期比基期增减额/万元
	基　期	报　告　期		
原材料费用支出总额	1 912	2 105.1	110.10	193.1
其中:产品产量影响	1 912	2 128	111.30	216
产品原材料单耗影响	2 128	1 974	92.76	−154

续表

项　目	费用支出额/万元		指数/(%)	报告期比基期增减额/万元
	基　期	报　告　期		
产品原材料单价影响	1 974	2 105.1	106.64	131.1

四、总指数与平均指标指数相结合的因素分析

平均指标指数与总指数之间的关系如同平均指标与总量指标之间的关系，存在着一定的经济联系，同样可以进行两因素分析和多因素分析。

［**例 8-11**］　对表 8-4 中的资料进行整理后得到表 8-7。根据表 8-7 中的资料进行总指数与平均指标指数相结合的因素分析。

表 8-7　某铁矿集团产量因素分析表

项　目	基　期	报　告　期
铁矿石产量/$\times 10^3$ 吨 $\left(\sum Qf\right)$	14 000	29 000
工人人数/人 $\left(\sum f\right)$	50 000	52 000
劳动生产率/($\times 10^3$ 吨/人) $\left[\dfrac{\sum Qf}{\sum f}\right]$	0.280 0	0.557 7

在相对数上：

$$\text{产品产量总指数}=\text{工人人数总指数}\times\text{劳动生产率指数}$$

$$\frac{\sum Q_1 f_1}{\sum Q_0 f_0}\times 100\% = \left[\frac{\sum f_1}{\sum f_0}\times 100\%\right]\times\left(\frac{\overline{Q}_1}{\overline{Q}_0}\times 100\%\right)$$

$$\frac{29\ 000}{14\ 000}\times 100\% = \left(\frac{52\ 000}{50\ 000}\times 100\%\right)\times\left(\frac{0.557\ 7}{0.280\ 0}\times 100\%\right)$$

$$207.14\% = 104.00\%\times 199.18\%$$

在绝对数上：

$$\sum Q_1 f_1 - \sum Q_0 f_0 = (2\ 900 - 1\ 400)\ \text{万吨} = 1\ 500\ \text{万吨}$$

计算结果表明，该集团报告期产量比基期产量上升 107.14%，增加铁矿石 1 500 万吨。这是集团工人人数增加与劳动生产率提高两个因素共同影响的结果。

(1) 由于工人人数报告期比基期上升 4%，增加人数 2 000 人，从而集团所增加的铁矿石产量为：

$$\left(\sum f_1 - \sum f_0\right)\times \overline{Q}_0 = (52\ 000 - 50\ 000)\times 0.280\ 0\times 10^3\ \text{吨} = 56\ \text{万吨}$$

(2) 由于劳动生产率报告期比基期上升 99.18%，从而集团所增加的铁矿石产量为：

$$(\overline{Q}_1 - \overline{Q}_0)\times \sum f_1 = (0.557\ 7 - 0.280\ 0)\times 10^3\times 52\ 000\ \text{吨} = 1\ 444.04\ \text{万吨}$$

又因为劳动生产率指数是可变构成指数，其影响包含了劳动生产率固定结构指数和劳动生

产率结构影响指数。

在相对数上：

劳动生产率可变构成指数=劳动生产率固定结构指数×劳动生产率结构影响指数

$$\frac{\overline{Q}_1}{\overline{Q}_0}\times 100\% = \frac{\dfrac{\sum Q_1 f_1}{\sum f_1}}{\dfrac{\sum Q_0 f_0}{\sum f_0}}\times 100\% = \left(\frac{\dfrac{\sum Q_1 f_1}{\sum f_1}}{\dfrac{\sum Q_0 f_1}{\sum f_1}}\times 100\%\right)\times\left(\frac{\dfrac{\sum Q_0 f_1}{\sum f_1}}{\dfrac{\sum Q_0 f_0}{\sum f_0}}\times 100\%\right)$$

$$199.18\% = 172.62\% \times 115.38\%$$

在绝对数上：

$$\overline{Q}_1 - \overline{Q}_0 = \left(\frac{\sum Q_1 f_1}{\sum f_1} - \frac{\sum Q_0 f_1}{\sum f_1}\right) + \left(\frac{\sum Q_0 f_1}{\sum f_1} - \frac{\sum Q_0 f_0}{\sum f_0}\right)$$

$$0.277\ 7\times 10^3 \text{ 吨/人} = [(0.557\ 7 - 0.323\ 1) + (0.323\ 1 - 0.280\ 0)]\times 10^3 \text{ 吨/人}$$

所以，全集团劳动生产率上升 99.18%，增加产量 1 444.04 万吨，是因为：

(1) 由于甲、乙两矿工人劳动生产率提高，集团劳动生产率报告期比基期提高 72.62%，从而集团所增加的产量为：

$$\left(\frac{\sum Q_1 f_1}{\sum f_1} - \frac{\sum Q_0 f_1}{\sum f_1}\right)\times \sum f_1 = (0.557\ 7 - 0.323\ 1)\times 10^3 \times 52\ 000 \text{ 吨} = 1\ 219.92 \text{ 万吨}$$

(2) 由于甲、乙两矿工人人数在全集团总人数中所占比重的变动，即劳动生产率较低的甲矿的工人人数在全集团总人数中所占比重从基期的 60%下降到报告期的 38.46%，而劳动生产率较高的乙矿的工人人数在全集团总人数中所占比重由基期的 40%上升到报告期的 61.54%，集团劳动生产率上升 15.38%，从而集团增加的产量为：

$$\left(\frac{\sum Q_0 f_1}{\sum f_1} - \frac{\sum Q_0 f_0}{\sum f_0}\right)\times \sum f_1 = (0.323\ 1 - 0.280\ 0)\times 10^3 \times 52\ 000 \text{ 吨} = 224.12 \text{ 万吨}$$

所以，上述产品产量总指数、工人人数总指数和劳动生产率指数之间存在着以下关系。

在相对数上：

产品产量总指数=工人人数总指数×劳动生产率固定结构指数×劳动生产率结构影响指数

$$\frac{\sum Q_1 f_1}{\sum Q_0 f_1}\times 100\% = \left(\frac{\sum f_1}{\sum f_0}\times 100\%\right)\times\left(\frac{\dfrac{\sum Q_1 f_1}{\sum f_1}}{\dfrac{\sum Q_0 f_1}{\sum f_1}}\times 100\%\right)\times\left(\frac{\dfrac{\sum Q_0 f_1}{\sum f_1}}{\dfrac{\sum Q_0 f_0}{\sum f_0}}\times 100\%\right)$$

$$\frac{29\ 000}{14\ 000}\times 100\% = \left(\frac{52\ 000}{50\ 000}\times 100\%\right)\times\left(\frac{\dfrac{29\ 000}{52\ 000}}{\dfrac{16\ 800}{52\ 000}}\times 100\%\right)\times\left(\frac{\dfrac{16\ 800}{52\ 000}}{\dfrac{14\ 000}{52\ 000}}\times 100\%\right)$$

$$207.14\% = 104.00\% \times 172.62\% \times 115.38\%$$

在绝对数上：

$$\sum Q_1 f_1 - \sum Q_0 f_0 = \left(\sum f_1 - \sum f_0\right)\times \overline{Q} + \left(\frac{\sum Q_1 f_1}{\sum f_1} - \frac{\sum Q_0 f_1}{\sum f_1}\right)\times \sum f_1 + \left(\frac{\sum Q_0 f_1}{\sum f_1} - \frac{\sum Q_0 f_0}{\sum f_0}\right)\times \sum f_1$$

$(29\ 000-14\ 000)\times 10^3$ 吨 $\approx[(52\ 000-50\ 000)\times 0.280\ 0+(0.557\ 7-0.323\ 1)\times 52\ 000+(0.323\ 1-0.280\ 0)\times 52\ 000]\times 10^3$ 吨

1 500 万吨≈(56+1 219.92+224.12)万吨=1500.04 万吨

由于小数取位时四舍五入，产生 400 吨误差，可进行适当调整。

通过上面的一系列计算与分析，可以得出以下综合分析结果：

某集团报告期铁矿石产量比基期上升 107.14%，增加铁矿石产量 1 500 万吨。其原因是：①由于全集团工人人数报告期比基期上升 4%，增加 2 000 人，从而集团增加产量 56 万吨；②由于全集团劳动生产率报告期比基期上升 99.18%，从而集团增加产量 1 444.04 万吨。其中，甲、乙两矿工人劳动生产率的提高使全集团劳动生产率提高了 72.62%，从而集团增加产量 1 219.92万吨；甲、乙两矿工人人数在全集团总人数中所占比重的变动，使集团劳动生产率提高了 15.38%，从而集团增加产量 224.12 万吨。该集团劳动管理工作成效显著。

8.5 指数在社会经济统计中的应用

统计指数在我国社会经济生活中的应用非常广泛，每月、每季度和每年，国家统计局和地方统计局都会公布一些统计指数来说明经济运行情况，并预测经济走势，如定期公布的零售物价指数、消费价格指数(CPI)、生产者物价指数(PPI)和股票价格指数等。

一、零售物价指数

零售物价指数是测定市场零售商品价格变动程度和趋势的一种相对数。它是党和政府加强宏观调控和市场管理、制定物价和分配政策、研究和分析市场商品供需情况和国民经济运行情况的重要依据之一。

为了反映不同地区和全国的物价情况，按研究范围的不同，零售物价指数可分为省(市、自治区)零售物价指数、地区零售物价指数和全国零售物价指数；为了反映各地区和全国的城乡物价状况，又分别按农村和城市编制农村零售物价指数和城市零售物价指数。

零售物价指数的编制比较烦琐，因为社会上零售商品的品种繁多，价格变动频繁，很难获取全面资料按综合指数公式计算。实际中，通常采用抽样的方法，选择有代表性的商品，将它们的个体价格指数加权平均，以计算各类商品的零售物价指数和全部商品的零售物价指数，具体方法如下。

1. 对商品分类和代表商品的选择

我国的零售物价指数包括各种经济类型的工业、商业、餐饮业和其他行业的零售商品及农民对非农业居民出售的农产品的价格指数。一般情况下,全部商品分为食品、饮料烟酒、服装鞋帽、纺织品、中西药品、化妆品、书报杂志、文化体育用品、日用品、家用电器、首饰、燃料、建筑装潢材料、机电产品等十四大类,每一大类又分为若干中类,中类再分为小类,每个小类又包括若干商品集团。例如,食品这一大类可分为粮食、油脂、肉禽蛋、水产品、鲜菜、干菜、鲜果、干果、饮食品和其他食品等十大中类;粮食这一中类又分为细粮和粗粮两个小类;而细粮这个小类又包括面粉、大米、糯米、挂面四个商品集团。从各个商品集团中抽选代表商品,计算零售物价指数。

代表商品是各地根据统计部门规定的要调查的商品目录和地区的实际情况选择的商品。一般选择质量中等、在本地销售量大、生产和销售前景看好、价格变动趋势有一定代表性的商品。而代表商品并非一直不变,随着生产的不断发展和人民生活需求的不断变化,商品的品种和规格也会发生变化,所以对代表商品也应经常进行审查和调整。

2. 代表商品价格的调查和计算

代表商品选定后,要对其价格进行调查和计算。由各地根据商品销售额的比重和农贸市场商品成交额的多少,选择经营品种比较齐全、成交量大的中心市场作为调查点,派员定点、定时进行调查登记。对同种商品的零售价格,每个大中城市确定 3～5 个调查点,小城市和县城确定 1～2 个调查点。对一般性商品,每月调查 2～3 次;对与人们的生活密切相关、价格变动比较频繁的商品,调查次数要多一些,一般每 5 天调查 1 次;对国家控制定价的一些主要商品或价格变动相对稳定的商品,通常每月或每季度调查 1 次。

根据调查所取得的资料按月、季度和年度计算平均价格,即根据各个调查点同一商品同一时间的价格用简单算术平均的方法求得各种商品同一时间的平均价格,将此平均价格作为计算价格指数的商品价格;将同一种商品在一个月内不同时间的平均价格加以平均,计算出各种商品的月平均价格,再对 12 个月的月平均价格加以平均,即得到各种商品的平均价格。

3. 零售物价指数的计算公式和权数

零售物价类指数或总指数的加权算术平均数公式如下:

$$\overline{K_P}=\frac{\sum K_P W}{\sum W}\times 100\% \tag{8-9}$$

式中:$\overline{K_P}$——零售物价类指数或总指数;

$K_P=\dfrac{P_1}{P_0}$——商品的个体零售价格指数;

$W=Q_0P_0$——各代表商品所代表的商品集团的零售额;

$\sum W$——小类商品的零售总额。

计算加权算术平均数时,权数采用固定权数。一般代表商品的权数每年计算一次,或三年计算一次;对于季节性强的鲜菜、鲜果,每月计算一次。

零售物价指数的计算顺序是先小类,再中类、大类,最后将各大类商品的零售物价指数加权平均,计算出城市(农村)或全国的零售物价总指数。每一类的权数都是同一类中各类商品零售额所占比重,用百分数表示,其和为 100%。各省(市、自治区)的综合零售物价总指数的计算顺序是,在城市和农村单项代表商品零售物价指数的基础上,根据城乡商品零售额资料,确定每一种商品零售额城乡间的比重,进行加权,计算出各省(市、自治区)单项商品零售价格指数,然后再用加权算术平均数公式分层汇总计算出小类、中类、大类商品的零售物价指数,直至计算出零售物价总指数。下面以计算某市某年零售商品物价总指数为例，说明零售物价指数的编制步骤和计算方法，该市食品大类零售商品价格指数计算表如表 8-8 所示，该市零售商品价格总指数计算表如表 8-9 所示。

表 8-8　某市食品大类零售商品价格指数计算表

类别及品名	规格、等级、牌号	计量单位	平均价格/元		权数/(%)	基数为 100	
			基期 P_0	报告期 P_1	$\frac{W}{\sum W}$	指数/(%) $K_P=\frac{P_1}{P_0}$	指数×权数 $\sum K_P \frac{W}{\sum W}$
食品大类					100		129.27
其中:1.粮食中类					14	151.84	21.26
(1)细粮小类					96	151.97	145.89
	二等粳米	kg	1.81	2.80	80	154.70	123.76
	籼米	kg	1.56	2.20	20	141.03	28.21
(2)粗粮小类					4	148.84	5.95
	赤豆	kg	3.23	5.00	60	154.80	92.88
	绿豆	kg	4.36	6.10	40	139.91	55.96
2.油脂中类					4	175.90	7.04
3.肉禽蛋中类					25	146.90	36.73
4.水产品中类					15	118.32	17.75
5.鲜菜中类					10	62.75	6.28
6.干菜中类					1	120.83	1.21
7.鲜果中类					5	119.22	5.96
8.干果中类					1	144.82	1.45
9.其他食品中类					6	139.21	8.35
10.饮食品中类					19	122.40	23.26

表 8-9　某市零售商品价格总指数计算表

类别及品名	规格、等级、牌号	计量单位	平均价格/元		权数/(%)	基数为 100	
			基　期	报告期		指数/(%)	指数×权数
总指数					100		113.36
食品类					20	129.27	25.85
饮料烟酒类					15	106.53	15.98
服装鞋帽类					7	118.41	8.29
纺织品类					3	120.70	3.62

续表

类别及品名	规格、等级、牌号	计量单位	平均价格/元		权数/(%)	基数为100	
			基　期	报告期		指数/(%)	指数×权数
中西药品类					5	117.22	5.86
化妆品类					5	108.24	5.41
书报杂志类					1	107.40	1.07
文化体育用品类					3	106.21	3.19
日用品类					20	118.00	23.60
家用电器类					10	94.55	9.46
首饰类					2	102.90	2.06
燃料类					1	131.50	1.32
建筑装潢材料类					3	94.27	2.83
机电产品类					5	96.58	4.83

按前所述，计算步骤如下：

(1) 计算各代表商品的个体零售价格指数。表 8-8 中二等粳米的个体零售价格指数为：

$$K_P = \frac{P_1}{P_0} \times 100\% = \frac{2.8}{1.81} \times 100\% = 154.70\%$$

(2) 各代表商品的个体零售价格指数乘以权数，加总后计算出各小类商品的零售物价指数。表 8-8 中细粮小类的零售物价指数为：

$$\overline{K_P} = \sum K_P \frac{W}{\sum W} = 154.70\% \times 0.80 + 141.03\% \times 0.20 = 151.97\%$$

(3) 各小类商品的零售物价指数乘以其相应的权数，加总后计算出各中类商品的零售物价指数。表 8-8 中粮食中类的零售物价指数为：

$$\overline{K_P} = \sum K_P \frac{W}{\sum W} = 151.97\% \times 0.96 + 148.84\% \times 0.04 = 151.84\%$$

(4) 各中类商品的零售物价指数乘以其相应的权数，加总后得到各大类商品的零售物价指数。表 8-8 中食品大类的零售物价指数为：

$$\begin{aligned}\overline{K_P} &= \sum K_P \frac{W}{\sum W} = 151.84\% \times 0.14 + 175.90\% \times 0.04 + 146.90\% \times 0.25 \\ &\quad + 118.32\% \times 0.15 + 62.75\% \times 0.10 + 120.83\% \times 0.01 + 119.22\% \times 0.05 \\ &\quad + 144.82\% \times 0.01 + 139.21\% \times 0.06 + 122.40\% \times 0.19 \\ &= 129.27\%\end{aligned}$$

(5) 各大类商品的零售物价指数乘以其相应的权数，加总后得到某市某年零售商品物价总指数 113.36%(见表 8-9)。其计算方法与计算各大类商品的零售物价指数完全相同，只要将表 8-9 中十四大类商品的零售物价指数分别乘以相应的权数后加总即可。

二、居民消费价格指数

居民消费价格是指居民支付所购买消费品和获得服务项目的价格。它与人民生活密切相关，在国民经济价格体系中占有重要的地位。居民消费价格指数(CPI)是反映居民所购买消费品和服务项目价格变动趋势和程度的相对数。例如，2010 年我国居民消费价格同比上涨3.3%，其中食品类上涨 7.2%。按照国际惯例，当 CPI>3%时，即通货膨胀；当 CPI>5%时，已达到严重通货膨胀。它用来反映和分析居民实际收入与生活水平的变化情况，是党和政府研究和制定价格决策、分配政策的重要依据。

居民消费价格指数包括居民日常所需的全部商品和服务项目。国家统计局规定的商品目录一共分为八大类，即食品、衣着、家庭设备及用品、医疗保健、交通和通信、娱乐教育和文化用品、居住、服务项目等。每一大类又分为若干中类，每一中类再分为若干小类(即商品集团)。我国统计调查的消费品和服务项目共有 300 多种。

居民消费价格指数的编制同商品零售物价指数一样，也是采用抽样方法，定人、定点、定时派员调查登记代表商品和服务项目的价格。在计算平均价格和个体价格指数的基础上，按加权算术平均数公式，从小类、中类到大类加权计算出居民消费价格指数，最后将各大类居民消费价格指数加权平均，计算出城乡居民消费价格总指数。它包括的范围、调查方法、计算公式都与商品零售物价指数相似。

但零售物价指数和居民消费价格指数之间也有不同之处，主要区别如下：

1. 观察的角度不同

零售物价指数是从商品出售者的角度来观察物价水平的变动及其对社会经济的影响；而居民消费价格指数是从商品消费者的角度来观察物价水平的变动及其对居民实际收入和生活水平的影响。

2. 包括的范围不同

这主要表现在以下三个方面：

(1) 购买力地区范围不同。零售物价指数包括外地购买力在本地购买的商品，但不包括本地购买力在外地购买的商品；而居民消费价格指数则相反，它包括本地购买力在外地购买的商品，而不包括外地购买力在本地购买的商品。

(2) 购买力范围不同。零售物价指数包括居民购买力，也包括企事业单位和机关团体等社会集团购买力；而居民消费价格指数只包括居民购买部分，不包括社会集团购买部分。

(3) 具体商品和项目不同。零售物价指数只是反映零售商品价格的变动，这些商品既有生活消费品，又有企事业单位和机关团体的办公用品和机电产品，如货车、面包车和大客车，但不包括服务项目；而居民消费价格指数既包括消费品，又包括服务项目，如理发、洗澡、医疗手术、家电维修等。

3. 选择的权数不同

零售物价指数是以商业部门的商品零售额比重为权数；而居民消费价格指数是以居民家庭的实际支出为权数。前者的资料来源于商业报表或典型调查，后者的资料来源于城乡居民住户的抽样调查。

三、零售物价指数和居民消费价格指数的应用

零售物价指数和居民消费价格指数包含着丰富的社会经济内容，由此可派生某些指数，用来研究社会经济问题，为国家制定有关政策提供依据。

（一）测定通货膨胀

所谓通货膨胀，是货币发行量过多，超过了商品流通的正常需要，引起物价上涨、货币贬值的一种经济现象。它干扰正常的经济秩序，加剧经济周期的波动，增加财政赤字，加重人们的生活负担，尤其是对低收入群体的生活影响更大，给一个国家的政治、社会带来了不安定因素。为此，各国政府都把抑制通货膨胀作为制定政策的重要方向之一。

通货膨胀按照速度(增长率)和严重程度划分为四类：

第一类，温和的通货膨胀，也称爬行通货膨胀。其特征是增长率低、速度慢、危害较轻，是四类通货膨胀中最稳定的。

第二类，加速的通货膨胀，也称奔驰通货膨胀。其特征是增长率高，一般都在两位数以上，对经济影响明显。

第三类，超速的通货膨胀，也称恶性通货膨胀。其特征是增长率特别高，一般会达到三位数，而且严重失控。它会引起金融体系的完全崩溃，从而导致经济崩溃。

第四类，受抑制的通货膨胀，又称隐蔽通货膨胀。从表面上看，它并没发生，这是政府严格的价格管控和配给作用的结果，实际上经济中的通货膨胀压力是存在的。一旦解除价格管控，就会发生严重的通货膨胀。

通货膨胀程度的测定是计算通货膨胀率 ρ。计算通货膨胀率的方法很多，通常用价格指数的环比增长率表示，也可以用居民消费价格指数计算。其计算公式为：

$$\text{通货膨胀率}=\left(\frac{\text{报告期居民消费价格指数}}{\text{基期居民消费价格指数}}-1\right)\times 100\% \tag{8-10}$$

计算结果为正值，表明存在通货膨胀；若为负值，则说明出现通货紧缩，物价下跌，币值升高。

（二）测定货币购买力和职工实际工资

1. 货币购买力指数

货币购买力指数是指单位货币所能购买到的消费品和服务项目数量。其变动直接由价格的变动所决定，而且与价格的变动成相反方向。当价格上涨时，货币购买力下降；而当价格下降时，货币购买力上升。所以货币购买力指数与居民消费价格指数成倒数关系。其计算公式为：

$$\text{货币购买力指数}=\frac{1}{\text{居民消费价格指数}}\times 100\% \tag{8-11}$$

例如，某地区 2018 年的居民消费价格指数为 123.90%，则同期货币购买力指数为：

$$\frac{1}{123.90\%}\times 100\%=\frac{100}{123.90}\times 100\%=80.71\%$$

计算结果表明，该市 2018 年货币的币值只相当于 2017 年的 80.71%。

2. 职工实际工资指数

职工劳动所得的实际工资能够买到的消费品和服务项目数量，直接受价格变动的影响。为了准确地反映职工实际生活水平的变动，可用居民消费价格指数来推算职工货币工资实际能够

购买到的消费品和服务项目数量的变动，即计算职工实际工资指数。其计算公式为：

$$职工实际工资指数=\frac{职工平均工资指数}{居民消费价格指数}\times 100\%$$
$$=职工平均工资指数\times 货币购买力指数$$

例如，某地区 2018 年职工人均工资为 17 309 元，比上年增长 29.4%，同期居民消费价格指数为 123.9%，则职工的实际工资指数为：

$$\frac{129.4\%}{123.9\%}\times 100\%=104.44\%$$

同样地，还可以计算：

$$城市实际收入指数=\frac{城市人均收入指数}{城市居民消费价格指数}\times 100\%$$

$$农民实际纯收入指数=\frac{农村人均纯收入指数}{农村居民消费价格指数}\times 100\%$$

3. 计算商品需求的价格弹性系数

商品的价格变动必然会引起商品需求量发生相应变动。当某商品的价格上涨时，市场的需求量一般会减少；当其价格下降时，市场的需求量一般会增加。在经济学中，一般用需求的价格弹性来衡量需求的数量随商品价格的变动而变动的情况。

测定商品需求量的价格弹性指标是价格弹性系数。它反映价格发生变化后，相应需求量变动的程度对价格决策所起的作用。其计算公式为：

$$价格弹性系数=\frac{商品需求量变化率}{价格变化率}$$

用符号表示为：

$$E_P=\left|\frac{\frac{\Delta Q}{Q}}{\frac{\Delta P}{P}}\right|$$

式中：E_P——价格弹性系数；

Q——商品需求量；

P——商品价格。

计算结果通常有以下三种情况：

(1) 商品价格变化与商品需求量变化的方向相反，即商品价格上涨，需求量减少；价格下降，需求量增加。这种情况表明需求有弹性。

(2) 商品价格变化与商品需求量变化的方向一致，则表明需求弹性不足。

(3) 商品价格变化而商品需求量没有变化，则表明不存在需求弹性。

需求的价格弹性系数常用于商品定价决策、商品需求量的预测和消费结构的变动分析等。

例如，某商品的价格由 8 元下降为 7.60 元，销售量由 1 540 件增加到 2 000 件，则价格弹性系数为：

$$E_P=\left|\frac{\frac{\Delta Q}{Q}}{\frac{\Delta P}{P}}\right|=\frac{\frac{2\,000-1\,540}{1\,540}}{\frac{8-7.60}{8}}=\frac{0.299}{0.05}=5.98$$

计算结果表明，商品价格降低 5%，商品需求量增长 29.9%，价格弹性系数为 5.98，说明需求富有弹性。

此外，由于商品之间存在效用替代性，一种商品的价格变动，除了引起自身需求量的变动外，还会引起相关商品或替代商品需求量的变动，这种现象称为需求交叉弹性，可计算交叉弹性系数。计算公式为：

$$交叉弹性系数=\frac{甲商品需求量变动率}{乙商品价格变动率}$$

用符号表示为：

$$\varepsilon_{甲乙}=\frac{\frac{\Delta Q_{甲}}{Q_{甲}}}{\frac{\Delta P_{乙}}{P_{乙}}}$$

式中：$\varepsilon_{甲乙}$——甲商品的需求量对乙商品价格的弹性系数。

计算结果可以是正值，也可以是负值，表明乙商品价格变动1%引起甲商品需求量增加的百分比。当 $\varepsilon_{甲乙}>0$ 时，为需求增加；当 $\varepsilon_{甲乙}<0$ 时，为需求减少。

四、股票价格指数

股票是一种特殊的金融商品，其价格有广义和狭义之分。广义的股票价格包括票面价格、发行价格、账面价格、清算价格、内在价格、市场价格等。狭义的股票价格是市场价格，即股票发行市价，它随股市供求行情的变化而涨跌。

股票价格指数是根据经过精心选择的具有代表性和敏感性的样本股票在某一时点上的平均市场价格计算的动态相对数，用来反映某一股市股票价格的总变动趋势。习惯上用“点”表示，即以基期为100(或1 000)，每上升或下降1个单位称为1点。股票价格指数的计算方法很多，一般以发行量为权数进行加权综合。

股票价格指数是反映股票市场行情变化的重要指标，是广大股票投资者投资决策与分析的重要依据，也是反映一个国家和地区宏观经济态势的“晴雨表”。世界各地的股票市场都有自己的股票价格指数，如美国的道·琼斯股价平均数、道·琼斯工业股价平均数、标准普尔股价指数和香港恒生指数等。

我国内地有上海证券交易所股价指数和深圳证券交易所股价指数。上海证券交易所股价指数是以1990年12月19日为基日(即上海证券交易所正式营业日)，基数定为100，以所有在上海证券交易所上市的股票为编制范围，以股票发行量为权数的综合股价指数。其计算公式为：

$$上海证券交易所股价指数=\frac{报告期市价总值}{基日市价总值}\times 100\%$$

式中，分子报告期市价总值是股票市价乘以发行股数。当市价总值出现非交易因素变动时，如增股、配股、汇率变动时，分母基日市价总值需修正。

深圳证券交易所股价指数有深圳综合指数和深圳成分指数。深圳综合指数是以在深圳证券交易所上市的所有股票为对象编制的指数。它以1991年4月3日为指数基日，在1991年4月4日公布，以发行量为权数。纳入指数计算范围的股票被称为指数股。深圳综合指数的计算公式为：

$$深圳综合指数=\frac{报告期指数股总市值}{基日指数股总市值}\times 100\%$$

深圳成分指数以1994年7月20日为基日。基日指数为1000,于1995年1月23日开始发布。它采用流通股为权数,是从上市的所有股票中挑选具有一定市场代表性的40家上市公司的成分股进行计算。计算公式同深圳综合指数。当股市结构有所变动时,要对分母基日指数股总市值进行修正。

☆ 统计指数案例

2017年,全球经济呈现持续复苏态势,集装箱运货量的增长速度超出市场预期,运货量增长带动用箱需求;国内环保水性漆的应用在一定程度上又抑制了产能的增加,客户普遍加大了对新箱的采购力度。中集集团集装箱业务整体实现营收250.47亿元,同比增长126.32%;实现净利润14.63亿元,同比增长302.52%;其中,普通干货集装箱累计销售130.89万个,同比增长122.87%。

假定销售部门提供的中集集团集装箱报价与销售量资料如表8-10所示。

表8-10 中集集团集装箱报价与销售量资料

品种	2016年12月		2017年12月	
	销售量/个	价格/万元	销售量/个	价格/万元
标准集装箱	10 000	7.8	20 000	8
特种集装箱	10 000	5	10 000	5.75
罐式集装箱	10 000	9.75	15 000	10

1. 指数的分析

(1) 个体指数。

个体指数是说明单个现象变动的相对数。

标准集装箱的个体价格指数 $K_P=\frac{P_1}{P_0}\times 100\%=\frac{8}{7.8}\times 100\%=102.56\%$

标准集装箱的个体销售量指数 $K_Q=\frac{Q_1}{Q_0}\times 100\%=\frac{20\ 000}{10\ 000}\times 100\%=200\%$

(2) 总指数。

总指数是指说明多种事物综合变动的相对数,如反映三种集装箱销售量综合变动的数量总指数、说明三种集装箱价格综合变动的价格总指数。具体计算见综合指数。

(3) 数量指标指数。

数量指标指数简称数量指数,是反映现象数量指标变动程度的相对数,用于说明总体的规模、水平的变动情况,如产品产量指数、职工人数指数等。

在本案例中,集装箱销售量指数为数量指标指数。

(4) 质量指标指数。

质量指标指数简称质量指数,是反映现象质量指标变动程度的相对数,用于说明总体内在质量变动情况,是表明工作质量好坏、管理水平高低的指数,如价格总指数、平均工资总指数、劳动生产率指数等。

在本案例中,集装箱价格指数为质量指标指数。

(5) 动态指数。

动态指数是由两个不同时期的变量值对比形成的相对数，用于说明现象在不同时间上的变化情况。

标准集装箱的个体价格指数以及个体销售量指数都是动态指数，体现为两个时期的变量值之比。

(6) 静态指数。

静态指数是指在同一时间条件下，不同空间上的同一现象的不同数值对比形成的相对数。

在本案例中，2016 年 12 月标准集装箱与特种集装箱的价格对比值即为静态指数，即：

$$\frac{\text{标准集装箱价格}}{\text{同期特种集装箱价格}}\times 100\%=\frac{7.8}{5}\times 100\%=156\%$$

2. 综合指数的编制

(1) 数量综合指数的编制。

以三种集装箱的销售量总指数为例，该指数描述的是销售量的变化，属于数量指标指数，应该选择基期价格作为同度量因素，具体计算如下：

$$\overline{K_Q}=\frac{\sum P_0Q_1}{\sum P_0Q_0}\times 100\%=\frac{20\ 000\times 7.8+10\ 000\times 5+15\ 000\times 9.75}{10\ 000\times 7.8+10\ 000\times 5+10\ 000\times 9.75}\times 100\%=156.21\%$$

由于销售量的提升，实现营业收入增加：

$$\sum Q_1P_0-\sum Q_0P_0=(352\ 250-225\ 500)\text{ 万元}=126\ 750\text{ 万元}$$

(2) 质量综合指数的编制。

以三种集装箱的价格总指数为例，该指数描述的是价格的变化，属于质量指标指数，应该选择报告期销售量作为同度量因素，具体计算如下：

$$\overline{K_P}=\frac{\sum P_1Q_1}{\sum P_0Q_1}\times 100\%=\frac{8\times 20\ 000+5.75\times 10\ 000+10\times 15\ 000}{7.8\times 20\ 000+5\times 10\ 000+9.75\times 15\ 000}\times 100\%=104.33\%$$

由于价格的提升，实现营业收入增加：

$$\sum Q_1P_1-\sum Q_1P_0=(367\ 500-352\ 250)\text{ 万元}=15\ 250\text{ 万元}$$

3. 两因素指数体系分析

所谓指数体系，是指由若干有联系的指数在数量上、逻辑上形成的一个整体，反映客观事物本身的内在联系所构成的整体。

在本案例中，营业收入指数、销售量指数和价格指数就构成了一个指数体系，其中营业收入指数为总量指标指数，销售量指数和价格指数为因素指数，即该指数体系为两因素指数体系。

在相对数上的关系为：

集装箱营业收入总指数＝集装箱销售量总指数×集装箱价格总指数

$$\frac{\sum Q_1P_1}{\sum Q_0P_0}\times 100\%=\left(\frac{\sum Q_1P_0}{\sum Q_0P_0}\times 100\%\right)\times\left(\frac{\sum Q_1P_1}{\sum Q_1P_0}\times 100\%\right)$$

$$\frac{367\ 500}{225\ 500}\times 100\%=\left(\frac{352\ 250}{225\ 500}\times 100\%\right)\times\left(\frac{367\ 500}{352\ 250}\times 100\%\right)$$

$$162.97\%=156.21\%\times 104.33\%$$

在绝对数上的关系为：

集装箱营业收入增减总额＝因销售量变动影响而增减的营业收入额
＋因价格变动影响而增减的营业收入额

$$\sum Q_1P_1-\sum Q_0P_0=\left(\sum Q_1P_0-\sum Q_0P_0\right)+\left(\sum Q_1P_1-\sum Q_1P_0\right)$$

$$(367\ 500-225\ 500)\text{万元}=[(352\ 250-225\ 500)+(367\ 500-352\ 250)]\text{万元}$$

$$142\ 000\ \text{万元}=(126\ 750+15\ 250)\text{万元}$$

以上计算表明，三种集装箱的营业收入报告期比基期上升了62.97%，从而增加营业收入142 000万元。营业收入变动是以下两方面因素共同影响的结果：一方面由于三种集装箱的销售量报告期比基期平均上升了56.21%，从而营业收入增加了126 750万元；另一方面由于三种集装箱的销售价格报告期比基期平均上升了4.33%，从而营业收入增加了15 250万元。

通过指数体系，对影响集装箱营业收入的两个因素——销售量和销售价格，从相对数和绝对数两个方面进行了分析，并测定了它们的影响程度和影响变动的绝对数额。

4. 股票价格指数

(1) 为刻画深圳市场行业结构，丰富深证成指行业指数体系，深圳证券交易所编制了十条深成行业指数。由于中集集团归属于工业企业，深成工业指数包含其股票，并且其权重位于80只成分股的第18位，地位重要。深成工业指数包含的部分样本股票如表8-11所示。

表8-11　深成工业指数包含的部分样本股票

证券代码	证券简称	权　重	证券代码	证券简称	权　重	证券代码	证券简称	权　重	证券代码	证券简称	权　重
000008	神州高铁	1.524 0	002212	南洋股份	0.732 1	001965	招商公路	0.687 0	002595	豪迈科技	0.875 1
000009	中国宝安	1.282 3	002245	澳洋顺昌	0.565 1	002010	传化智联	0.504 8	002665	首航节能	0.789 4
000039	中集集团	1.518 4	002249	大洋电机	0.688 2	002013	中航机电	1.421 8	002672	东江环保	0.810 2
000088	盐田港	0.600 5	002266	浙富控股	0.850 6	002023	海特高新	1.102 5	300001	特锐德	0.691 9
000089	深圳机场	1.018 1	002310	东方园林	2.990 5	002028	思源电气	1.055 1	300024	机器人	2.934 0
000090	天健集团	0.534 4	002320	海峡股份	0.510 2	002047	宝鹰股份	0.614 5	300055	万邦达	0.994 0
000155	川化股份	0.613 8	002352	顺丰控股	1.560 7	002050	三花智控	2.099 1	300070	碧水源	3.130 8
000157	中联重科	2.660 8	002358	森源电气	0.993 3	002051	中工国际	1.052 3	300090	盛运环保	0.905 9
000338	潍柴动力	5.682 1	002359	北讯集团	1.215 6	002061	浙江交科	0.657 7	300124	汇川技术	4.347 2
000400	许继电气	0.701 2	002366	台海核电	1.013 7	002073	软控股份	0.618 9	300145	中金环境	0.751 5
000425	徐工机械	2.554 5	002371	北方华创	1.398 1	002074	国轩高科	1.402 4	300156	神雾环保	0.544 5
000507	珠海港	0.769 2	002372	伟星新材	1.014 6	002081	金螳螂	1.967 8	300159	新研股份	0.879 4
000528	柳工	1.177 0	002389	南洋科技	0.712 0	002091	江苏国泰	0.722 8	300197	铁汉生态	0.969 9
000687	华讯方舟	0.576 2	002431	棕榈股份	0.980 2	002120	韵达股份	0.771 8	300222	科大智能	0.787 8
000738	航发控制	1.016 8	002444	巨星科技	0.842 6	002127	南极电商	1.515 5	300257	开山股份	0.708 8
000768	中航飞机	2.856 8	002468	申通快递	0.618 6	002168	深圳惠程	1.058 0	300266	兴源环境	1.552 2
000806	银河生物	0.380 6	002482	广田集团	0.436 6	002176	江特电机	1.752 2	300274	阳光电源	1.144 3
000826	启迪桑德	1.743 8	002509	天广中茂	0.542 3	002183	怡亚通	1.282 0	300316	晶盛机电	1.114 4

续表

证券代码	证券简称	权　重	证券代码	证券简称	权　重	证券代码	证券简称	权　重	证券代码	证券简称	权　重
000901	航天科技	0.607 9	002542	中化岩土	0.518 1	002191	劲嘉股份	0.916 6	300355	蒙草生态	0.926 1
000961	中南建设	1.598 3	002573	清新环境	1.046 0	002202	金风科技	3.731 3	300450	先导智能	1.562 4

(2) 股票价格指数的计算。

深成工业指数以 2010 年 6 月 30 日为基日，以 1 000 为基点。深成行业指数采用派氏加权法编制，采用下列公式逐日连锁实时计算：

$$实时指数 = 上一交易日收市指数 \times \frac{\sum(样本股实时成交价 \times 样本股权数)}{\sum(样本股上一交易日收市价 \times 样本股权数)}$$

上式中：样本股——纳入指数计算范围的股票；

样本股权数——样本股的自由流通量，子项和母项的权数相同。

样本股实时成交价与样本股权数的乘积为样本股实时自由流通市值，样本股上一交易日收市价与样本股权数的乘积为样本股上一交易日收市自由流通市值。

自由流通量是上市公司实际可供交易的流通股数量，它是无限售条件股份剔除持股比例超过 5% 的下列三类股东及其一致行动人所持有的无限售条件股份后的流通股数量：①国有(法人)股东；②战略投资者；③公司创建者、家族或公司高管人员。

自由流通市值等于股票价格乘以自由流通量。

股票价格的选取：每个交易日集合竞价开市后用样本股的开市价计算开市指数，其后在交易时间内用样本股的实时成交价计算实时指数，收市后用样本股的收市价计算收市指数。样本股当日无成交量的，取上一交易日收市价。样本股暂停交易时，选取最近成交价。

(3) 2017 年 9 月 4 日至 6 日的深成工业指数信息如表 8-12 所示。

表 8-12　2017 年 9 月 4 日至 6 日的深成工业指数信息

交易日期	指数代码	指数简称	前　收	今　收	升跌/(%)	成交金额/元
2017-09-06	399682	深成工业	1 320.780	1 325.630	0.37	20 782 095 816.61
2017-09-05	399682	深成工业	1 314.586	1 320.780	0.47	19 139 007 269.75
2017-09-04	399682	深成工业	1 301.148	1 314.586	1.03	19 346 360 424.95

【本章小结】

本章所介绍的统计指数主要是指狭义上的指数，即反映不能直接同度量的受多种因素影响的复杂社会经济现象变动的相对数。统计指数不仅可以反映社会经济现象总体的综合变动情况，还可以反映在现象总体的总变动中各因素变动的影响方向和影响程度。

总指数有两种形式：综合指数和平均数指数。综合指数有数量指标指数和质量指标指数两种，在编制数量指标指数时，需要加入的同度量因素是质量因素，通常将质量指标固定在基期；在编制质量指标指数时，需要加入的同度量因素是数量因素，通常将数量指标固定在报告期。

平均数指数是对个体指数进行加权平均得到的总指数。平均数指数按其平均方法的不同，可分为加权算术平均数和加权调和平均数两种。

指数体系与因素分析是统计指数的重要内容。运用指数体系可以从相对数和绝对数两个方面来分析被研究对象内各因素之间存在的数量联系。

【练习题】

一、填空题

1. 若不考虑其他影响因素,在编制综合指数时,一般采用的方法是:编制数量指数时,应将同度量因素固定在________;编制质量指数时,应将同度量因素固定在________。

2. 平均数指数的主要形式为________和________,若不考虑其他影响因素,则计算公式分别为____________和____________。

3. 统计中,由在经济上有联系、在数量上保持一定对等关系的三个或三个以上指数构成的整体称为____________。

4. 指数体系中,总量指数等于各因素指数的________。总量指数发生的绝对增加量等于相应各因素发生增减量的____________。

5. 某厂 2018 年的产量比前一年增长了 13.6%,生产费用增长了 12.9%,则该厂 2018 年的单位成本降低了____________。

二、单项选择题

1. 指数的狭义含义是(　　)。

A. 动态指数　　B. 定基指数　　C. 总指数　　D. 个体指数

2. 同度量因素在计算综合指数中(　　)。

A. 只起同度量作用　　B. 只起权数作用

C. 起权数和同度量作用　　D. 既不起同度量作用,又不起权数作用

3. 按照个体价格指数和报告期销售额计算的价格指数是(　　)。

A. 综合指数　　B. 平均指标指数

C. 加权算术平均数指数　　D. 加权调和平均数指数

4. 零售价格上升 2%,销售量增加 5%,则零售额增长(　　)。

A. 7%　　B. 7.1%　　C. 10%　　D. 107.1%

三、判断题

1. 在实际应用中,计算价格综合指数时,一般采用基期的数量指标为同度量因素。(　　)

2. 总指数有个体指数和综合指数两种形式。(　　)

3. 可变构成指数=结构影响指数×固定构成指数。(　　)

4. 复杂社会现象由两个因素构成,分析各个因素对总体的影响,称为多因素分析。(　　)

5. 价格指数是数量指标指数。(　　)

四、简答题

1. 什么是指数?在经济统计中,它有哪些作用?

2. 什么是数量指标指数和质量指标指数?

3. 综合指数有哪些变形?为什么要变形?

4. 什么是指数体系?怎样利用指数体系进行两因素分析和多因素分析?

5. 什么是总平均指数？它有哪几种形式？各种形式之间有何关系？

五、计算题

1. 已知三种产品的成本和产量资料如表 8-13 所示。

表 8-13　三种产品的成本和产量资料

产品名称	计量单位	单位成本/元		产量	
		基期(Z_0)	报告期(Z_1)	基期(Q_0)	报告期(Q_1)
甲	件	10	8	3 000	5 000
乙	kg	8	6	4 500	7 000
丙	m	6	5.4	10 000	20 000
合　计	—	—	—		

要求：

(1) 计算每种产品的个体成本指数和个体产量指数；

(2) 计算三种产品的单位成本总指数；

(3) 计算由于三种产品单位成本报告期比基期降低所节约的生产费用支出总额；

(4) 假定三种产品某时期的不变价格分别为：甲产品 15 元，乙产品 10 元，丙产品 8.5 元。试计算三种产品的总产量指数和由于三种产品产量报告期比基期增加而增加的总产值(按不变价格计算)。

2. 某农产品收购站基期、报告期的统计资料如表 8-14 所示。

表 8-14　某农产品收购站基期、报告期的统计资料

农产品等级	收购量/吨		收购价格/元	
	基期(Q_0)	报告期(Q_1)	基期(P_0)	报告期(P_1)
一	24.0	45.0	350	360
二	60.0	90.0	320	328
三	136.0	120.0	300	306
四	82.5	72.6	270	277
合　计				

要求：要分析该站报告期收购农产品等级构成变动对平均收购价格变动的影响情况，应计算什么统计指数？列出计算公式、计算出结果并进行分析。

3. 某企业报告期四种产品的产量、单位成本、个体成本指数资料如表 8-15 所示。

表 8-15　某企业报告期四种产品的统计资料

产品名称	产量/件	单位成本/元	个体成本指数/(%)
甲	250	40	80
乙	600	20	90
丙	150	100	85
丁	500	80	75

续表

产品名称	产量/件	单位成本/元	个体成本指数/(%)
合　计	—	—	

要求：

(1) 计算四种产品的单位成本总指数；

(2) 计算由于四种产品单位成本降低所节约的生产费用支出总额。

4. 某商业企业的统计资料如表 8-16 所示。

表 8-16　某商业企业的统计资料

商品名称	计量单位	商品销售额/万元		报告期价格比基期降低/(%)
		基期(Z_0)	报告期(Z_1)	
甲	件	400	450	10
乙	台	1 400	1 440	4
丙	kg	225	392	2
丁	盒	100	98	2
合　计				

要求：

(1) 用调和平均指数法计算物价总指数；

(2) 计算商品销售量总指数；

(3) 计算由于物价降低居民减少支出的金额；

(4) 计算销售量变动对销售额绝对值的影响。

5. 某市民以相同的金额在报告期购买的副食品数量比在基期购买同样副食品的数量少 8.5%。要求:计算并分析副食品价格的变动情况。

6. 某集市的商品价格报告期比基期总的下降了 2.5%,商品成交额增长了 7%。要求:计算商品成交量的增长情况。

7. 某公司两个工厂的有关资料如表 8-17 所示。

表 8-17　某公司两个工厂的有关资料

工厂名称	基　期		报　告　期	
	平均工人数/人	总产值/元	平均工人数/人	总产值/元
甲厂	200	300 000	360	540 000
乙厂	300	600 000	340	480 000
合　计	500	900 000	700	1 020 000

要求：

(1) 计算劳动生产率可变构成指数；

(2) 计算劳动生产率固定结构指数；

(3) 计算劳动生产率结构影响指数；

(4) 建立指数体系,从相对数和绝对数上进行分析。

8. 某工厂两种产品的产量和原材料消耗量资料如表 8-18 所示。

表 8-18　某工厂两种产品的产量和原材料消耗量资料

产品名称	产量/万吨		原材料名称	每吨产品原材料消耗量/吨		每吨原材料价格/元	
	基　期	报告期		基　　期	报　告　期	基　　期	报　告　期
	Q_0	Q_1		Z_0	Z_1	P_0	P_1
电石	10	11	石灰石	0.85	0.85	25.0	25.0
			焦炭	0.55	0.55	90.0	86.0
石灰	9	10	石灰石	2.00	2.00	7.0	6.8
			焦炭	0.14	0.15	90.0	86.0

要求：

(1) 分析原材料费用总额变动受各因素变动的影响程度和影响绝对值；

(2) 建立指数体系并进行文字分析。

第9章 抽样分布与参数估计

☆ 教学目的与要求

通过本章的学习，使学生对抽样分布与参数估计的特点、作用，以及一些相关的基本概念有正确的理解。掌握抽样推断的抽样平均误差、极限误差的计算方法，在此基础上运用抽样估计的一般原理，在一定概率保证的前提下推断总体的指标数值。

☆ 教学重点

正态分布的概率计算，有关抽样的基本概念以及不同抽样方式对抽样分布的影响，总体均值与成数指标的区间估计方法。

☆ 教学难点

抽样平均误差的影响因素和计算方法；抽样估计的方法；抽样的组织形式及各种形式下误差的计算；必要样本容量的影响因素及确定方法；总量指标的推算方法。

9.1 抽样分布

一、抽样的基本概念

抽样涉及的基本概念较多，主要有总体与样本、样本容量与样本个数、总体参数与样本统计量、重复抽样与不重复抽样等。

（一）总体与样本

1. 总体

在统计学中，通常把所研究的全部元素组成的集合称为总体；而把组成总体的每个元素称为单位或者个体。例如，在研究某批灯泡的平均使用寿命时，该批灯泡的全体就组成了总体，而其中每个灯泡就是个体；在研究某校男大学生的身高和体重的分布情况时，该校的全体男大学生就组成了总体，而每个男大学生就是个体。

2. 样本

为了对总体的分布进行各种研究，就必须对总体进行抽样观察。

样本是指从总体中随机抽取的有代表性的一部分个体。统计分析正是通过对具体样本值的分析、研究，正确推断出总体所具有的特性。

为了能更多、更好地得到总体的信息，需要进行多次重复、独立的抽样观察。符合代表性和独立性要求的样本称为简单随机样本。所谓代表性，是指每个个体被抽到的机会一样，保证样本的分布与总体一样。所谓独立性，是指相互独立。对有限总体而言，有放回的随机样本为简单随机样本，无放回的抽样不能保证样本的独立性；但对无限总体而言，无放回随机抽样也可以得到简单随机样本。因此，本书主要研究简单随机样本。

（二）样本容量与样本个数

1. 样本容量

样本是从总体中抽出的部分单位的集合，这个集合的大小称为样本容量。

样本容量一般用 n 表示，它表明一个样本中所包含的单位数。

样本容量大，样本误差就会小些，但调查费用必增加；反之，样本容量过小，会导致抽样误差增大，甚至失去抽样推断的价值。因此，在抽样设计中应根据调查目的认真考虑合适的样本容量。一般地，样本单位数大于 30 的样本称为大样本，不超过 30 的样本称为小样本。

2. 样本个数

样本个数又称样本可能数目，是指从一个总体中可能抽取的样本数量。样本个数的多少与抽样方法有关。一般来说，重复抽样的样本个数要多于不重复抽样的样本个数。例如，从 4 个单位中抽取 2 个单位构成总体，若采取重复抽样，则样本个数为 16 个；若采取不重复抽样，则样本个数为 12 个。

（三）总体参数与样本统计量

1. 总体参数

总体参数是指总体分布的数量特征，也是抽样统计推断的对象。

常见的总体参数有总体的平均数指标、总体成数（比重）指标、总体分布的方差和标准差，等等。它们都是反映总体分布特征的重要指标。平均数反映总体分布的集中趋势，方差或标准差反映总体分布的离中趋势。总体成数（比重）指标是指总体中具有某性质的单位在总体中所占的比重，它反映了总体的结构特征。这些指标的计算在第 5 章和第 6 章已有介绍，这里不再重复。

2. 样本统计量

与总体参数相对应的是样本统计量。

样本统计量是指样本分布的数量特征，是一个随机变量。

由于样本是从总体中随机抽取的，而样本统计量是样本的一个函数，因此，样本统计量是随机变量。我们经常利用样本统计量来估计和推断总体的有关参数。

与总体参数相对应，常见的样本统计量有：

样本均值
$$\overline{X}=\frac{\sum_{i=1}^{n}X_i}{n}=\frac{\sum Xf}{\sum f} \tag{9-1}$$

样本比例 $$P=\frac{n_1}{n} \tag{9-2}$$

样本方差 $$S^2=\frac{1}{n-1}\sum_{i=1}^{n}(X_i-\overline{X})^2=\frac{\sum(X-\overline{X})^2f}{\sum f-1} \tag{9-3}$$

样本标准差 $$S=\sqrt{S^2} \tag{9-4}$$

式中：$\overline{X}$——样本平均数；

P——样本成数；

S^2 与 S——样本的方差与标准差；

n——样本容量；

n_1——样本中具有某种特征的单位数目；

f——在分组样本资料下的权数。

应当指出，尽管样本统计量的计算公式与总体参数的计算公式在形式上十分类似，但两者有重要区别：

(1) 总体参数是常数，计算总体参数的公式中所用到的总体各单位的标志值是确定的，具体数值用小写字母 x 表示；样本统计量是随机变量，计算样本统计量的公式中所用到的样本单位标志值在未具体观察前是不确定的随机变量，用大写字母 X 表示。

(2) 计算总体参数的公式中所使用的单位数包括总体的所有单位，通常用大写字母 N 表示；计算样本统计量所使用的单位数只是样本所包含的单位数，即单位容量，用小写字母 n 表示。

(3) 计算总体参数的公式中所使用的权数 F 是整个总体分组资料下的权数；计算样本统计量所使用的权数 f 是样本分组资料下的权数。

（四）重复抽样与不重复抽样

简单抽样的抽样方法有重复抽样与不重复抽样。

1. 重复抽样

重复抽样又称重置抽样，是指从总体中抽出一个样本单位，记录其标志值后，又将其放回总体中继续参加下一轮单位的抽取。

重复抽样的特点：第一，n 个单位的样本是由 n 次试验的结果构成的；第二，每次试验是独立的，即每次试验的结果与前次、后次试验的结果无关；第三，每次试验是在相同条件下进行的，每个单位在多次试验中被选中的机会（概率）是相同的。

在重复试验中，样本可能的个数是 N^n，N 为总体单位数，n 为样本容量。

2. 不重复抽样

不重复抽样又称不重置抽样，即每次从总体中抽取一个单位，登记后不放回原总体，不参加下一轮抽样。下一次继续从总体的余下单位中抽取样本。

不重复抽样的特点：第一，n 个单位的样本由 n 次试验结果构成，但由于每次抽样不重复，所以实质上相当于从总体中同时抽取 n 个样本单位；第二，每次试验结果不是独立的，上次中选情况影响下次抽选结果；第三，每个单位在多次（轮）试验中被选中的机会是不等的。

不重复抽样，如果考虑顺序，其样本可能的个数为 $\frac{N!}{(N-n)!}$；如果不考虑顺序，样本可能的个数为$\frac{N!}{(N-n)!\ n!}$。

二、抽样分布概述

（一）重复抽样分布

1. 样本平均数的抽样分布

设从总体中抽出的样本为$X_1, X_2, \cdots, X_n$，对于重复抽样，每个$X_i(i=1,2,\cdots,n)$都是从总体中随机抽出的，都是与总体同分布的随机变量，并且是相互独立的。我们设总体的平均数为μ，方差为σ^2，则样本平均数的期望值与方差分别是：

$$E(\overline{X}) = E\left(\frac{X_1 + X_2 + \cdots + X_n}{n}\right) = \frac{1}{n}[E(X_1) + E(X_2) + \cdots + E(X_n)] = \mu$$

$$\sigma^2(\overline{X}) = \sigma^2\left(\frac{X_1 + X_2 + \cdots + X_n}{n}\right) = \frac{1}{n^2}[\sigma^2(X_1) + \sigma^2(X_2) + \cdots + \sigma^2(X_n)] = \frac{\sigma^2}{n} \qquad (9\text{-}5)$$

从以上公式中可以知道，样本平均数的分布中心与总体的分布中心完全相同，分布方差是总体分布方差的$\frac{1}{n}$。因此，样本平均数分布的集中趋势优于总体分布自身的集中趋势。由于样本平均数能“集中”分布于总体平均数附近，我们可以考虑用样本平均数来估计总体平均数。用样本统计量去估计总体参数难免有误差，样本变量的离散程度越大，产生误差的可能性也越大。

用抽样平均数的标准差反映的抽样平均数与总体平均数的平均误差程度，称为抽样平均误差。记为：

$$\sigma_{\bar{x}} = \frac{\sigma}{\sqrt{n}} \qquad (9\text{-}6)$$

抽样平均误差是总体标准差的$\frac{1}{\sqrt{n}}$，通常比总体标准差小得多。

［**例 9-1**］　某班组有 5 个工人，他们的单位工时工资分别是 4 元、6 元、8 元、10 元、12 元，现用重置抽样方式从 5 个工人中抽取 2 人，计算样本的平均工时工资的抽样平均误差。

总体分布的平均数与方差分别是：

$$\mu = \frac{\sum x}{N} = \frac{4+6+8+10+12}{5}\text{元} = 8\text{元}$$

$$\sigma^2 = \frac{\sum (x-\mu)^2}{N} = \frac{(4-8)^2 + (6-8)^2 + (8-8)^2 + (10-8)^2 + (12-8)^2}{5}\text{元}^2$$
$$= 8\text{元}^2$$

抽样平均误差为：

$$\sigma_{\bar{x}} = \frac{\sigma(X)}{\sqrt{n}} = \frac{\sqrt{8}}{\sqrt{2}}\text{元} = 2\text{元}$$

即该班组工人的平均工时工资为 8 元，抽样平均误差为 2 元。

2. 样本成数分布

总体成数p是指具有某种特征的单位在总体中所占的比重。

成数是一个特殊平均数。设总体单位的总数目是N，总体中具有某特征的单位数是N_1，设

X 是 0、1 变量，即若总体单位有该特征，则 X 取 1，否则取 0，则有：

$$p=\frac{N_1}{N}=\overline{X}$$

现从总体中抽取 n 个单位，如果其中有相应特征的单位数是 n_1，则样本成数是：

$$P=\frac{n_1}{n}$$

P 也是一个随机变量，利用样本平均数分布性质的结论，即有：

$$E(P)=p \tag{9-7}$$

$$\sigma(P)=\frac{\sigma(X)}{\sqrt{n}}=\frac{\sqrt{P(1-P)}}{\sqrt{n}}=\sqrt{\frac{P(1-P)}{n}} \tag{9-8}$$

［**例 9-2**］ 已知一批产品的合格率为 90%，现采用重置抽样方式从中取出 400 件，求样本合格率的抽样平均误差。

$$\sigma(P)=\sqrt{\frac{P(1-P)}{n}}=\sqrt{\frac{0.9\times 0.1}{400}}\times 100\%=1.5\%$$

由于样本容量大，样本成数的平均误差就小。

（二）不重置抽样分布

1. 样本平均数分布

［**例 9-3**］ 仍以例 9-1 的资料为例，在不重置抽样条件下，所有样本平均数如表 9-1 所示。根据表 9-1 整理出的样本平均数分布如表 9-2 所示。

表 9-1　样本工时平均工资　　单位：元

样本变量	4	6	8	10	12
4	—	5	6	7	8
6	5	—	7	8	9
8	6	7	—	9	10
10	7	8	9	—	11
12	8	9	10	11	—

表 9-2　样本工时平均工资分布

样本工时平均工资 $\overline{x}$/元	频数/人	频　率
5	2	2/20
6	2	2/20
7	4	4/20
8	4	4/20
9	4	4/20
10	2	2/20

续表

样本工时平均工资 $\bar{x}$/元	频数/人	频　率
11	2	2/20
合　计	20	1

根据表 9-2 所示的分布数据，可计算样本平均工资与其标准差。

$$E(\overline{X}) = \frac{\sum \bar{x} f}{\sum f} = \frac{1}{20} \times (5\times 2 + 6\times 2 + 7\times 4 + 8\times 4 + 9\times 4 + 10\times 2 + 11\times 2)\ \text{元}$$

$$= 8\ \text{元}$$

$$\sigma^2(\overline{X}) = \frac{\sum [\bar{x} - E(\overline{X})]^2 f}{\sum f - 1} = \frac{1}{19} \times [(5-8)^2\times 2 + (6-8)^2\times 2 + (7-8)^2\times 4$$

$$+ (8-8)^2\times 4 + (9-8)^2\times 4 + (10-8)^2\times 2 + (11-8)^2\times 2]\ \text{元}^2$$

$$= 3\ \text{元}^2$$

$$\sigma(\overline{X}) = \sqrt{3}\ \text{元}$$

计算结果表明，在不重置抽样条件下，样本平均数分布的中心还是总体分布的中心；而抽样平均误差比重置抽样条件下要小。

不重置抽样下的平均误差比重置抽样下小的原因是很直观的：不重置抽样排除了“每次抽出的都是极端值”这种可能，这显然对降低抽样误差有利。数学上可以证明，在不重置抽样条件下：

$$\sigma_{\bar{x}} = \sqrt{\frac{\sigma^2(X)}{n}\left(\frac{N-n}{N-1}\right)} \tag{9-9}$$

不重置抽样与重置抽样相比，多了一个系数$\sqrt{\frac{N-n}{N-1}} \approx \sqrt{1-\frac{n}{N}}$，这个系数称为不重置抽样的修正系数。由于该系数在 0 到 1 之间，因此，不重置抽样的平均误差比重置抽样小。当 N 远大于 n 时，修正系数近似等于 1，修正与否对平均误差几乎没有影响，这时可以不考虑抽样方式的差异，都按重置抽样处理。

2. 样本成数抽样分布

由于样本成数是一个特殊的平均数，不重置抽样条件下也有如下性质：

$$E(P) = p \tag{9-10}$$

$$\sigma(P) = \sqrt{\frac{p(1-p)}{n}\left(\frac{N-n}{N-1}\right)} \tag{9-11}$$

三、大数定理与中心极限定理

（一）大数定理

大数定理又称大数法则。人们在观察个别事物时，是连同一切个别的特性来观察的。个别现象受偶然因素的影响，有各自不同的表现。但是，对总体进行大量观察后平均，就能使偶然因素的影响相互抵消，消除由偶然因素引起的极端性影响，从而使总体平均数稳定下来，反映事物变化的一般规律，这就是大数定理的意义。

大数定理：独立同分布的随机变量 $X_1, X_2, \cdots, X_n, \cdots$，设它们的平均数为 μ，方差为 σ^2，则对任意小的正数 ε，有以下关系式。

$$\lim_{n\to\infty} p\left\{\left|\frac{1}{n}\sum_{i=1}^{n} X_i - \mu\right| < \varepsilon\right\} = 1 \tag{9-12}$$

该定理说明，当 n 充分大时，独立同分布的一系列随机变量的平均数与它们共同的期望值之间的偏差，可以有很大的把握被控制在任意给定的范围之内。由于从总体中抽出的样本是独立且与总体同分布的，因此，当样本容量 n 充分大时，样本平均数与总体平均数之间的误差可以有很大的把握被控制在任意给定的要求之内，这就是人们用样本平均数估计总体平均数的理论根据。

由于成数指标是一个特殊的平均数，故大数定理对成数指标自然也成立。设 m 是 n 次试验中事件 A 发生的次数，p 是事件 A 发生的概率，则对于任意小的正数 ε，有：

$$\lim_{n\to\infty} p\left\{\left|\frac{m}{n} - p\right| < \varepsilon\right\} = 1 \tag{9-13}$$

即当 n 充分大时，事件 A 发生的频率接近（依概率收敛于）事件 A 发生的概率，反映了频率在大量重复试验过程中的稳定性。该定理称为伯努利大数定理，它提供了用频率代替概率的理论根据。

（二）中心极限定理

1. 正态分布的再生定理

相互独立的两个正态随机变量相加之和仍服从正态分布，这就是正态分布的再生性。因此，从服从正态分布的总体中抽出一个容量是 n 的样本，则样本平均数 $\overline{X}$ 也服从正态分布。如果总体的平均数是 μ，标准差是 $\sigma(X)$，则样本平均数所服从的正态分布的中心仍是 μ，标准差是抽样平均误差 $\sigma_{\bar{x}}$。

2. 中心极限定理

从正态分布的再生定理可推出样本平均数 $\overline{X}$ 服从正态分布 $N(\mu, \sigma_{\bar{x}}^2)$，前提条件是总体服从正态分布。在客观实际中，总体服从正态分布的条件不会总是成立。在非正态总体的场合，样本平均数服从什么分布，只有在了解了中心极限定理后，才能明确。

中心极限定理：随机变量 $X_1, X_2, \cdots, X_n, \cdots$ 相互独立，且服从同一分布，该分布存在有限的期望和方差，分别为 $E(X_i)=\mu, \sigma^2(X_i)=\sigma^2 (i=1,2,\cdots)$，则当 n 趋于无穷大时，算术平均数 $\overline{X} = \dfrac{\sum_{i=1}^{n} X_i}{n}$ 近似服从正态分布，即 $\overline{X} \sim N\left(\mu, \dfrac{\sigma^2}{n}\right)$。

从上述定理可以得出：无论总体服从何种分布，只要它的期望值与方差存在，我们就可以通过增大样本容量 n 的方式，保证样本平均数 $\overline{X}$ 近似服从正态分布。也就是说，大样本的平均数近似服从正态分布。

对于成数指标，我们设总体成数是 p，样本成数是 P，则当样本容量充分大时，P 近似服从$N(p, \sigma_p^2)$。

9.2 总体参数估计

一、总体参数估计概述

总体参数估计就是以样本统计量来估计总体参数。参数估计应满足以下两个要求：一是估计的精度要求，二是可靠性要求。所谓精度，就是估计误差的最大范围，即误差的最大值，可通过极限误差来反映；所谓可靠性，是指估计结果正确的概率大小。

设待估计的总体参数是 θ，用以估计该参数的统计量是 $\hat{\theta}$，抽样估计的极限误差是 Δ，即 $|\theta-\hat{\theta}|\leqslant\Delta$。极限误差是根据研究对象的变异程度和分析任务的性质来确定的允许误差范围。显然，Δ 越小，估计的精度要求越高；Δ 越大，估计的精度要求越低。极限误差的确定要以实际需要为基本标准。例如，对航天元器件的估计误差，就要求控制在极小的范围内；而对一些小商品如纽扣的合格率估计，其估计误差就可以控制在较大的范围里，因为这种误差对消费者和厂商的负面影响有限。

可靠性是抽样估计本身正确性的一个概率保证，通常被称为估计的置信度。我们知道，对于连续型随机变量，它在一个点上取值的概率为零，因此，对服从连续型分布的抽样统计量，直接用它去估计总体参数值很难说是可靠的。用统计量估计总体参数值，称为点估计。点估计完全正确的概率通常为零。因此，我们更多的是考虑用样本统计量去估计总体参数的范围，这就是区间估计。例如，通过抽样估计某班学生某课程平均成绩的范围，这时我们要考虑这个估计正确的概率大小问题。一种极端估计是平均成绩在 0 分与 100 分之间。显然这个范围估计正确的概率很大，为 100%，但无精度可言。如果提高精度，估计平均成绩在 70 分到 80 分之间，这时估计正确的概率肯定低于 100%。可见，估计中的精度要求与可靠性要求是一对矛盾。

二、点估计

（一）点估计的定义

点估计就是根据总体参数与样本统计量之间的内在联系，直接以样本统计量作为相应总体参数的估计量，也称为定值估计。

在统计中经常使用的点估计量有：

$$\begin{cases}\hat{\mu}=\overline{X}\\ \hat{p}=P\\ \hat{\sigma}^2=S^2=\dfrac{\sum(X-\overline{X})^2}{n-1}\end{cases}\tag{9-14}$$

式中：$\hat{\mu}$、$\hat{p}$、$\hat{\sigma}^2$——分别为总体平均数、总体成数与总体方差的估计量。

［**例 9-4**］ 对某企业的产品进行抽样检验，设抽出 100 件产品，其中不合格产品 5 件，试估计该企业产品的合格率。

我们可以通过样本的合格率来估计该企业产品的合格率。样本合格率 $p=\frac{95}{100}\times100\%=$

95%,则估计该企业产品的合格率是95%。

(二)点估计的评价标准

点估计的优点是直接给出了总体参数的估计值。其不足之处是不能提供估计误差的信息。样本统计量是一个随机变量,从一次抽样结果来判断一个统计量的优劣是不确切的,必须通过多次试验或从抽样分布的特点出发,才能判断得到的估计量是否是理想的估计量。

点估计的优良性包括三条标准:无偏性、有效性和一致性。

1. 无偏性

设 $\hat{\theta}=\hat{\theta}(X_1,X_2,\cdots,X_n)$ 是 θ 的一个估计量,若对任意 $\theta\in\Theta$ 都有 $E_\theta(\hat{\theta})=\theta$,则称 $\hat{\theta}$ 是 θ 的无偏估计量。

无偏性反映了估计量的取值在真值 θ 周围摆动,显然,我们希望一个量具有无偏性。

2. 有效性

设 $\hat{\theta}_1=\hat{\theta}_1(X_1,X_2,\cdots,X_n)$ 与 $\hat{\theta}_2=\hat{\theta}_2(X_1,X_2,\cdots,X_n)$ 都是 θ 的无偏估计量,若有 $D(\hat{\theta}_1)<D(\hat{\theta}_2)$,则称 $\hat{\theta}_1$ 比 $\hat{\theta}_2$ 有效。

无偏性只说明估计量的取值在真值周围摆动,但这个“周围”究竟有多大?我们自然希望摆动范围越小越好,即估计量取值的集中程度尽可能高,即为有效。

3. 一致性

设 $\hat{\theta}$ 是 θ 的估计量,若对 $\forall\theta\in\Theta$ 有 $\lim\limits_{n\to\infty}p\{|\hat{\theta}-\theta|<\varepsilon\}=1$,则称 $\hat{\theta}$ 是 θ 的一致性估计量。

无偏性和有效性是在样本容量固定的条件下提出的,即我们不仅希望一个估计量是无偏的、有效的,而且希望伴随着样本容量的增大,估计值能稳定于待估参数的真值,为此引入一致性概念。

三、区间估计

(一)区间估计的含义

点估计给出总体参数的具体估计值,但这个估计值的误差有多大?可靠性如何?这些问题点估计都不能回答。区间估计则弥补了点估计在这方面的不足。

区间估计是估计总体参数的区间范围,并给出区间估计成立的概率值。设 $\hat{\theta}_1$ 和 $\hat{\theta}_2$ 是两个统计量($\hat{\theta}_1<\hat{\theta}_2$),分别作为总体参数 θ 区间估计的下限与上限,则要求:

$$P(\hat{\theta}_1\leqslant\theta\leqslant\hat{\theta}_2)=1-\alpha \tag{9-15}$$

式中,$\alpha(0<\alpha<1)$ 是区间估计的显著性水平,其取值大小由实际问题确定,经常取1%、5%和10%;$1-\alpha$ 称为置信度。区间估计的特点:给出总体参数的一个估计区间,总体参数恰好在这个区间内的概率不要求达到1,可放低要求,减去一个小概率的显著性水平,达到 $1-\alpha$ 就行了。

由于 θ 作为总体参数是固定不变的常数,它或者在给出的区间内或者在给出的区间外,公式(9-15)的概率或者是0或者是1,不可能是 $1-\alpha$。怎么来理解这个概率?由于 $\hat{\theta}_1$ 和 $\hat{\theta}_2$ 都是统计量,$\hat{\theta}_1\leqslant\theta\leqslant\hat{\theta}_2$ 表示用区间 $(\hat{\theta}_1,\hat{\theta}_2)$ 去框 θ,虽然每次结果只能是:此区间或者框住了 θ 或者没有框住 θ,估计结论或者正确或者错误。但是如果多次重复估计的话,则平均100次估计中,只有 100α 次估计是错误的,有 $100(1-\alpha)$ 次估计是正确的。

（二）平均数的区间估计

1. 总体方差 σ^2 已知

由抽样分布定理可知，如果总体服从正态分布，则样本平均数 $\overline{X}\sim N(\mu,\sigma_{\overline{x}}^2)$；如果总体正态性不成立，但是样本容量 n 充分大时，近似地也有 $\overline{X}\sim N(\mu,\sigma_{\overline{x}}^2)$。因此：

$$z=\frac{\overline{X}-\mu}{\sigma_{\overline{x}}}\sim N(0,1)$$

这样，对于给出的显著性水平 α，通过(反)查标准正态分布表可得到临界值 $z_{\alpha/2}$，满足：

$$p(-z_{\alpha/2}\leqslant z\leqslant z_{\alpha/2})=1-\alpha$$

总体平均数在显著性水平是 α 时的区间估计为：

$$\overline{X}\pm z_{\alpha/2}\sigma_{\overline{x}} \tag{9-16}$$

反过来，如果平均数抽样的极限误差是 Δ，即 $|\overline{X}-\mu|\leqslant\Delta$，等价于一个区间估计为 $\overline{x}-\Delta\leqslant\overline{X}\leqslant\overline{x}+\Delta$，则这个区间估计的置信度是多少呢？

$$P(\overline{X}-\Delta\leqslant\mu\leqslant\overline{X}+\Delta)=P(|\overline{X}-\mu|\leqslant\Delta)=P\left(\left|\frac{\overline{X}-\mu}{\sigma_{\overline{x}}}\right|\leqslant\frac{\Delta}{\sigma_{\overline{x}}}\right)=P\left(|z|\leqslant\frac{\Delta}{\sigma_{\overline{x}}}\right)$$

通过临界值 $z_{\alpha/2}=\dfrac{\Delta}{\sigma_{\overline{x}}}$ 去查标准正态分布表，可得出上式的置信度是 $1-\alpha$。

临界值 $z_{\alpha/2}$ 与置信度 $1-\alpha$ 之间是密切相关的，通过查标准正态分布表，可互相确定。如果置信度提高，区间估计的概率增大，α 就要相应地减小，临界值 $z_{\alpha/2}$ 增大；反之，区间估计的概率减小，临界值也减小。因此，临界值 $z_{\alpha/2}$ 也称为概率度，简记为 z，用来间接衡量区间估计的概率大小。

关于极限误差、抽样平均误差、概率度三者之间的关系，有如下结论：

$$z=\frac{\Delta}{\sigma_{\overline{x}}}\quad 或\quad \Delta=\sigma_{\overline{x}}\cdot z \tag{9-17}$$

以上关系式不仅在对平均数进行区间估计时有效，在对成数指标估计时也适用。

对于给出的置信水平 $1-\alpha$，得到置信区间的公式如下：

重复抽样
$$\overline{X}\pm z_{\alpha/2}\frac{\sigma}{\sqrt{n}} \tag{9-18}$$

不重复抽样
$$\overline{X}\pm z_{\alpha/2}\frac{\sigma}{\sqrt{n}}\sqrt{\frac{N-n}{N-1}} \tag{9-19}$$

［**例 9-5**］ 某地区电视台委托调查公司估计该地区居民每日看电视的平均时间。调查公司随机抽取了 100 名居民进行调查，样本数据显示平均每人每天看电视的时间是 4 个小时。如果已知总体的标准差 σ 为 1.5 小时。试求该地区居民每天看电视的平均时间的置信区间(置信度是 95%)；如果要求估计的误差不超过 27 分钟，这时置信度是多少？

已知 $\overline{X}=4$ 小时，$n=100$，$\sigma=1.5$ 小时，$1-\alpha=95\%$，$\alpha=5\%$。查标准正态分布表，可得临界值：

$$z_{\alpha/2}=z_{0.025}=1.96$$

由于样本容量在该地区居民人数中所占的比重太小，重复抽样与不重复抽样的效果相差不大，按重复抽样计算，区间估计是：

$$\overline{X}\pm z_{\alpha/2}\frac{\sigma}{\sqrt{n}}=4\pm1.96\times\frac{1.5}{\sqrt{100}}=4\pm0.29$$

因此，以 95%置信度估计该地区居民每天看电视的平均时间在 3.71 小时到 4.29 小时之间。

要求极限误差等于 27 分钟，即 $\Delta=0.45$ 小时，这时的概率度为：

$$z=\frac{\Delta}{\sigma/\sqrt{n}}=\frac{0.45}{1.5/\sqrt{100}}=3$$

查概率表知这时的概率是 99.73%，区间估计是：

$$(\bar{x}-\Delta,\bar{x}+\Delta)=(4-0.45,4+0.45)=(3.55,4.45)$$

因此，可用 99.73%的概率保证，估计该地区居民每天看电视的平均时间在 3.55 小时到 4.45小时之间。

2. 总体方差 σ^2 未知

当总体服从正态分布但方差未知时，可用样本的标准差 S 代替总体的标准差。这时的统计量是：

$$t=\frac{\overline{X}-\mu}{S/\sqrt{n}}$$

t 服从的分布不是标准正态分布，而是自由度为 $n-1$ 的 t 分布。因此，总体均值的区间估计是：

重复抽样
$$\overline{X}\pm t_{\alpha/2,n-1}\frac{S}{\sqrt{n}} \tag{9-20}$$

不重复抽样
$$\overline{X}\pm t_{\alpha/2,n-1}\frac{S}{\sqrt{n}}\sqrt{\frac{N-n}{N-1}} \tag{9-21}$$

以上区间估计公式中，不仅总体标准差 σ 用样本标准差 S 代替，而且临界值 $t_{\alpha/2,n-1}$ 要查 t 分布表（自由度为 $n-1$）得到。但是，在大样本场合，t 分布与标准正态分布非常接近，可直接从标准正态分布表中查临界值。

［**例 9-6**］ 麦当劳餐馆在 7 星期内抽查 49 位顾客的消费额（单位：元）如下，求在概率为 90%的保证下顾客平均消费额的估计区间。

15	24	38	26	30	42	18
30	25	26	34	44	20	35
24	26	34	48	18	28	46
19	30	36	42	24	32	45
36	21	47	26	28	31	42
45	36	24	28	27	32	36
47	53	22	24	32	46	26

（1）通过 Excel 进行统计计算可得到：

$$\overline{X}=\frac{\sum X}{n}=32\text{ 元}$$

$$S=\sqrt{\frac{\sum(X-\overline{X})^2}{n-1}}=9.45\text{ 元}$$

$$\sigma_{\bar{x}}=\frac{S}{\sqrt{n}}=\frac{9.45}{\sqrt{49}}=1.35\text{ 元}$$

点估计：麦当劳餐馆顾客总体的平均消费额为 32 元。

(2) 根据给定的置信度 $F(z)=90\%$，查概率表得 $z=1.64$。

(3) 计算 $\Delta=z\sigma_{\bar{x}}=1.64\times1.35$ 元 $=2.2$ 元。据此估计：

总体平均消费额下限 $=\bar{x}-\Delta=(32-2.2)$ 元 $=29.8$ 元

总体平均消费额上限 $=\bar{x}+\Delta=(32+2.2)$ 元 $=34.2$ 元

区间估计：以 90%的概率保证，麦当劳餐馆顾客消费额在 29.8 元到 34.2 元之间。

（三）成数指标的区间估计

成数指标是一个特殊的平均数，类似于总体平均数的区间估计。总体成数的区间估计是：

$$P\pm z_{\alpha/2}\sigma_p \tag{9-22}$$

式中的成数抽样平均误差在重复抽样条件下是：

$$\sigma_p=\sqrt{\frac{P(1-P)}{n}}$$

在不重复抽样的条件下是：

$$\sigma_p=\sqrt{\frac{P(1-P)}{n}}\sqrt{\frac{N-n}{N-1}}$$

在实践中，由于总体成数常常未知，这时，成数抽样平均误差公式中的总成数用样本成数代替。

［**例 9-7**］ 某工厂要估计一批总数为 5 000 件的产品的废品率，于是随机抽出 400 件产品进行检测，发现有 32 件废品。试给出该批产品废品率的区间估计(置信度是 90%)。

$n=400$ 件，$N=5\,000$ 件，样本废品率 $P=\frac{32}{400}\times100\%=8\%$。置信度 $1-\alpha=90\%$，$\alpha=10\%$，$\alpha/2=5\%$，查标准正态分布表得 $z_{\alpha/2}=z_{0.05}=1.645$。

因此，这批产品废品率的区间估计是：

$$P\pm z_{\alpha/2}\sqrt{\frac{P(1-P)}{n}}\sqrt{\frac{N-n}{N-1}}=0.08\pm1.645\times\sqrt{\frac{0.08\times(1-0.08)}{400}}\times\sqrt{\frac{5\,000-400}{5\,000-1}}$$
$$=0.08\pm0.021$$

即这批产品的废品率在 5.9%到 10.1%之间。

四、样本容量的确定

极限误差、概率度与抽样平均误差三者之间的数量关系是 $\Delta=z\sigma_{\bar{x}}$。当抽样平均误差保持不变时，极限误差与概率度两者之间的关系：Δ 增大，z 也增大了；Δ 减小，z 也减小了。因此，抽样估计的精度与可靠性之间存在矛盾，要提高精度(Δ 减小)，需以牺牲概率度(z 减小)为代价；要提高概率度(z 增大)，又要以牺牲精度(Δ 增大)为代价。在 $\sigma_{\bar{x}}$ 不变的情况下，这对矛盾是不可调和的；但是，降低抽样平均误差后，就可以同时提高估计的精度与概率度。例如，通过增加样本容量 n 来达到降低抽样平均误差的目标。这时应该考虑样本容量 n 究竟取多大合适？这就是样本容量的确定问题。

（一）估计总体均值时样本容量的确定

(1) 总体方差已知，重复抽样。这时有：

$$\Delta = z_{\alpha/2}\frac{\sigma}{\sqrt{n}}$$

上式两边平方并进行整理后可得：

$$n = \frac{z_{\alpha/2}^2\sigma^2}{\Delta^2} \tag{9-23}$$

这就是在给定极限误差、概率度要求下，至少应抽取的样本容量。

(2) 总体方差已知，不重复抽样。这时有：

$$\Delta = z_{\alpha/2}\frac{\sigma}{\sqrt{n}}\sqrt{1-\frac{n}{N}}$$

上式两边平方并进行整理后可得：

$$n = \frac{Nz_{\alpha/2}^2\sigma^2}{N\Delta^2 + z_{\alpha/2}^2\sigma^2} \tag{9-24}$$

（二）估计成数时样本容量的确定

(1) 重复抽样：

$$n = \frac{z_{\alpha/2}^2 P(1-P)}{\Delta_P^2} \tag{9-25}$$

(2) 不重复抽样：

$$n = \frac{Nz_{\alpha/2}^2 P(1-P)}{N\Delta_P^2 + z_{\alpha/2}^2 P(1-P)} \tag{9-26}$$

（三）使用上述公式应注意的问题

第一，计算样本容量时，一般总体的方差与成数都是未知的，可用有关资料替代：①用历史资料已有的方差与成数代替；②在进行正式抽样调查前进行几次试验性调查，用试验中方差的最大值代替总体方差；③成数方差在完全缺乏资料的情况下，就用成数方差的最大值 0.25 代替。

第二，如果进行一次抽样调查，同时估计总体均值与成数，用上面的公式同时计算出两个样本容量，可取一个最大的结果同时满足两方面的需要。

第三，上面公式的计算结果如果带小数，这时样本容量不按四舍五入法取整数，取比这个数大的最小整数代替。例如，计算得到 $n=56.03$，那么样本容量取 57，而不是 56。

［**例 9-8**］ 对某型号电池进行电流检验，根据以往正常生产的经验数据，已知电流的标准差 $\sigma=0.4$ 安培，合格率 $P=90\%$。采用随机重复抽样方式，在 99.73%的概率保证下，要求抽样平均电流的误差不超过 0.08 安培，抽样合格率的误差不超过 5%。试求必要的抽样单位数。

已知 $1-\alpha=99.73\%$，$z_{\alpha/2}=3$，按抽样平均数与成数计算的样本容量分别是：

$$n_1 = \frac{z_{\alpha/2}^2\sigma^2}{\Delta_{\bar{x}}^2} = \frac{3^2\times 0.4^2}{0.08^2} = 225\text{ 个}$$

$$n_2 = \frac{z_{\alpha/2}^2 P(1-P)}{\Delta_P^2} = \frac{3^2\times 0.9\times 0.1}{0.05^2} = 324\text{ 个}$$

取以上计算结果中的较大者，即 $n=324$ 个，应抽取 324 个电池作为样本以保证抽样调查的准确性。

【本章小结】

本章主要讲述点估计与区间估计。

1. 抽样与抽样分布

抽样的基本概念有总体与样本、参数与统计量、样本容量与样本个数、重复与不重复抽样。

抽样分布的性质：

(1) $E(\overline{X})=\mu$，即样本平均数的期望(平均)等于总体的平均，这个性质与抽样方式无关。

(2) $\sigma_{\bar{x}}=\begin{cases}\dfrac{\sigma}{\sqrt{n}}, \text{重置抽样} \\ \dfrac{\sigma}{\sqrt{n}}\sqrt{1-\dfrac{n}{N}}, \text{不重置抽样}\end{cases}$

不重置抽样比重置抽样多了一个修正系数$\sqrt{1-\dfrac{n}{N}}$；当总体标准差未知时，可考虑用样本标准差代替它。

2. 参数估计

参数估计分为点估计与区间估计两种。在点估计时，要注意估计方法的优良性要求，即无偏性、有效性与一致性要求。在区间估计时，要注意给出估计的概率保证的特殊要求。区间估计的主要内容归纳起来如图 9-1 所示。

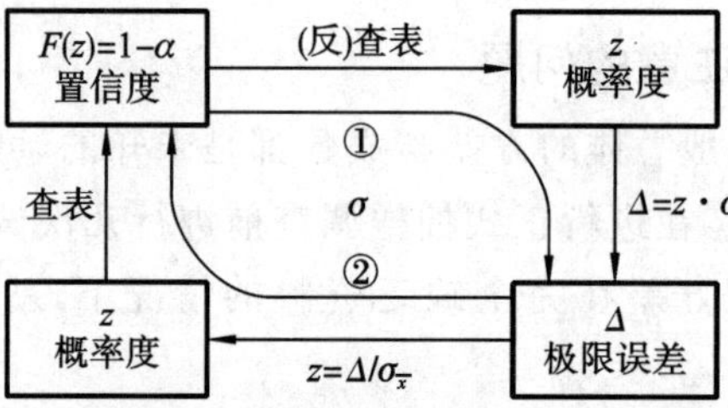

图 9-1　区间估计

图 9-1 展示了参数估计的两套模式：

(1) 根据置信度 $F(z)$ 的要求估计抽样的极限误差 Δ，并可由此求出置信区间 $\bar{x}\pm\Delta$。

(2) 根据给定的极限误差 Δ 求区间估计的概率保证。

两套模式都离不开抽样平均误差 $\sigma_{\bar{x}}$，$\sigma_{\bar{x}}$ 处在参数估计的核心位置。

【练习题】

一、单项选择题

1. 抽样估计的基本内容是(　　)。

A. 参数估计　　B. 假设检验

C. 参数估计和假设检验两方面　　D. 数据的收集

2. 估计量的标准差实质上就是(　　)。

A. 总体标准差　　B. 抽样总体的标准差

C. 抽样总体方差　　D. 样本统计量的标准差

3. 不放回抽样的误差(　　)。

A. 总是大于放回抽样的误差
B. 总是小于放回抽样的误差
C. 总是等于放回抽样的误差
D. 以上情况都可能发生

4. 在简单随机抽样中,若其他条件保持不变,样本量增加一倍,则估计量的标准差(　　)。

A. 缩小为原来的81.6%
B. 缩小为原来的50%
C. 缩小为原来的25%
D. 扩大为原来的4倍

5. 概率抽样中,样本的形成是(　　)。

A. 随机的　B. 随意的　C. 非随机的　D. 确定的

6. 抽样误差之所以产生,是由于(　　)。

A. 破坏了抽样的随机原则
B. 抽样的随机性
C. 破坏了抽样的系统
D. 调查人员的素质

7. 抽样误差指的是(　　)。

A. 系统性误差　B. 抽样框误差　C. 代表性误差　D. 随机性误差

8. 抽样误差的大小(　　)。

A. 可以事先计算,但不能控制
B. 不能事先计算,但能控制
C. 可以事先计算并进行控制
D. 能够控制,但不能消除

9. 随机抽出100个工人,占全体工人的1%,工龄不到1年的比重为10%。在概率为0.954 5时,工龄不到1年的工人的比重的估计标准差应为(　　)。

A. 0.6%　B. 6%　C. 0.9%　D. 3%

10. 根据抽样调查25个工厂(抽样比为2%)的资料,采购阶段流动资金的平均周转时间为52天,方差为100,在概率为0.954 5时,流动资金平均周转时间估计量的标准差为(　　)。

A. 0.8　B. 3.96　C. 4　D. 226

11. 假定10亿人口大国和100万人口小国的居民年龄的变异程度相同,现在各自用重复抽样方法抽取本国1%的人口计算平均年龄,则平均年龄的抽样标准差(　　)。

A. 两者相等
B. 前者比后者大
C. 前者比后者小
D. 不能确定

12. 根据抽样调查的资料,某城市人均日摄入热量$2\,500\times10^3$卡,抽样标准差为150×10^3卡,则在(　　)的置信度下可以断定该市人均日摄入热量在$2\,350\times10^3$卡至$2\,650\times10^3$卡之间。

A. 0.954 5　B. 0.682 7　C. 1　D. 0.90

13. 在抽样调查某企业工人生产定额完成情况时,从工人按姓氏笔划排列的顺序名单中进行每五人抽样。在抽中的36人中,生产定额平均完成百分比为123%,均方差为8%,试以0.954 5的概率确定该企业全体工人生产定额平均完成百分比的置信区间为(　　)。

A. 123%±4%　B. 123%±1.3%　C. 123%±2.7%　D. 123%±9%

14. 确定样本量时可以不考虑的因素是(　　)。

A. 估计精度的高低
B. 调查费用的多少
C. 预期回答率的高低
D. 样本方差的大小

15. 下列关于随机原则的说法中,不正确的是(　　)。

A. 随机原则要求各单元的抽样概率可以相等

B. 随机原则要求各单元的抽样概率不能为零

C. 随机原则要求各单元的抽样概率可以不相等

D. 随机原则要求各单元的抽样概率可以为零

二、多项选择题

1. 影响抽样误差大小的因素有(　　)。

A. 样本的差异程度　　B. 总体的差异程度

C. 样本容量　　D. 抽样方法

E. 抽样方式

2. 置信度、概率度和精确度的关系表现在(　　)。

A. 概率度增大,估计的可靠性也增大　　B. 概率度增大,估计的精确度下降

C. 概率度缩小,估计的精确度也缩小　　D. 概率度缩小,估计的置信度也缩小

E. 三者之间没有关系

3. 下面各项因素中,影响必要样本量的有(　　)。

A. 总体的变异程度　　B. 样本的变异程度

C. 估计的概率可靠程度　　D. 抽样的方式

E. 允许误差范围的大小

4. 在抽样估计中,(　　)。

A. 样本统计量的值不是唯一的　　B. 总体参数是一个随机变量

C. 可能抽取许多个样本　　D. 统计量是样本变量的函数

E. 总体参数又称为统计量

5. 调查一批机械零件的合格率。根据过去的资料,合格率曾有过99%、97%、95%三种情况,现在要求误差不超过1%,估计把握程度为95%,需要抽出(　　)个零件,如果允许误差增加到2%,估计的把握程度不变,应抽出(　　)个零件。

A. 1 825　　B. 381　　C. 457　　D. 96　　E. 402

6. 从总体中抽取样本单位的方法有(　　)。

A. 随机抽样　　B. 放回抽样

C. 不放回抽样　　D. 概率抽样

E. 非概率抽样

7. 区间估计必须具备的三个要素是(　　)。

A. 样本单位数　　B. 样本指标值

C. 总体指标值　　D. 允许的估计误差范围

E. 置信度

8. 在抽样标准差一定的条件下,(　　)。

A. 扩大允许的绝对误差范围,可以提高推断的可靠程度

B. 缩小允许的绝对误差范围,可以提高推断的可靠程度

C. 扩大允许的绝对误差范围,只能降低推断的可靠程度

D. 缩小允许的绝对误差范围,只能降低推断的可靠程度

E. 扩大或缩小允许的绝对误差范围与推断的可靠程度无关

9. 衡量估计量好坏的优良标准有(　　)。

A. 准确性　　B. 有效性　　C. 无偏性　　D. 可靠性　　E. 一致性

三、判断题

1. 抽样估计是利用样本资料对总体的数量特征进行估计的一种统计分析方法，因此不可避免地会产生误差，这种误差的大小是不能进行控制的。(　　)

2. 从全部总体单位中按照随机原则抽取部分单位组成样本，只可能组成一个样本。(　　)

3. 在总体容量充分大时，放回抽样和不放回抽样的估计误差相差无几。(　　)

4. 估计量的无偏性是指所有可能的样本统计量的平均数等于待估计的总体参数。(　　)

5. 在总体方差一定的条件下，样本单位数越多，则抽样误差越大。(　　)

6. 在抽样调查的实践中，为降低抽样误差，可以考虑缩小总体方差或扩大样本量。(　　)

7. 抽样误差即代表性误差和登记性误差，这两种误差都是不可避免的。(　　)

8. 在任何条件下，估计量的方差都与估计量的均方差相等，因此一般所讲的估计误差也就是指估计量的方差。(　　)

9. 样本可能数目就是样本中可能包含的抽样单元数目，也称样本容量。(　　)

四、简答题

1. 什么是抽样估计？抽样估计的基本特点有哪些？

2. 什么是抽样误差？影响抽样误差的主要因素有哪些？

3. 简述概率抽样及其基本类别。

4. 简述确定样本量应考虑的基本因素和基本步骤。

5. 简述抽样分布及其种类。

6. 简述样本及其代表性问题。

7. 对概率抽样方法的优缺点进行比较。

8. 试说明以下术语或概念之间的关系与区别：(1)总体、样本与个体；(2)均方误差与方差；(3)方差、标准差与平均；(4)绝对误差限、置信限(置信区间)与置信度。

五、计算题

1. 年终在某储蓄所中按定期存款帐号顺序进行每隔 5 户的系统抽样，得到表 9-3 所示资料。

表 9-3　定期存款样本

定期存款金额/万元	1 以下	1～3	3～5	5～8	8 以上
户数/户	58	150	200	62	14

要求：

(1) 试以 95.45%的概率保证程度估计定期存款的范围。

(2) 以同样的概率保证程度估计定期存款 3 万元以上的比重。

2. 对某市个体工商户的月零售额进行抽样调查，由于个体工商户之间的零售额差别很大，故按申报的资金将其划分为大、中、小三类。采取分类(层)抽样方法调查的有关数据如表 9-4 所示。

表 9-4　月零售额样本

分类(层)	总体容量 N_i/户	样本容量 n_i/户	$\ddot{x}_i$/万元	S_i^2
大	60	9	20	16.0

续表

分类(层)	总体容量 N_i/户	样本容量 n_i/户	$\ddot{x}_i$/万元	S_i^2
中	240	36	8	4.0
小	300	45	1	0.5
合　计	600	90		

试以 95.45%的概率保证程度估计个体工商户的平均零售额区间。

3. 某乡粮食播种面积 20 000 亩，现按平原和山区面积的比例抽取其中的 2%，结果如表 9-5 所示。

表 9-5　粮食播种面积样本

	全部面积/亩	样本面积/亩	样本平均亩产/千克	亩产标准差/千克
平原	14 000	280	560	80
山区	6 000	350	350	150
合　计		400	479	106

要求：以 95.45%的可靠性估计该乡平均亩产的范围。

4. 某农场播种水稻 3 000 亩，作物分布于 30 块面积大致相同的地段上，现采用不放回抽样方法抽选 5 块这样的地段，得到如表 9-6 所示结果。

表 9-6　水稻播种地段样本

地　段　号	地段平均亩产量(千克/亩)	杂交水稻面积/(%)
1	800	30
2	850	40
3	790	25
4	725	23
5	825	36

要求：

(1) 以 90%的可靠性估计该农场水稻平均亩产量。

(2) 以 90%的可靠性估计该农场推广杂交水稻面积的百分比。

5. 为某产品进行抽样检验做准备，先对 10 批产品进行试验调查，所得结果如表 9-7 所示。

表 9-7　产品试验样本

批　　号	每批被检标志的平均值/立方厘米
1	50
2	54
3	58
4	80
5	72

续表

批　　号	每批被检标志的平均值/立方厘米
6	66
7	60
8	54
9	78
10	64

如果总体由 3 000 批产品组成，每批包含同量产品。为使抽样误差不超过 3 立方厘米(置信度为 0.954 5)，试问用不放回抽样方法必须抽出多少批才能做出全面判断？

6. 设一总体由 5 个元素构成，其指标值为 3、7、8、9、13。

问：

(1) 该总体的均值 μ 和方差 σ^2 是多少？

(2) 若采用放回抽样的方法从该总体中抽取样本容量为 2 的样本，则样本均值 $\overline{x}$ 的数学期望和方差是多少？

(3) 若采用不放回抽样的方法从该总体中抽取样本容量为 2 的样本，计算所有可能样本的 $\overline{x}$ 及 S^2，计算 $E(\overline{x})$并与第二问做比较。

7. 某工厂欲制定工作定额，估计所需平均操作时间。从全厂 98 名从事该项作业的工人中随机抽选 8 人，其操作时间(单位：分钟)分别为 4.2、5.1、9.9、3.8、5.3、4.6、5.1、4.1，试以 95% 的置信度估计该项作业平均所需时间的置信区间。

第10章

假设检验

☆ **教学目的与要求**

通过本章的学习，使学生了解假设检验的一般理论，掌握正态总体参数的假设检验方法；掌握一般总体均值的假设检验方法，能够进行假设检验。

☆ **教学重点**

正态总体参数的假设检验和独立性假设检验。

☆ **教学难点**

正态总体参数假设检验方法的实际应用。

10.1 假设检验的基本原理

假设检验是数理统计学中根据一定假设条件由样本推断总体的一种方法。其具体做法：根据问题的需要对所研究的总体做某种假设，记作 H_0；选取合适的统计量，这个统计量的选取要使得在假设 H_0 成立时，其分布为已知；由实测的样本计算出统计量的值，并根据预先给定的显著性水平进行检验，做出拒绝或接受假设 H_0 的判断。常用的假设检验方法有 u 检验法、t 检验法、χ^2 检验法、F 检验法等。

一、假设检验概述

［**例 10-1**］ 在超市中出售的某种品牌方便面，按规定每袋净重少于 100 克的比例不得超过 1%。技术监督部门从某超市的货架上任意抽取 200 袋该种品牌的方便面，经检验发现有 3 袋的重量少于 100 克。试问：该超市出售的这种方便面是否符合质量标准？

在本例中，在超市中出售的这种方便面的不合格率是未知的，我们关心的是如何根据样本的不合格率 $\overline{p}=1.5\%$来判断超市出售的这种方便面的不合格率 $\overline{p}\leqslant1\%$是否成立。

［**例 10-2**］ 按照质量标准，某种导线的平均拉力强度为 1 200 千克，一批导线在出厂时抽取了 100 根进行检验，测得的平均拉力强度为 1 150 千克。试问：这批导线的平均拉力强度是否符合质量标准？

在本例中，即将出厂的这批导线的平均拉力强度是未知的，我们关心的是如何根据样本的平均拉力强度 $\overline{X}=1\ 150$ 千克来判断这批导线的平均拉力强度 $\mu=1\ 200$ 是否成立。

［**例 10-3**］ 某大型综合商场通过随机调查 200 名顾客，欲研究顾客的性别与顾客的购物金额之间是否存在一定的相关性。

在本例中，假设用随机变量 X 表示顾客的性别，用随机变量 Y 表示顾客的购物金额，两者之间可能有关系，也可能没有关系。我们关心的是如何根据 200 名顾客的性别与购物金额的样本数据来判断随机变量 X 与 Y 是否相关。

从上面 3 个例子可以看出，假设检验是先要对总体的参数、总体的分布或总体的特征做出某种假设，然后利用样本数据去检验这个假设是否成立。

由此，我们对假设以及假设检验进行定义：假设又称统计假设，是对总体参数的具体数值所做的陈述。

假设检验又称显著性检验，是先对总体参数提出某种假设，然后利用样本信息判断假设是否成立的过程。

二、原假设和备择假设

要进行假设检验，首先需要提出一个原假设和一个备择假设。

原假设又称零假设，用 H_0 表示，是指研究者想收集证据予以反对的假设。

备择假设用 H_1 表示，是指研究者想收集证据予以支持的假设，它与原假设陈述的内容相反。

上述例 10-1 至例 10-3 中的统计假设分别为：

$H_0:\bar{p}\leqslant 0.01$；$H_1:\bar{p}>0.01$。

$H_0:\mu=1\ 200$；$H_1:\mu\neq 1\ 200$。

H_0：随机变量 X 与 Y 独立；H_1：随机变量 X 与 Y 不独立。

关于总体参数的假设称为参数假设，否则，称为非参数假设。例如，例 10-1、例 10-2 中的假设是参数假设，例 10-3 中的假设是非参数假设。本书主要研究参数假设。

三、否定域和接受域

将检验统计量的所有可能值组成的样本空间分为两个区域：一个区域是在原假设 H_0 成立的情况下，如果检验统计量的值落在这个区域里，则否定原假设，我们把这个区域称为否定域或拒绝域，记为 V；另一个区域是在原假设 H_0 成立的情况下，如果检验统计量的值没有落在这个区域里，则接受原假设，我们把这个区域称为接受域，记为 $\overline{V}$。

否定域是指能够做出拒绝原假设这一结论的所有可能的样本取值范围。

图 10-1 直观地表明了检验假设 H_0 的接受域和否定域。

四、假设检验的两类错误

在进行假设检验时，可能出现以下 4 种情况：

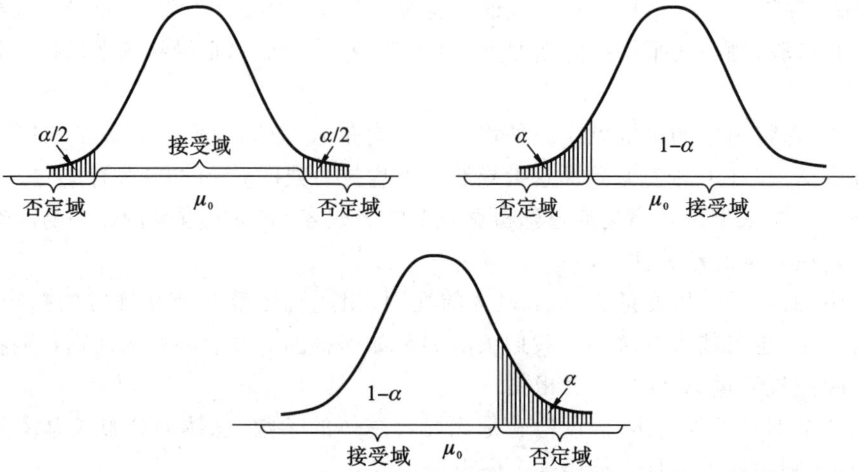

图 10-1　检验假设 H_0 的接受域和否定域

第一，当 H_0 为真时，检验统计量的值落在接受域里，这时应做出接受 H_0 的决策；

第二，当 H_0 为真时，检验统计量的值没有落在接受域而落在否定域里，这时应做出否定 H_0 的决策；

第三，当 H_0 为非真时，检验统计量的值落在接受域里，这时应做出接受 H_0 的决策；

第四，当 H_0 为非真时，检验统计量的值没有落在接受域而落在否定域里，这时应做出否定 H_0 的决策。

显然，在第一和第四种情况下，做出的决策是正确的；在第二和第三种情况下，做出的决策是错误的。

对于第二种情况，H_0 本来是真的，却根据检验统计量的值把它给否定了，在统计上称为第一类错误，也称弃真错误，发生这种错误的概率通常用 α 表示，即 $\alpha = P(V \mid H_0$ 为真$)$。

对于第三种情况，H_0 本来是非真的，却根据检验统计量的值把它给接受了，在统计上称为第二类错误，也称取伪错误，这种错误发生的概率通常用 β 表示，即 $\beta = P(\overline{V} \mid H_0$ 为非真$)$。

假设检验的四种可能结果如表 10-1 所示。

表 10-1　假设检验的四种可能结果

对假设 H_0 采取的决策	H_0 的实际状态	
	H_0 为真	H_0 为非真
接受 H_0	决策正确	犯第二类错误
否定 H_0	犯第一类错误	决策正确

因为假设检验是根据样本数据对总体参数或概率分布的假设进行统计推断，也就是说，由部分来推断整体，所以它不可能绝对准确。我们希望犯这两类错误的可能性都尽可能小，但在样本容量一定的情况下，不能同时做到 α 和 β 都很小，减少 α 会使 β 增大，减少 β 会使 α 增大。如果想使 α 和 β 同时都很小，只有增加样本容量。在实际应用中，一般先控制犯第一类错误的概率 α，给它规定一个上限，而不考虑犯第二类错误的概率 β，我们把这种假设检验称为显著性检验，把犯第一类错误的最大概率 α 称为检验的显著性水平，相应的检验称为水平 α 的显著性检验。

例如，生产者在将产品出售给消费者之前要进行质量检验，通常提出的原假设 H_0 为产品是合格品，备择假设 H_1 为产品是不合格品。生产者总是担心把合格品误判为不合格品，从而使合格品无法出厂，给企业造成损失，这时生产者犯了第一类错误，第一类错误的概率 α 就是生产者的风险；消费者总是担心把不合格品误判为合格品，把不合格品当作合格品购买，这时消费者犯了第二类错误，第二类错误的概率 β 就是消费者的风险。

五、假设检验的基本原理

进行假设检验的基本原理就是小概率原理。小概率原理是说概率很小的事件（称为"小概率事件"）在一次试验中几乎是不可能发生的。

根据小概率原理进行假设检验的方法就是概率意义下的反证法。其思想是为了检验原假设 H_0 是否正确，我们首先假定"H_0 正确"，然后看在 H_0 是正确的假定下能导出什么结果。如果导出一个与小概率原理相矛盾的结果，则说明"H_0 正确"的假定是错误的，即原假设 H_0 不正确，于是我们应做出否定原假设 H_0 的决策；如果没有导出与小概率原理相矛盾的结果，则说明"H_0 正确"的假定没有错误，即不能认为原假设 H_0 是不正确的，于是我们应做出不否定原假设 H_0 的决策。

例如，有一个厂商声称其产品的合格率高达 99%，那么从 100 件产品中随机抽取 1 件，经检验它恰好是次品的可能性就很小，因为抽中次品的概率仅为 1%，是一个小概率事件。但如果在一次抽取中就抽到了次品，那么我们就有理由怀疑该厂商的声称，认为合格率高达 99%是不真实的，就可以做出"厂商的声称是假的"的推断。当然，我们也可能推断错了，即产品的合格率确实是 99%，100 件产品中确实仅有 1 件次品，只是在这次抽取中恰好被抽到了。

事件的概率小到什么程度才算小概率事件没有一个绝对的标准，要根据具体问题而定，一般概率为 0.1、0.05 或 0.01 的事件，就可以认为是小概率事件。

六、假设检验的一般步骤

1. 根据所研究问题的要求，提出原假设 H_0 和备择假设 H_1

有三种类型的原假设和备择假设，以总体均值的假设检验为例加以说明。

(1) $H_0:\mu=\mu_0$；$H_1:\mu\neq\mu_0$。

(2) $H_0:\mu\leqslant\mu_0$；$H_1:\mu>\mu_0$。

(3) $H_0:\mu\geqslant\mu_0$；$H_1:\mu<\mu_0$。

其中，(1)是双侧假设检验；(2)是右侧假设检验；(3)是左侧假设检验。

备择假设没有特定的方向性并含有符号"≠"的假设检验，称为双侧检验或双尾检验。备择假设具有特定的方向性并含有符号"＞"或"＜"的假设检验，称为单侧检验或单尾检验。其中，备择假设的方向为"＜"的，称为左侧检验；备择假设的方向为"＞"的，称为右侧检验。具体如表 10-2 所示。

表 10-2 单侧检验与双侧检验

假　设	双侧检验	单侧检验	
		左侧检验	右侧检验
原假设	$H_0:\mu=\mu_0$	$H_0:\mu\geqslant\mu_0$	$H_0:\mu\leqslant\mu_0$
备择假设	$H_1:\mu\neq\mu_0$	$H_1:\mu<\mu_0$	$H_1:\mu>\mu_0$

因为假设检验是根据概率意义下的反证法来否定原假设，所以原假设必须包含等号。究竟采用哪一种检验要视具体问题而定，尤其是考虑选择右侧检验还是左侧检验时，更要慎重。

2. 找出检验的统计量及其分布

与参数估计一样，假设检验也要根据样本数据进行统计推断。

检验统计量是指根据样本观测结果计算得到的，并据以对原假设和备择假设做出决策的某个样本统计量。

在实际应用时，检验统计量的选择及其分布要根据检验的具体内容、抽样的方式、样本容量的大小和总体方差是否已知等多种因素来确定，常用的检验统计量有 Z 统计量、t 统计量、χ^2 统计量及 F 统计量等。

3. 规定显著性水平 α 就是选择发生第一类错误的最大允许概率

显著性水平 α 的大小取决于发生第一类错误和第二类错误产生的后果。如果 α 取得较小，那么 β 将会较大，虽然否定一个真实原假设（弃真）的风险小了，但其代价是增加了接受一个不真实原假设（取伪）的概率；反之，如果 α 取得较大，那么 β 将会较小，虽然接受一个不真实原假设（取伪）的风险小了，但其代价是增加了否定一个真实原假设（弃真）的概率。因此，要根据研究问题的需要选择一个合适的 α，通常 α 选为 0.1、0.05 或 0.01 等。

4. 确定决策规则

在选择好检验统计量和规定了显著性水平后，就可以根据 $P(V \mid H_0 \text{真}) \leqslant \alpha$ 求出否定原假设 H_0 和接受原假设 H_0 的临界值，从而也就确定了否定域 V。

5. 计算检验统计量的值，做出统计决策

如果检验统计量的值落在否定域 V 里，则否定 H_0；否则，不否定 H_0。

需要说明的是，显著性检验只对发生第一类错误的概率进行了控制，而不对发生第二类错误的概率加以限制。因此，当我们决定接受 H_0 时，并不意味着一定为真，因为我们不能确定该决策有多大的可靠性。确切的说法是：在显著性水平为 α 时，根据这次试验得到的样本数据，不足以否定 H_0。鉴于发生第二类错误的不确定性，通常在做决策时，统计学家建议我们采用“不否定 H_0 或不拒绝 H_0”的说法，而不采用“接受 H_0” 的说法。但是，要否定 H_0，只要一个反例就足够了。否定了 H_0，也就避免了第二类错误，所以根据样本数据做出否定 H_0 的决策就具有了可靠性。

10.2 一个总体的假设检验

一、总体均值的假设检验

（一）总体为正态分布且方差已知

假设 $X \sim N(\mu, \sigma^2)$，σ^2 已知，$X_1, X_2, \cdots, X_n$ 为来自总体的容量为 n 的简单随机样本，总体均值的假设检验步骤如下：

1. 提出原假设 H_0 和备择假设 H_1

主要有以下三种形式：

双侧检验　　$H_0:\mu=\mu_0$；$H_1:\mu\neq\mu_0$

右侧检验　　$H_0:\mu\leqslant\mu_0$；$H_1:\mu>\mu_0$

左侧检验　　$H_0:\mu\geqslant\mu_0$；$H_1:\mu<\mu_0$

2. 确定检验的统计量

$$Z=\frac{\overline{X}-\mu_0}{\sigma/\sqrt{n}} \tag{10-1}$$

在“假定 H_0 成立”的条件下，服从标准正态分布。

3. 规定显著性水平 α

4. 确定决策规则

双侧检验的否定域：$V_1=\{|Z|\geqslant Z_{\alpha/2}\}=\left\{\overline{X}\leqslant\mu_0-Z_{\alpha/2}\frac{\sigma}{\sqrt{n}}\text{或}\overline{X}\geqslant\mu_0+Z_{\alpha/2}\frac{\sigma}{\sqrt{n}}\right\}$

右侧检验的否定域：$V_2=\{Z\geqslant Z_\alpha\}=\left\{\overline{X}\geqslant\mu_0+Z_\alpha\frac{\sigma}{\sqrt{n}}\right\}$

左侧检验的否定域：$V_3=\{Z\leqslant -Z_\alpha\}=\left\{\overline{X}\leqslant\mu_0-Z_\alpha\frac{\sigma}{\sqrt{n}}\right\}$

其中，$Z_{\alpha/2}$ 和 Z_α 分别是标准正态分布的 α 水平的双侧和上侧分位数。

5. 计算检验统计量的值，做出统计决策

［**例 10-4**］　某种袋装食品的标准规格是每袋净重 100 克，标准差是 1.5 克。现从一批产品中随机抽取 100 袋检测，平均净重 99.5 克。假设袋装食品的净重服从正态分布，在显著性水平 $\alpha=0.05$ 的情况下，试问：这批袋装食品的净重是否符合规格标准？

设 X 表示袋装食品的净重，则根据题意有 $X\sim N(\mu,1.5^2)$，样本容量 $n=100$ 袋，样本均值 $\overline{X}=99.5$ 克，提出的假设是：

$$H_0:\mu=100;H_1:\mu\neq100$$

这是一个双侧检验问题。因为方差已知，检验的统计量为：

$$Z=\frac{\overline{X}-\mu_0}{\sigma/\sqrt{n}}$$

规定的显著性水平为 $\alpha=0.05$，查表得临界值 $Z_{0.05/2}=1.96$，原假设 H_0 的否定域为：

$$V_1=\{|Z|\geqslant Z_{\alpha/2}\}=\{|Z|\geqslant1.96\}$$

计算检验统计量 Z 的值：

$$Z=\frac{\overline{X}-\mu_0}{\sigma/\sqrt{n}}=\frac{99.5-100}{1.5/\sqrt{100}}=-3.33$$

因为 $|-3.33|=3.33>1.96$，落在否定域 V_1 里，所以否定 H_0，接受 H_1，表明这批袋装食品的净重不符合规格标准。

［**例 10-5**］　某种型号电缆的平均拉力强度应不低于 1 200 千克，标准差为 230 千克。一批产品在出厂时随机抽取 100 个样本，经检测平均拉力强度为 1 150 千克。假设电缆的拉力强度服从正态分布，在显著性水平 $\alpha=0.01$ 的情况下，试问：这批电缆的平均拉力强度是否低于1 200 千克？

设 X 表示电缆的拉力强度，则根据题意有 $X \sim N(\mu, 230^2)$，样本容量 $n=100$ 个，样本均值 $\overline{X}=1\ 150$ 千克，提出的假设是：

$$H_0:\mu \geqslant 1\ 200;H_1:\mu < 1\ 200$$

这是一个左侧检验问题。因为方差已知，检验的统计量为：

$$Z=\frac{\overline{X}-\mu_0}{\sigma/\sqrt{n}}$$

规定的显著性水平为 $\alpha=0.01$，查表得临界值 $Z_{0.01}=2.33$，原假设 H_0 的否定域为：

$$V_3=\{Z \leqslant -Z_\alpha\}=\{Z \leqslant -2.33\}$$

计算检验统计量 Z 的值：

$$Z=\frac{\overline{X}-\mu_0}{\sigma/\sqrt{n}}=\frac{1\ 150-1\ 200}{230/\sqrt{100}}=-2.17$$

因为 $Z=-2.17>-Z_{0.01}=-2.33$，没有落在否定域 V_3 里，所以不否定 H_0，表明在 $\alpha=0.01$的情况下，样本数据尚不能认为这批电缆的平均拉力强度显著地低于 1 200 千克。

（二）总体为正态分布且方差未知

如果方差 σ^2 未知，则用样本方差 S^2 作为 σ^2 的估计量，用 S 代替公式 10-1 中的 σ，这时检验的统计量为：

$$t=\frac{\overline{X}-\mu_0}{S/\sqrt{n}} \tag{10-2}$$

在"假定 H_0 成立"的条件下，由概率论知识可知，在小样本情形下，它服从自由度为 $n-1$ 的 t 分布。

检验的否定域为：

$$V_1=\{|t| \geqslant t_{\alpha/2,n-1}\}=\left\{\overline{X} \leqslant \mu_0-t_{\alpha/2,n-1}\frac{S}{\sqrt{n}} \text{ 或 } \overline{X} \geqslant \mu_0+t_{\alpha/2,n-1}\frac{S}{\sqrt{n}}\right\}$$

$$V_2=\{t \geqslant t_{\alpha,n-1}\}=\left\{\overline{X} \geqslant \mu_0+t_{\alpha,n-1}\frac{S}{\sqrt{n}}\right\}$$

$$V_3=\{t \leqslant -t_{\alpha,n-1}\}=\left\{\overline{X} \leqslant \mu_0-t_{\alpha,n-1}\frac{S}{\sqrt{n}}\right\}$$

其中，$t_{\alpha/2,n-1}$ 和 $t_{\alpha,n-1}$ 分别是自由度为 $n-1$ 的 t 分布的 α 水平的双侧和上侧分位数。

[例 10-6] 某汽车轮胎厂声称，该厂生产的轮胎在正常行驶条件下平均使用寿命大于 40 000公里。现从一批准备出厂的产品中随机抽取 25 条轮胎，经检测平均使用寿命为 41 000 公里，标准差为 5 000 公里。假设轮胎使用寿命服从正态分布，在显著性水平 $\alpha=0.05$ 的情况下，试问：这批准备出厂的轮胎是否符合厂商所说的质量标准？

设 X 表示轮胎的使用寿命，则根据题意有 $X \sim N(\mu, \sigma^2)$，样本容量 $n=25$ 条，样本均值 $\overline{X}=41\ 000$ 公里，样本标准差 $S=5\ 000$，提出的假设是：

$$H_0:\mu \leqslant 40\ 000;H_1:\mu > 40\ 000$$

这是一个右侧检验问题。因为方差未知，检验的统计量为：

$$t=\frac{\overline{X}-\mu_0}{S/\sqrt{n}}$$

规定的显著性水平为 $\alpha=0.05$，查表得临界值 $t_{\alpha,n-1}=t_{0.05,24}=1.71$，原假设 H_0 的否定域为：

$$V_2 = \{t \geqslant t_{\alpha,n-1}\} = \{t \geqslant 1.71\}$$

计算检验统计量 t 的值：

$$t = \frac{\overline{X} - \mu_0}{S/\sqrt{n}} = \frac{41\,000 - 40\,000}{5\,000/\sqrt{25}} = 1$$

因为 $t=1<t_{0.05,24}=1.71$，没有落在否定域 V_2 里，所以不否定 H_0，表明在 $\alpha=0.05$ 的情况下，样本数据尚不能认为这批汽车轮胎的平均使用寿命大于 40 000 公里。

（三）总体为非正态分布且大样本

当总体分布为非正态分布且大样本时，检验的统计量为：

$$Z = \frac{\overline{X} - \mu_0}{\sigma/\sqrt{n}} \tag{10-3}$$

在“假定 H_0 成立”的条件下，由概率论知识可知，只要样本容量充分大(一般习惯上要求 $n \geqslant 30$)，它近似服从标准正态分布。

检验的否定域为：

$$V_1 = \{|Z| \geqslant Z_{\alpha/2}\} = \left\{\overline{X} \leqslant \mu_0 - Z_{\alpha/2}\frac{\sigma}{\sqrt{n}} \text{或} \overline{X} \geqslant \mu_0 + Z_{\alpha/2}\frac{\sigma}{\sqrt{n}}\right\}$$

$$V_2 = \{Z \geqslant Z_\alpha\} = \left\{\overline{X} \geqslant \mu_0 + Z_\alpha\frac{\sigma}{\sqrt{n}}\right\}$$

$$V_3 = \{Z \leqslant -Z_\alpha\} = \left\{\overline{X} \leqslant \mu_0 - Z_\alpha\frac{\sigma}{\sqrt{n}}\right\}$$

其中，$Z_{\alpha/2}$ 和 Z_α 分别是标准正态分布的 α 水平的双侧和上侧分位数。

如果标准差 σ 未知，只需用样本标准差 S 作为它的估计量代替公式 10-3 中的 σ 即可，这时检验统计量为：

$$Z = \frac{\overline{X} - \mu_0}{S/\sqrt{n}} \tag{10-4}$$

[例 10-7] 有一家餐馆准备转让，该餐馆的经理声称，每天的平均营业额至少为 850 元。现有一购买者，查看了过去 150 天的账目发现，每天的平均营业额仅为 800 元，标准差为 275 元。在显著性水平 $\alpha=0.05$ 下，试问：这家餐馆的经理是否高估了每天的平均营业额？

设 X 表示餐馆每天的营业额，样本容量 $n=150$ 天，样本均值 $\overline{X}=800$ 元，样本标准差 $S=275$ 元，提出的假设是：

$$H_0: \mu \geqslant 850;\ H_1: \mu < 850$$

这是一个左侧检验问题。因为总体分布未知，大样本且方差未知，所以检验的统计量为：

$$Z = \frac{\overline{X} - \mu_0}{S/\sqrt{n}}$$

规定的显著性水平为 $\alpha=0.05$，查表得临界值 $Z_\alpha=Z_{0.05}=1.645$，原假设 H_0 的否定域为：

$$V_3 = \{Z \leqslant -Z_\alpha\} = \{Z \leqslant -1.645\}$$

计算检验统计量 Z 的值：

$$Z = \frac{\overline{X} - \mu_0}{S/\sqrt{n}} = \frac{800 - 850}{275/\sqrt{150}} = -2.227$$

因为 $Z=-2.227<-Z_{0.05}=-1.645$，落在否定域 V_3 里，所以否定 H_0，说明在 $\alpha=0.05$ 的

情况下，该餐馆经理高估了每天的平均营业额。

二、总体比例的假设检验

假设 p 为总体比例，$\bar{p}$ 为样本比例，p 的假设检验步骤如下。

(1) 提出原假设 H_0 和备择假设 H_1。

双侧检验　　$H_0: p = p_0; H_1: p \neq p_0$

右侧检验　　$H_0: p \leqslant p_0; H_1: p > p_0$

左侧检验　　$H_0: p \geqslant p_0; H_1: p < p_0$

(2) 确定检验统计量。

$$Z = \frac{\bar{p} - p_0}{\sqrt{p_0(1-p_0)/n}} \tag{10-5}$$

在"假定 H_0 成立"的条件下，由概率论知识可知，在大样本条件下，它近似服从标准正态分布。在实际应用中，除了要求大样本($n \geqslant 30$)以外，还要求有限总体 $np_0 \geqslant 5$ 和 $n(1-p_0) \geqslant 5$，这时的近似效果较好。

(3) 规定显著性水平 α。

(4) 确定决策规则。

检验的否定域为：

$$V_1 = \{|Z| \geqslant Z_{\alpha/2}\} = \left\{\bar{p} \leqslant p_0 - Z_{\alpha/2}\sqrt{\frac{p_0(1-p_0)}{n}} \quad 或 \quad \bar{p} \geqslant p_0 + Z_{\alpha/2}\sqrt{\frac{p_0(1-p_0)}{n}}\right\}$$

$$V_2 = \{Z \geqslant Z_\alpha\} = \left\{\bar{p} \geqslant p_0 + Z_\alpha\sqrt{\frac{p_0(1-p_0)}{n}}\right\}$$

$$V_3 = \{Z \leqslant Z_\alpha\} = \left\{\bar{p} \leqslant p_0 - Z_\alpha\sqrt{\frac{p_0(1-p_0)}{n}}\right\}$$

其中，$Z_{\alpha/2}$ 和 Z_α 分别是标准正态分布的 α 水平的双侧和上侧分位数。

(5) 计算检验统计量的值，做出统计决策。

[例 10-8] 根据统计资料估计，某贫困地区 12 岁以下的儿童中，营养不良的儿童所占比例不超过 20%，然而有一家儿童福利机构认为比这个比例更高。现随机抽取 100 名 12 岁以下的儿童，发现有 30 人营养不良，在显著性水平 $\alpha = 0.05$ 的情况下，试问：这家儿童福利机构是否推翻了原来的估计？

设 p 表示营养不良儿童所占比例，样本容量 $n = 100$ 名，样本比例 $\bar{p} = \frac{30}{100} = 0.30$，提出的假设是：

$$H_0: p \leqslant 0.20; H_1: p > 0.20$$

这是一个右侧检验问题。检验的统计量为：

$$Z = \frac{\bar{p} - p_0}{\sqrt{p_0(1-p_0)/n}}$$

规定的显著性水平为 $\alpha = 0.05$，查表得临界值 $Z_\alpha = Z_{0.05} = 1.645$，原假设 H_0 的否定域为：

$$V_2 = \{Z \geqslant Z_\alpha\} = \{Z \geqslant 1.645\}$$

计算检验统计量 Z 的值：

$$Z=\frac{\bar{p}-p_0}{\sqrt{p_0(1-p_0)/n}}=\frac{0.30-0.20}{\sqrt{\frac{0.20(1-0.20)}{100}}}=2.5$$

因为 $Z=2.5>Z_{0.05}=1.645$，落在否定域 V_2 里，所以否定 H_0，说明在 $\alpha=0.05$ 的情况下，该贫困地区 12 岁以下的儿童中，营养不良的儿童所占比例超过了 20%。

［**例 10-9**］ 某高校为改革激励机制准备实施一项奖励方案，校领导认为至少有 60%的教师会赞成这项方案，但教代会认为赞成的比例不会这样高。现随机抽取 400 名教师征求意见，其中有 220 名教师表示赞成这项方案，在显著性水平 $\alpha=0.05$ 的情况下，试问：校领导是否高估了赞成该激励方案的教师的比例？

设 p 表示赞成学校提出的奖励方案的教师比例，样本容量 $n=400$ 名，样本比例 $\bar{p}=\frac{220}{400}=0.55$，提出的假设是：

$$H_0: p\geqslant 0.60; H_1: p<0.60$$

这是一个左侧检验问题。检验的统计量为：

$$Z=\frac{\bar{p}-p_0}{\sqrt{p_0(1-p_0)/n}}$$

规定的显著性水平为 $\alpha=0.05$，查表得临界值 $Z_\alpha=Z_{0.05}=1.645$，原假设的否定域为：

$$V_3=\{Z\leqslant -Z_\alpha\}=\{Z\leqslant -1.645\}$$

计算检验统计量 Z 的值：

$$Z=\frac{\bar{p}-p_0}{\sqrt{p_0(1-p_0)/n}}=\frac{0.55-0.60}{\sqrt{\frac{0.60(1-0.60)}{400}}}=-2.04$$

因为 $Z=-2.04<-Z_{0.05}=-1.645$，落在否定域 V_3 里，所以否定 H_0，说明在 $\alpha=0.05$ 的情况下，该校领导过高地估计了赞成激励方案教师的比例。

三、总体方差的假设检验

假设 $X\sim N(\mu,\sigma^2)$，均值未知，$X_1,X_2,\cdots,X_n$ 为来自总体的容量为 n 的简单随机样本，总体方差的假设检验步骤如下。

(1) 提出原假设 H_0 和备择假设 H_1。

双侧检验 $H_0:\sigma^2=\sigma_0^2; H_1:\sigma^2\neq\sigma_0^2$

右侧检验 $H_0:\sigma^2\leqslant\sigma_0^2; H_1:\sigma^2>\sigma_0^2$

左侧检验 $H_0:\sigma^2\geqslant\sigma_0^2; H_1:\sigma^2<\sigma_0^2$

(2) 确定检验的统计量。

$$\chi^2=\frac{(n-1)S^2}{\sigma_0^2} \tag{10-6}$$

在“假定 H_0 成立”的条件下，由概率论知识可知，它服从自由度为 $n-1$ 的 χ^2 分布。

(3) 规定显著性水平 α。

(4) 确定决策规则。

双侧检验的否定域 $V_1=\{\chi^2\leqslant\chi^2_{1-\frac{\alpha}{2},n-1}$ 或 $\chi^2\geqslant\chi^2_{\frac{\alpha}{2},n-1}\}$

其中，$\chi^2 \geqslant \chi^2_{\frac{\alpha}{2},n-1}$和$\chi^2 \leqslant \chi^2_{1-\frac{\alpha}{2},n-1}$分别是自由度为$n-1$的$\chi^2$分布的$\frac{\alpha}{2}$和$1-\frac{\alpha}{2}$水平的上侧分位数。

右侧检验的否定域　　$V_2 = \{\chi^2 \geqslant \chi^2_{\alpha,n-1}\}$

其中，$\chi^2_{\alpha,n-1}$是自由度为$n-1$的χ^2分布α水平的上侧分位数。

左侧检验的否定域　　$V_3 = \{\chi^2 \leqslant \chi^2_{1-\alpha,n-1}\}$

其中，$\chi^2_{1-\alpha,n-1}$是自由度为$n-1$的χ^2分布$1-\alpha$水平的上侧分位数。

(5) 计算检验统计量的值，做出统计决策。

［**例 10-10**］　在正常生产条件下，某种零部件的长度服从正态分布，标准差不得超过 0.13 厘米。现从一批准备出厂的零部件中随机抽取 20 件，测得标准差为 0.16 厘米。试问：在$\alpha=0.05$的显著性水平下，能否得出这批零部件不合格的结论？

设X表示零部件的长度，则根据题意得X服从正态分布，样本容量$n=20$件，样本标准差$S=0.16$厘米，提出的假设是：

$$H_0:\sigma^2 \leqslant 0.13^2;H_1:\sigma^2 > 0.13^2$$

这是一个右侧检验问题。检验的统计量为：

$$\chi^2 = \frac{(n-1)S^2}{\sigma_0^2}$$

规定的显著性水平为$\alpha=0.05$，查表得临界值$\chi^2_{\alpha,n-1}=\chi^2_{0.05,19}=30.144$，原假设$H_0$的否定域为：

$$V_2 = \{\chi^2 \geqslant \chi^2_{\alpha,n-1}\} = \{\chi^2 \geqslant 30.144\}$$

计算检验统计量χ^2的值：

$$\chi^2 = \frac{(n-1)S^2}{\sigma_0^2} = \frac{(20-1)\times 0.16^2}{0.13^2} = 28.78$$

因为$\chi^2=28.78<\chi^2_{0.05,19}=30.144$，没有落在否定域$V_2$里，所以不否定$H_0$，说明在$\alpha=0.05$的情况下，样本数据尚不能得出这批零部件不合格的结论。

【本章小结】

1. 假设检验是统计推断中的一类重要问题

其思想是通过统计量来描述数据的特点，并以此为根据，结合所需的置信度，通过常用的分布来推断假设条件是否应该被接受，从而帮助做出决策，可以分为参数检验和非参数检验。参数检验，一般是在数据的分布已知的情况下，对数据分布的参数是否落在相应范围内进行检验。非参数检验，则一般是在不知道数据分布的前提下，检验数据的分布情况。

2. 正态总体均值的假设检验(t检验)

检验一组数据样本的均值是否等于、大于或小于某个值，或者检验两组数据样本的均值的大小情况。其中的统计量Z一般服从t分布。

3. 正态总体方差的假设检验

检验一组数据样本的方差是否等于、大于或小于某个值，或者检验两组数据样本的方差的大小情况。其中，单样本检验的统计量x^2一般服从χ^2分布，双样本检测的统计量F一般服从F分布。

【练习题】

一、填空题

1. 在假设检验中，把符合 H_0 的总体判为不符合 H_0 加以拒绝，这类错误称为________错误；把不符合 H_0 的总体当作符合 H_0 而接受，这类错误称为________错误。显著性水平 α 是用来控制犯________错误的概率。

2. μ 检验和 t 检验是关于________的假设检验。当________已知时，用 μ 检验；当________未知时，用 t 检验。

3. 某产品的次品率不高于5%时认为合格，为了检验该产品是否合格（显著性水平为 α），原假设 H_0 为________，犯第一类错误的概率为________。

4. 设 $X_1, X_2, \cdots, X_n$ 是来自总体 $N(\mu, \delta^2)$ 的样本，δ^2 为已知常数，要检验 $H_0: \mu = \mu_0$（μ_0 为已知常数）应用________统计量。当 H_0 成立时，该统计量服从________分布。

5. 设 $\overline{X} = \frac{1}{n}\sum_{i=1}^{n} X_i$ 为来自 $N(\mu, \delta^2)$ 的样本均值，μ 未知，欲检验 $H_0: \delta^2 = \delta_0$（δ_0 已知），检验的统计量为________，服从________分布。

6. 设 α 是检验水平，β 是置信水平，若 λ 是统计量 T 的临界值，则 $\alpha = p$________，$\beta = p$________；若 λ_1 和 λ_2 是统计量 χ^2 的临界值，$\lambda_1 < \lambda_2$，则 $p(\chi^2 > \lambda_2) =$________，$p(\chi^2 < \lambda_1) =$________。

7. 两个正态总体方差的假设检验 $H_0: \delta^2 = \delta_0$（μ_1、μ_2 未知），检验统计量为________，拒绝域为________。

8. 某纺织厂生产维尼纶，在稳定生产的情况下，纤度服从正态分布 $N(\mu, 0.048^2)$。现从总体中抽测15根，要检验这批维尼纶纤度的方差有无显著性变化，用________检验法，选用的统计量为________。

9. 设 $X_1, X_2, \cdots, X_n$ 为来自总体 $X \sim N(\mu, 9)$ 的样本，其中 μ 未知。为检验 $H_0: \mu = \mu_0$，取拒绝域为 $\{\overline{x} \mid \overline{x} - \mu_0 \mid \geqslant c\}$，若显著性水平 $\alpha = 0.05$，则常数 $c =$________。

二、单项选择题

1. 在假设检验中，显著性水平 α 的意义是（　　）。

A. H_0 为真，但经检验拒绝 H_0 的概率　　B. H_0 为真，经检验接受 H_0 的概率

C. H_0 不成立，经检验拒绝 H_0 的概率　　D. H_0 不成立，但经检验接受 H_0 的概率

2. 在假设检验中，记 H_0 为原假设，则（　　）称为第二类错误。

A. H_0 为真，接受 H_0　　B. H_0 不真，拒绝 H_0

C. H_0 不真，接受 H_0　　D. H_0 为真，拒绝 H_0

3. 要假设检验中，用 α 和 β 分别表示犯第一类错误和第二类错误的概率，则当样本容量一定时，下列说法正确的是（　　）。

A. α 减少，β 也减少

B. α 增大，β 也增大

C. α 与 β 不能同时减少，其中一个减少，另一个往往会增大

D. A 和 B 同时成立

4. 从 $X \sim N(\mu, \delta^2)$ 中抽取容量为10的样本，给定显著性水平 $\alpha = 0.05$，检验 $H_0: \mu = \mu_0$ 的

正确方法和结论是(　　)。

A. 用 U 统计量，临界值为 $\mu_{0.975}=1.96$　　B. 用 U 统计量，临界值为 $\mu_{0.975}=1.65$

C. 用 U 统计量，临界值为 $\mu_{0.975}(9)=2.262$　　D. 用 U 统计量，临界值为 $\mu_{0.975}(9)=1.83$

5. 设 $\overline{X}$ 和 S^2 是来自正态分布 $N(\mu,\delta^2)$ 的样本均值和样本方差，样本容量为 n，$|\overline{x}-\mu_0|>t_{0.05}(n-1)\dfrac{S}{\sqrt{n}}$ 为(　　)。

A. $H_0:\mu=\mu_0$ 的拒绝域　　B. $H_0:\mu=\mu_0$ 的接受域

C. μ 的一个置信区间　　D. δ^2 的一个置信区间

三、计算题

1. 设样本 $X_1,X_2,\cdots,X_{25}$ 来自总体 $N(\mu,9)$，其中 μ 为未知参数。对于检验 $H_0:\mu=\mu_0$ 取拒绝域 $|\overline{x}-\mu_0|\geqslant c$。

要求：(1) 求 c，使检验的显著性水平 $\alpha=0.05$；

(2) 若 $\alpha=0.05$，求 $\mu=\mu_0+0.6$ 时犯第二类错误的概率 β。

2. $X_1,X_2,\cdots,X_n$ 是来自总体 $X\sim N(\mu,\delta^2)$ 的样本，δ_0 已知，而 μ 为未知参数。考虑检验 $H_0:\mu=\mu_0$，要求找出统计量 $\overline{X}$ 的显著性水平 α 的接受域与区间估计时 μ 的置信度 $1-\alpha$ 的置信区间两者的关系。

3. 设某次考试的考生成绩 $X\sim N(\mu,\delta^2)$，从中随机抽取 36 位考生的成绩，得平均成绩为 66.5 分，标准差为 15 分，问：在显著性水平 $\alpha=0.05$ 的情况下，是否可以认为这次考试全体考生的平均成绩为 70 分？

4. 某厂生产钢丝，生产一向稳定。现从该厂产品中随机抽出 10 段检验其抗断力，经测算：$\overline{x}=287.5$，$\sum_{i=1}^{10}(x_i-\overline{x})^2=160.5$。假设钢丝的抗断力服从正态分布。问：是否可相信该厂生产的钢丝的抗断力的方差为 16($\alpha=0.1$)？

5. 甲、乙两台机床加工同一种零件，分别从甲、乙机床加工的零件中随机抽测 8 个和 7 个样本，测量其长度，结果为 $\overline{x}=19.925$，$S_1^2=0.2164$，$\overline{y}=20$，$S_2^2=0.397$。假设两机床所加工零件的长度都服从正态分布。问：是否可以认为两台机床所加工零件的长度无显著性差异($\alpha=0.05$)？(提示：先做 F 检验，然后做 t 检验)

第11章 相关与回归分析

☆ **教学目的与要求**

通过本章的学习，使学生了解相关关系的种类及相关分析和回归分析的关系，掌握变量之间相关系数的计算和简单线性回归参数的估计和检验，了解非线性相关分析和回归分析。

☆ **教学重点**

相关系数的计算和简单线性回归参数的估计和检验。

☆ **教学难点**

线性回归的基本假设；相关系数的计算与检验；置信区间的估计。

11.1 相关分析概述

一、相关关系的概念及分类

（一）相关关系的概念

无论是在自然界还是在社会经济领域，一种现象与另一种现象之间往往存在着依存关系，当用变量来反映这些现象的特征时，便表现为变量之间的依存关系。例如，某种商品的销售额(y)与销售量(x)之间的关系，商品销售额(y)与广告费支出(x)之间的关系以及粮食亩产量(y)与施肥量(x_1)、降雨量(x_2)、温度(x_3)之间的关系等。统计学的主要研究对象是随机变量，在存在多个变量时，至少有一个变量是随机变量，因此，我们对变量之间关系的分析是指分析随机变量之间的关系或随机变量与确定变量之间的关系。

变量之间的依存关系可以分为两种：函数关系和相关关系。

函数关系是指变量之间保持的严格的、确定的关系。例如，圆的面积(S)与半径之间的关系可表示为 $S=\pi R^2$，当圆的半径 R 的值取定后，其圆的面积也随之确定。

相关关系，是指变量之间保持着不确定的依存关系，即变量之间的关系不能用函数关系精确表达，一个变量的取值不能由另一个变量唯一确定，当变量 x 取某个值时，变量 y 的取值可能有几个或无穷多个。例如，人的身高与体重这两个变量，一般而言是相互依存的，但它们并不表现为确定的函数关系，因为制约这两个变量的还有其他因素，如遗传因素、营养状况和运动水平等，以至于同一身高的人可以有不同的体重，同一体重的人又表现出不同的身高。变量之间的这种不严格的依存关系就构成了相关与回归分析的对象。

（二）相关关系的分类

1. 按相关的程度可分为完全相关、不完全相关和不相关

当一个变量的变化完全由另一个变量所决定时，称变量之间的这种关系为完全相关关系，这种严格的依存关系实际上就是函数关系。当两个变量的变化相互独立、互不影响时，称这两个变量不相关（与下面的不线性相关或线性无关不同）。实际上，这里的不相关就是（概率中的）独立，即变量之间没有任何关系。当变量之间存在不严格的依存关系时，称为不完全相关。不完全相关关系是现实中相关关系的主要表现形式，也是相关分析的主要研究对象。

2. 按相关的方向可分为正相关和负相关

当一个变量随着另一个变量的增加（或减少）而增加（或减少），即两者同向变化时，称为正相关。例如，家庭收入与家庭支出之间的关系，一般随着家庭收入的增加，家庭支出也会增加。当一个变量随着另一个变量的增加（或减少）而减少（或增加），即两者反向变化时，称为负相关。例如，产品产量与单位成本之间的关系，单位成本会随着产量的增加而减少。

3. 按相关的形式可分为线性相关和非线性相关

变量之间的依存关系大致呈现为线性形式，即当一个变量变动一个单位时，另一个变量也按一个大致固定的增（减）量变动，就称为线性相关。变量之间的关系不按固定比例变化，就称之为非线性相关。

上述相关关系可以用图 11-1 来示意。

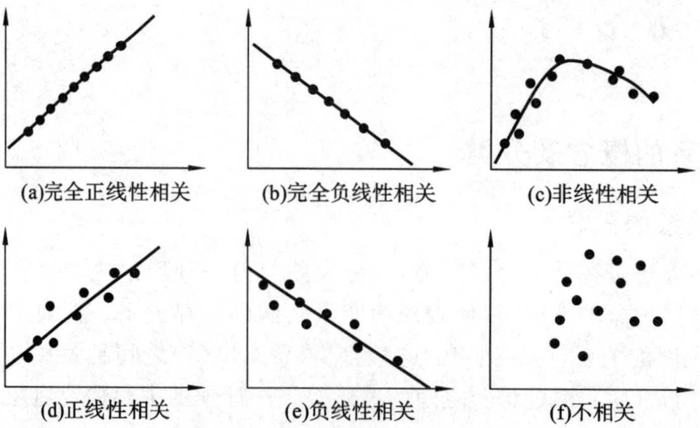

图 11-1　相关关系分类示意图

4. 按研究变量的多少可分为单相关、偏相关和复相关

两个变量之间的相关，称为单相关。一个变量与两个或两个以上其他变量之间的相关，称为复相关。在复相关的研究中，假定其他变量不变，专门研究其中两个变量之间的相关关系，称为偏相关。

变量之间的相关关系需要用相关分析方法来识别和判断。相关分析就是借助于图形和若干分析指标(如相关系数)对变量之间的依存关系的密切程度进行测定的过程。

二、相关关系的测定

(一) 散点图

识别变量之间相关关系最简单的方法是图形法。所谓图形法,就是将所研究变量的观察值以散点的形式绘制在相应的坐标系中,通过它们呈现出的特征来判断变量之间是否存在相关关系,以及相关的形式、方向和程度等。

[**例 11-1**]　在研究我国人均消费水平的问题时,把全国人均消费金额记为 y,把人均国内生产总值(人均 GDP)记为 x。摘录样本数据 $(x_i, y_i)(i=1,2,\cdots,9)$,如表 11-1 所示。问:我国人均消费金额与人均国内生产总值之间存在什么样的相关关系?

表 11-1　我国人均国内生产总值与人均消费金额数据

单位:元

年份编号	人均国内生产总值	人均消费金额
1	4 854	2 236
2	5 576	2 641
3	6 054	2 834
4	6 308	2 972
5	6 551	3 138
6	7 086	3 397
7	7 651	3 609
8	8 214	3 818
9	9 101	4 089

根据表 11-1,画出 $(x_i, y_i)(i=1,2,\cdots,9)$ 的散点图,如图 11-2 所示。

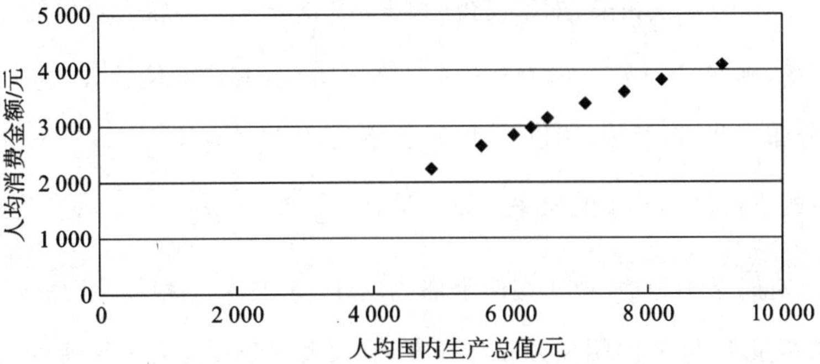

图 11-2　人均消费金额与人均国内生产总值的散点图

从图 11-2 中可以看出,例 11-1 的样本数据 (x_i, y_i) 大致落在一条直线附近,这说明变量 x 与 y 之间具有明显的线性相关关系。另外,所绘制的散点图呈现从左至右的上升趋势,它表明 x

与 y 之间存在着一定的正相关关系，即随着人均 GDP 的上升，人均消费金额也会增加。

图形法虽然有助于识别变量之间的相关关系，但它无法对这种关系进行精确的计量。因此在初步判定变量之间存在相关关系的基础上，通常还要计算相关关系的度量指标。我们可以从两个变量之间的线性相关关系入手研究。两个变量之间线性相关关系的度量指标有很多，应用最广泛的是相关系数。

（二）相关系数

相关系数是度量两个变量（现象）之间线性关系强度的数量指标。

1. 直线相关系数

为了直观了解相关系数的设计思想，我们考虑二元离散总体比较简单的一种情形。设二元离散总体 (X,Y) 只有 N 对可能的取值 $(x_i,y_i)(i=1,2,\cdots,N)$，且 $P(X=x_i,Y=y_i)=1/N$，由此可以计算出随机变量 X 和 Y 的均值分别为 $E(X)=\mu_X$ 和 $E(Y)=\mu_Y$，方差分别为 $\mathrm{Var}(X)=\sigma_X^2$ 和 $\mathrm{Var}(Y)=\sigma_Y^2$。通过点 (μ_X,μ_Y) 画两条平行于 X 轴和 Y 轴的直线，将散点图分成四个部分，如图 11-3 所示。

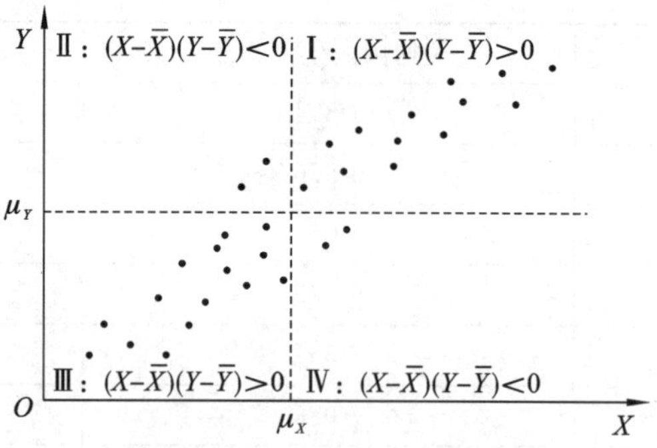

图 11-3 (μ_X,μ_Y) 分割散点图

分布在Ⅰ、Ⅲ部分的点满足 $(x_i-\mu_X)(y_i-\mu_Y)>0$，分布在Ⅱ、Ⅳ部分的点满足 $(x_i-\mu_X)(y_i-\mu_Y)<0$，如果使得 $(x_i-\mu_X)(y_i-\mu_Y)$ 为较大正值的点 (x_i,y_i) 占总体分布的大部分概率，则有 $\sum_{i=1}^{N}(x_i-\mu_X)(y_i-\mu_Y)/N>0$，且取值较大，这时全部可能的取值点中，大多数都分布在Ⅰ、Ⅲ部分，所以 X 和 Y 正相关；如果使得 $(x_i-\mu_X)(y_i-\mu_Y)$ 为较大负值的点 (x_i,y_i) 占总体分布的大部分概率，则有 $\sum_{i=1}^{N}(x_i-\mu_X)(y_i-\mu_Y)/N<0$，且其绝对值较大，这时全部可能的取值点中，大多数都分布在Ⅱ、Ⅳ部分，所以 X 和 Y 负相关；如果使得 $(x_i-\mu_X)(y_i-\mu_Y)$ 为较大正值的点和较大负值的点占总体分布的概率大致相等，则 $\sum_{i=1}^{N}(x_i-\mu_X)(y_i-\mu_Y)/N$ 很小或近似为 0，这时点不规则地（有时是均匀地）散布在四个部分，所以 X 与 Y 不相关。因此，$\sum_{i=1}^{N}(x_i-\mu_X)(y_i-\mu_Y)/N$ 可用来衡量 X 与 Y 的相关方向与程度，值大表示变量之间关系密切，值小表示变量之间关系不密切。但 $\sum_{i=1}^{N}(x_i-\mu_X)(y_i-\mu_Y)/N$ 的值与 X、Y 的计量单位及 X、Y 自身的变异程度都有关。为了使不同总体的相关系数可以互相对比，将 $\sum_{i=1}^{N}(x_i-\mu_X)(y_i-\mu_Y)$ 除以 X 与 Y 的标

准差 σ_X 和 σ_Y，以消除变量值大小和离差值大小不等的影响。这样得到：

$$\rho=\frac{\sum_{i=1}^{N}(x_i-\mu_X)(y_i-\mu_Y)/N}{\sigma_X\cdot\sigma_Y}$$

在上述二元总体分布的假定下，$\sum_{i=1}^{N}(x_i-\mu_X)(y_i-\mu_Y)/N$ 正是 X 和 Y 的协方差 $\mathrm{Cov}(X,Y)$。

2. 相关系数与 Pearson 相关系数

受到上述设计思想的启发，将总体转化为一般二维随机变量(包括离散型和连续型)。设二维随机变量 (X,Y) 有二元分布，它可以视为总体，如果变量 X 和 Y 的方差 $\mathrm{Var}(X)$ 和 $\mathrm{Var}(Y)$ 都大于 0，则：

$$\mathrm{Corr}(X,Y)=\frac{\mathrm{Cov}(X,Y)}{\sqrt{\mathrm{Var}(X)\mathrm{Var}(Y)}} \tag{11-1}$$

式(11-1)的结论称为变量 X 和 Y 的相关系数或总体相关系数，经常简记为 ρ 或 ρ_{XY}，其中 $\mathrm{Cov}(X,Y)=E\{[X-E(X)][Y-E(Y)]\}$ 为变量 X 和 Y 的协方差。可以证明：(1) $|\rho|\leqslant 1$；(2) $|\rho|=1$ 的充分必要条件是存在常数 α 和 $\beta(\beta\neq 0)$ 使得 $Y=\alpha+\beta X$ 以概率 1 成立。

上述性质说明：

第一，相关系数 ρ 的取值范围是从 -1 到 1；$|\rho|$ 的大小揭示了变量 X 和 Y 之间线性相关关系的强弱，变量之间的线性相关程度随着 $|\rho|$ 的减小而减弱；$\rho=\pm 1$ 时，变量 X 和 Y 之间具有完全线性关系 $Y=\alpha+\beta X$，反之亦成立；$\rho=0$ 说明变量 X 和 Y 之间没有线性相关关系，称为非线性相关或线性无关。

第二，ρ 的符号说明变量之间线性相关关系的方向。ρ 大于 0，X 和 Y 正线性相关；ρ 小于 0，X 和 Y 负线性相关。

第三，相关系数是说明线性联系程度的，相关系数很小的变量之间可能存在非线性联系，如图 11-1(c)中变量之间相关系数的绝对值是很小的。

第四，变量 X 和 Y 不线性相关与 X 和 Y 独立是两个不同的概念。如果 X 和 Y 独立，则必有 X 和 Y 不线性相关；但若 X 和 Y 不线性相关，却不一定有 X 和 Y 独立，它们之间可能存在着非线性相关关系。然而，若 (X,Y) 服从二元正态分布，则 X 和 Y 不线性相关与 X 和 Y 独立是等价的。

如果二维随机变量 (X,Y) 的概率分布完全知道，则变量 X 和 Y 的相关系数 ρ 可以由式(11-1)计算出来。这只是理想的情况，在实际中，我们往往不知道要研究变量 (X,Y) 的概率分布，有时至多知道它们的分布类型，如仅知道服从二元正态分布，但分布中的参数却不清楚，这时无法利用式(11-1)计算出相关系数 ρ。此时要得到变量 X 和 Y 的相关系数 ρ，可以从总体 (X,Y) 中随机抽取容量为 n 的样本 $(X_1,Y_1),\cdots,(X_n,Y_n)$，它们独立、同分布，与总体 (X,Y) 的分布相同。如何由该样本估计总体变量 X 和 Y 的相关系数 ρ 呢？变量 X 和 Y 之间的相关系数 ρ 可以由样本通过下述公式进行估计：

$$R=\frac{\sum_{i=1}^{n}(X_i-\overline{X})(Y_i-\overline{Y})}{\sqrt{\sum_{i=1}^{n}(X_i-\overline{X})^2\sum_{i=1}^{n}(Y_i-\overline{Y})^2}} \tag{11-2}$$

式(11-2)中的统计量 R 是随机变量(注:相关系数 ρ 只是一个常数,不是随机变量),它是 ρ 的一致估计量(相合估计量)和渐进无偏估计量,称为样本相关系数。由于式(11-2)中的统计量 R 是由英国统计学家皮尔逊(Pearson)提出的,所以也常称之为 Pearson 相关系数。式(11-2)可以转化为以下形式:

$$R=\frac{n\sum_{i=1}^{n}X_iY_i-\sum_{i=1}^{n}X_i\sum_{i=1}^{n}Y_i}{\sqrt{n\sum_{i=1}^{n}X_i^2-(\sum_{i=1}^{n}X_i)^2}\sqrt{n\sum_{i=1}^{n}Y_i^2-(\sum_{i=1}^{n}Y_i)^2}} \tag{11-3}$$

式(11-3)在计算时较为简单,经常用于实际计算。把样本 $(X_1,Y_1),\cdots,(X_n,Y_n)$ 的观测值 $(x_1,y_1),\cdots,(x_n,y_n)$ 代入式(11-3)即得相关系数 ρ 的估计值:

$$r=\frac{n\sum_{i=1}^{n}x_iy_i-\sum_{i=1}^{n}x_i\sum_{i=1}^{n}y_i}{\sqrt{n\sum_{i=1}^{n}x_i^2-(\sum_{i=1}^{n}x_i)^2}\sqrt{n\sum_{i=1}^{n}y_i^2-(\sum_{i=1}^{n}y_i)^2}} \tag{11-4}$$

样本相关系数是根据样本观察值计算的,随着取样的不同,相关系数的值也会有所变化。

[**例 11-2**] 根据例 11-1 的资料,计算人均消费金额与人均国内生产总值的直线相关系数。

先计算出式(11-4)中所需要的有关数据(见表 11-2),再代入公式计算。

表 11-2 相关系数的计算

年份编号	人均国内生产总值/元	人均消费金额/元	x^2	y^2	xy
	x	y			
1	4 854	2 236	23 561 316	4 999 696	10 853 544
2	5 576	2 641	31 091 776	6 974 881	14 726 216
3	6 054	2 834	36 650 916	8 031 556	17 157 036
4	6 308	2 972	39 790 864	8 832 784	18 747 376
5	6 551	3 138	42 915 601	9 847 044	20 557 038
6	7 086	3 397	50 211 396	11 539 609	24 071 142
7	7 651	3 609	58 537 801	13 024 881	27 612 459
8	8 214	3 818	67 469 796	14 577 124	31 361 052
9	9 101	4 089	82 828 201	16 719 921	37 213 989
合计	61 395	28 734	433 057 667	94 547 496	202 299 852

$$r=\frac{n\sum xy-\sum x\sum y}{\sqrt{n\sum x^2-\left(\sum x\right)^2}\sqrt{n\sum y^2-\left(\sum y\right)^2}}$$

$$=\frac{9\times 202\ 299\ 852-61\ 395\times 28\ 734}{\sqrt{9\times 433\ 057\ 667-61\ 395^2}\times\sqrt{9\times 94\ 547\ 496-28\ 734^2}}=0.993\ 8$$

即人均国内生产总值和人均消费金额之间的线性相关系数为 0.993 8,为正相关并且高度相关。

3. 相关系数的检验

例 11-2 计算出的 Pearson 相关系数 $r=0.993\ 8$,相对于 0 来说已经相当大了,是否说明人均消费金额与人均国内生产总值之间线性相关呢？仅仅看这个数值是不能确定两者之间的线性相关关系的。不要忘了这个数值仅仅是基于9个样本点计算出来的，它会受到抽样误差的影响。为了说明抽样误差对 Pearson 相关系数的影响，考虑图11-4所给出的二元总体（图中给出了总体的全部取值），实际上这两个变量之间没有线性相关关系，总体相关系数 $\rho=0$。假如现在从总体中抽取了一个随机样本，在图中用圆圈标出，这个样本显示所考虑的两个变量之间有很强的线性关系，根据这个样本观测值计算的 Pearson 相关系数为 $r=0.98$。在这种情况下，样本相关系数的值很大，但是两个总体变量却是独立的。因此，总体的相关系数需要经过正式的假设检验才能得出比较科学的结论。在实际应用中，一般都根据样本数据计算 Pearson 相关系数，然后再对总体相关系数进行检验。

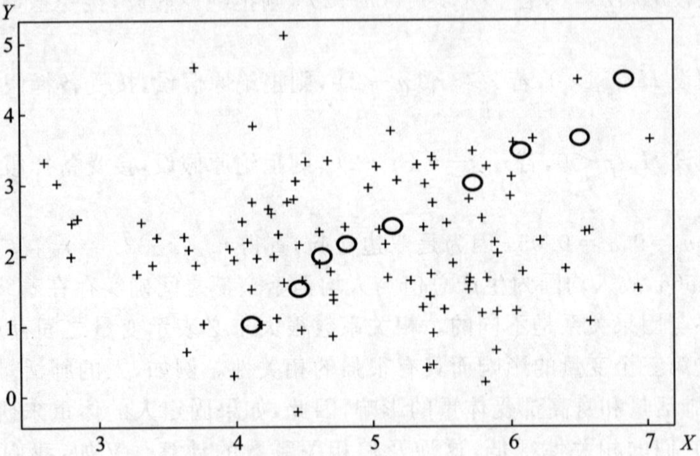

图 11-4　从二元总体中抽取的一个随机样本

假定总体变量 (X,Y) 服从二元正态分布 $N(\mu_X,\mu_Y,\sigma_X,\sigma_Y,\rho)$，$(X_1,Y_1),\cdots,(X_n,Y_n)$ 是来自该总体的一个随机样本。要检验的假设为 $H_0:\rho=0$；$H_1:\rho\neq 0$（备择假设或者为 $H_1:\rho>0$，$H_1:\rho<0$），则检验统计量为：

$$t=\frac{R\sqrt{n-2}}{\sqrt{1-R^2}} \tag{11-5}$$

这里，R 为式(11-2)或式(11-3)中的统计量。可以证明，在原假设成立的条件下，式(11-5)中的统计量 t 服从自由度为 $n-2$ 的 t 分布。

计算检验的 t 统计量 $t=r\sqrt{n-2}/\sqrt{1-r^2}$，然后根据给定的显著性水平 α 和自由度 $n-2$，查 t 分布表中的相应临界值 $t_{\alpha/2}$。若 $|t|\geqslant t_{\alpha/2}$，就拒绝原假设，接受备择假设，认为总体相关系数 ρ 显著不为零，总体变量之间确实存在线性相关关系；反之，则不能拒绝原假设。或者计算 p 值 $P_{H_0}(|T|\geqslant t)$，如果 p 值小于显著性水平 α，则拒绝原假设。若备择假设为 $H_1:\rho>0$，则当 $t\geqslant t_\alpha$ 时，拒绝原假设，接受备择假设，否则不能拒绝原假设；若备择假设为 $H_1:\rho<0$，则当 $t\leqslant -t_\alpha$ 时，拒绝原假设，接受备择假设，否则不能拒绝原假设。

［**例 11-3**］　根据例11-2的结果，检验在 $\alpha=0.05$ 的显著性水平下，人均消费金额与人均国内生产总值是否具有线性相关关系。

若取显著性水平 $\alpha=0.05$，查表得到临界值 $t_{\alpha/2}(9-2)=2.3646$。

检验统计量的值 $t=\frac{0.9938\times\sqrt{9-2}}{\sqrt{1-0.9938^2}}=23.65$。

由于 $|t|>t_{\alpha/2}$，所以否定原假设，接受备择假设，表明总体相关系数不为零，即人均国内生产总值与人均消费金额之间确实存在着线性相关关系。

由式(11-2)或式(11-3)可知，统计量 R 是随机变量，它有自己的分布，但是 R 的分布与总体 (X,Y) 的二元分布有关。另外，由式(11-5)可知，R 是 t 的函数，因此可以从 t 分布的分布密度推导出统计量 R 的分布密度和分布函数，这里不再给出 R 的分布密度表达式。总体相关系数检验更简单的方法是，先计算 Pearson 样本相关系数 r，然后再查相关系数临界值表，查表时要根据备择假设的情况和 $n-2$ 与 α 查出相应的临界值。

(1) 对备择假设 $H_1:\rho\neq 0$，若 $|r|\geqslant r_{\alpha/2}(n-2)$，则拒绝原假设，接受备择假设，否则不能拒绝原假设；

(2) 对备择假设 $H_1:\rho>0$，若 $r\geqslant r_{\alpha}(n-2)$，则拒绝原假设，接受备择假设，否则不能拒绝原假设；

(3) 对备择假设 $H_1:\rho<0$，若 $r\leqslant -r_{\alpha}(n-2)$，则拒绝原假设，接受备择假设，否则不能拒绝原假设。

对于例 11-3，$n=9$，$\alpha=0.05$，因为是双边检验，查得 $r_{\alpha/2}(n-2)=r_{0.025}(7)=0.666$，由于 $|r|=0.9938>0.666$，故人均国内生产总值与人均消费金额之间确实存在着线性相关关系。

线性相关关系与因果关系是不同的。相关系数很大未必表示变量之间存在因果关系，也可能两个变量同时受第三个变量的影响而具有很强的相关性。例如，人的肺活量与人的身高会呈现高度相关，其实肺活量和身高都受体重的影响，因此，如果固定人的体重来研究肺活量与身高的关系，则会发现它们的相关性很低，这涉及偏相关系数的计算。又如，我们计算 2015—2018 年某地猪肉销售量与感冒片销售量的相关系数，所得计算结果可能很大，但这并不能说明猪肉销售量与感冒片销售量之间有线性相关关系，因为它们都受这个时期人口增长因素的影响，把两个从逻辑上不存在联系的变量放在一起做相关分析没有意义，在统计上称之为“虚假相关”。

综上所述，相关分析的目的在于测度变量之间的关系强度。它使用的测度工具就是相关系数。而回归分析则侧重于考察变量之间的数量伴随关系，并通过一定的数学表达式将这种关系描述出来，进而确定一个或几个变量(自变量)的变化对另一个特定变量(因变量)的影响程度。因此，下节将介绍回归分析，重点在于一元线性回归分析。

11.2 一元线性回归分析

一元线性回归是描述两个变量之间相互联系的最简单的回归模型。一元线性回归虽然简单，但通过一元线性回归模型的建立过程，我们可以了解回归分析方法的基本统计思想以及它在经济问题研究中的应用原理。

一、一元线性回归

在许多问题的研究中，经常需要研究某一现象与影响它的某一最主要因素之间的关系。例如，在消费问题的研究中，影响消费的因素很多，但我们可以只研究国内生产总值与消费额之间的关系，因为它是影响消费的最主要的因素。通常我们对所研究的问题首先要收集与它有关的 n 组样本数据（x_i, y_i）（$i=1,2,\cdots,n$）。为了直观地发现样本数据的规律，我们把（x_i, y_i）看成是平面直角坐标系中的点，画出这 n 个样本点的散点图。图 11-2 就是我国人均国内生产总值与人均消费金额的散点图，随后计算出相关系数为 0.993 8，检验结果表明人均消费金额 Y 与人均国内生产总值 x 之间有着密切的相关关系。为进一步探讨变量 Y 与 x 之间的统计规律性，我们用下面的数学模型来描述：

$$Y = \beta_0 + \beta_1 x + \varepsilon \tag{11-6}$$

式(11-6)将问题中的变量 Y 与 x 之间的关系用两个部分来描述：一部分是由于 x 的变化引起的 Y 线性变化的部分，即 $\beta_0+\beta_1 x$；另一部分是由其他一切随机因素引起的 Y 变化的部分，记为 ε。式(11-6)表明变量 x 与 Y 之间密切相关，但密切程度还没有到由 x 唯一确定 Y 的这种特殊关系。式(11-6)称为变量 Y 对 x 的一元线性回归总体模型，一般我们称 Y 为被解释变量或因变量；x 为解释变量或自变量。式(11-6)中，β_0 和 β_1 是未知参数，称它们为回归系数；ε 表示其他随机因素的影响。在式(11-6)中，一般假定 ε 是不可观测的随机误差，它是一个随机变量，通常假定 ε 服从期望为零、方差为 σ^2 的正态分布。在这个假定下，进一步有 $Y \mid x \sim N(\beta_0+\beta_1 x, \sigma^2)$，它表示在 x 给定时随机变量 Y 也服从正态分布，且 $E(Y \mid x) = \beta_0 + \beta_1 x$，$\mathrm{Var}\,(Y) = \sigma^2$。

式(11-6)从平均意义上表达了变量 Y 与 x 的统计规律性。这一点在应用上非常重要，因为我们经常关心的正是平均值，如例 11-2 在人均消费金额 Y 与人均国内生产总值 x 的研究中，我们所关心的正是当人均国内生产总值达到某个水平时，人均消费金额能达到多少。由式(11-6)可知，只要估计出回归系数 β_0 和 β_1 就可以算出当 x 已知时 $E(Y) = \beta_0 + \beta_1 x$ 的值。通常：

$$E(Y \mid x) = \beta_0 + \beta_1 x \tag{11-7}$$

式(11-7)称为一元线性回归方程，在图形上它表示为一条截距为 β_0、斜率为 β_1 的直线，这条直线称为一元线性回归直线。如果 $x=0$，则 β_0 是 $x=0$ 时 Y 概率分布的均值；β_1 表示 x 每变动一个单位时 Y 概率分布的均值的变化，即当 x 每增加一个单位时，Y 平均变化 β_1 个单位。回归分析的主要任务之一就是通过 n 个样本观察值(x_i, y_i)，($i=1,2,\cdots,n$)，对 β_0、β_1 和 σ^2 进行估计。一般用 $\hat{\beta}_0$、$\hat{\beta}_1$ 和 $\hat{\sigma}^2$ 分别表示 β_0、β_1 和 σ^2 的估计值。

$$\hat{Y} = \hat{\beta}_0 + \hat{\beta}_1 x \tag{11-8}$$

式(11-8)称为 Y 关于 x 的一元线性经验回归方程。

二、参数 β_0 和 β_1 的最小二乘估计

为了根据样本数据得到回归参数 β_0 和 β_1 的估计值，我们将使用普通最小二乘估计(ordinary least squares estimation，OLSE)。最小二乘法的基本思想就是希望线性回归直线与所有样本数据点都比较靠近，即希望观察值 y_i 与其期望值 $E(Y_i \mid x = x_i) = \beta_0 + \beta_1 x_i$ 的差 $y_i - E(Y_i \mid x = x_i) = y_i - (\beta_0 + \beta_1 x_i)$ 越小越好(图 11-5 是这种思想的直观表现)。为防止差值正负抵消，于是考虑这 n 个差值的平方和达到最小。

$$Q(\beta_0, \beta_1) = \sum_{i=1}^{n} (y_i - \beta_0 - \beta_1 x_i)^2 \tag{11-9}$$

也就是使式(11-9)的值达到最小。所谓最小二乘法，就是求 $\hat{\beta}_0$ 和 $\hat{\beta}_1$，使得：

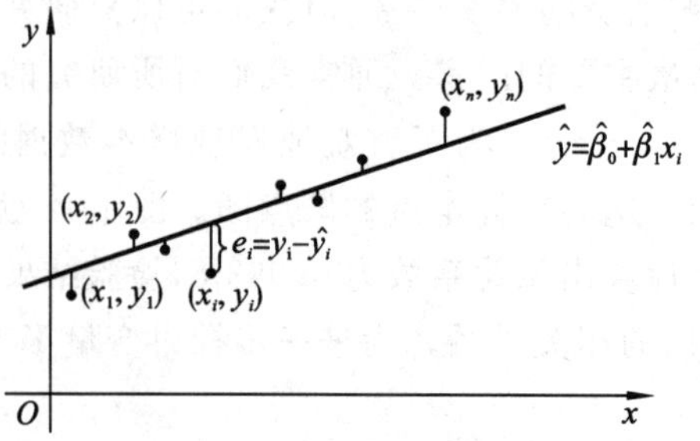

图 11-5　一元线性回归示意图

$$\sum_{i=1}^{n}[y_i-(\hat{\beta}_0+\hat{\beta}_1x_i)]^2=\min Q(\beta_0,\beta_1)=\min\sum_{i=1}^{n}[y_i-(\beta_0+\beta_1x_i)]^2 \tag{11-10}$$

求式(11-10)中的 $\hat{\beta}_0$ 和 $\hat{\beta}_1$ 是一个求极值点的问题，这只需求式(11-9)关于 β_0 和 β_1 的二元函数 $Q(\beta_0,\beta_1)=\sum_{i=1}^{n}(y_i-\beta_0-\beta_1x_i)^2$ 的极小值点。由于 Q 是关于 β_0 和 β_1 的非负二次函数，因而它的最小值总是存在的。根据微积分中求极值的原理，让 $Q(\beta_0,\beta_1)$ 分别对 β_0 和 β_1 求偏导，且令这两个偏导等于 0，得：

$$\begin{cases}\dfrac{\partial Q}{\partial\beta_0}=-2\sum_{i=1}^{n}[y_i-(\beta_0+\beta_1x_i)]=0\\[2ex]\dfrac{\partial Q}{\partial\beta_1}=-2\sum_{i=1}^{n}[y_i-(\beta_0+\beta_1x_i)]x_i=0\end{cases}$$

经整理后，得正规方程组：

$$\begin{cases}n\beta_0+\left(\sum x_i\right)\beta_1=\sum y_i\\\left(\sum x_i\right)\beta_0+\left(\sum x_i^2\right)\beta_1=\sum x_iy_i\end{cases}$$

求解正规方程组，得：

$$\hat{\beta}_1=\frac{n\sum x_iy_i-\sum x_i\sum y_i}{n\sum x_i^2-\left(\sum x_i\right)^2}=\frac{\sum(x_i-\bar{x})(y_i-\bar{y})}{\sum(x_i-\bar{x})^2}$$

$$\hat{\beta}_0=\frac{\sum y_i}{n}-\hat{\beta}_1\frac{\sum x_i}{n}=\bar{y}-\hat{\beta}_1\bar{x} \tag{11-11}$$

式(11-11)中的 $\hat{\beta}_0$ 和 $\hat{\beta}_1$ 称为 β_0 和 β_1 的普通最小二乘估计，简称 β_0 和 β_1 的 OLSE。可以证明，β_0 和 β_1 的最小二乘估计 $\hat{\beta}_0$ 和 $\hat{\beta}_1$ 满足无偏性，即 $E(\hat{\beta}_0)=\beta_0$，$E(\hat{\beta}_1)=\beta_1$ 。记 e_i 为实际观察值 y_i 与其估计值 $\hat{y}_i=\hat{\beta}_0+\hat{\beta}_1x_i$ 的偏差，称为残差，即 $e_i=y_i-\hat{y}_i$，$\sum_{i=1}^{n}e_i^2$ 称作残差平方和。

把式(11-11)中关于 $\hat{\beta}_1$ 的表达式与式(11-4)进行比较，易得：

$$\frac{\sqrt{n\sum x_i^2-\left(\sum x_i\right)^2}}{\sqrt{n\sum y_i^2-\left(\sum y_i\right)^2}}\hat{\beta}_1=r \text{ 或 } \frac{\sqrt{n\sum y_i^2-\left(\sum y_i\right)^2}}{\sqrt{n\sum x_i^2-\left(\sum x_i\right)^2}}r=\hat{\beta}_1$$

回归系数的最小二乘估计 $\hat{\beta}_1$ 和总体相关系数的估计 Pearson 相关系数 r 具有上述关系式，从而可知 $\hat{\beta}_1$ 和 r 同号，这和我们的直觉是一致的。事实上，可以证明总体相关系数 ρ 和线性回归

直线的斜率 β_1 具有关系 $\frac{\sigma_Y}{\sigma_X}r=\beta_1$，这里就不再推导了。

最后，我们给出误差项的方差 σ^2 的无偏估计 $\hat{\sigma}^2=\frac{\sum(y_i-\hat{y}_i)^2}{n-2}=\frac{\sum e_i^2}{n-2}$，其平方根 $\hat{\sigma}$ 也称为估计标准误差，有时也记作 S_{yx}，展开可得 $S_{yx}=\hat{\sigma}=\sqrt{\frac{\sum y^2-\hat{\beta}_0\sum y-\hat{\beta}_1\sum xy}{n-2}}$，在有些情况下计算时用它比较简单。

［例 11-4］ 根据例 11-1 的资料，建立人均消费金额与人均国内生产总值的回归方程。

将已经计算好的有关数据代入式(11-11)，得：

$$\hat{\beta}_1=\frac{n\sum x_iy_i-\sum x_i\sum y_i}{n\sum x_i^2-\left(\sum x_i\right)^2}=\frac{9\times 202\ 299\ 852-61\ 395\times 28\ 734}{9\times 433\ 057\ 667-61\ 395^2}=0.441\ 4$$

$$\hat{\beta}_0=\frac{\sum y_i}{n}-\hat{\beta}_1\frac{\sum x_i}{n}=\frac{28\ 734}{9}-0.441\ 4\times\frac{61\ 395}{9}=181.583\ 0$$

所以，回归方程为 $\hat{y}=181.583\ 0+0.441\ 4x$。

三、对一元回归方程的评价

获得经验回归方程 $\hat{y}=\hat{\beta}_0+\hat{\beta}_1x$ 后，我们不能用它去进行分析和预测，因为 $\hat{y}=\hat{\beta}_0+\hat{\beta}_1x$ 是否真正描述了 y 与 x 之间的统计规律，还必须通过统计检验。一元线性回归模型的评价分为拟合优度检验和方程的显著性检验，它利用统计学中的抽样理论来检验回归方程的可靠性。

（一）一元线性回归模型拟合优度的评价

拟合优度是指样本观测值聚集在样本回归线周围的紧密程度。判断回归模型拟合程度的最常用的指标是可决系数 R^2，可决系数又称判定系数，它是建立在对总偏差平方和进行分解的基础上的。

把 y 的 n 个观察值之间的差异用观察值 y_i 与其平均值 $\bar{y}$ 的偏差平方和来表示，该偏差平方和称为总离差平方和 SST(total deviation sum of squares)：

$$\text{SST}=\sum_{i=1}^{n}(y_i-\bar{y})^2 \tag{11-12}$$

将 SST 分解如下：

$$\begin{aligned}\text{SST}&=\sum_{i=1}^{n}(y_i-\bar{y})^2=\sum_{i=1}^{n}(y_i-\hat{y}_i+\hat{y}_i-\bar{y})^2\\&=\sum_{i=1}^{n}(y_i-\hat{y}_i)^2+2\sum_{i=1}^{n}(y_i-\hat{y}_i)(\hat{y}_i-\bar{y})+\sum_{i=1}^{n}(\hat{y}_i-\bar{y})^2\end{aligned}$$

其中，$\sum_{i=1}^{n}(y_i-\hat{y}_i)(\hat{y}_i-\bar{y})=0$，这样就有：

$$\sum_{i=1}^{n}(y_i-\bar{y})^2=\sum_{i=1}^{n}(y_i-\hat{y}_i)^2+\sum_{i=1}^{n}(\hat{y}_i-\bar{y})^2 \tag{11-13}$$

式中，$\sum_{i=1}^{n}(\hat{y}_i-\bar{y})^2$ 称为回归平方和 SSR(regression sum of squares)，$\sum_{i=1}^{n}(y_i-\hat{y}_i)^2$ 称为残

差平方和 SSE(residual sum of squares)。

这样，式(11-13)即为总偏差＝回归偏差＋剩余偏差，简记为 SST＝SSR＋SSE，若两边同时除以 SST，得：

$$\frac{SSR}{SST}+\frac{SSE}{SST}=1 \tag{11-14}$$

显然，在总的离差平方和中回归平方和所占的比重越大，则回归效果越好，说明回归直线与样本观察值拟合得好；如果残差平方和所占的比重大，则回归直线与样本观察值拟合得不理想。把回归平方和与总离差平方和之比定义为可决系数，即：

$$R^2=\frac{SSR}{SST}=\frac{\sum(\hat{y}_i-\bar{y})^2}{\sum(y_i-\bar{y})^2} \tag{11-15}$$

可决系数是对回归模型拟合程度的综合度量，可决系数越大，回归模型的拟合程度越高。R^2 表示全部偏差中有百分之多少的偏差可由 x 与 y 的回归关系来解释。可决系数 R^2 具有非负性，取值范围在 0 到 1 之间，它是样本的函数，是一个统计量。等价地，$1-R^2=\frac{SSE}{SST}$ 也可以作为反映回归直线与样本观察值拟合好坏的一项指标，不同于可决系数的是，其值小，说明回归方程的偏离度小，即回归方程的代表性好。

（二）一元线性回归方程的显著性检验

对线性回归模型的显著性检验包括两个方面的内容：一是对整个回归方程的显著性检验（F 检验），另一个是对各回归系数的显著性检验（t 检验）。就一元线性回归模型而言，上述两个检验是等价的。

1. 整个回归方程的显著性检验

(1) 提出假设。

$$H_0:\beta_i=0;H_1:\beta_i \text{ 不全为 } 0$$

(2) 这里的 F 检验其实就是方差分析的内容，如表 11-3 所示。

表 11-3　一元线性回归方程的方差分析

方差来源	平方和	自由度	均方	F 值
回归	SSR	1	$MSR=\frac{SSR}{1}$	$F=\frac{MSR}{MSE}$　(11-16)
误差	SSE	$n-2$	$MSE=\frac{SSE}{n-2}$	
总计	SST	$n-1$		

(3) 给定显著性水平 α，确定临界值 $F_\alpha(1,n-2)$。

(4) 若 $F\geqslant F_\alpha(1,n-2)$，则拒绝 H_0，说明总体回归系数 $\beta_1\neq 0$，即回归方程是显著的。

2. 回归系数的显著性检验

(1) 提出假设。

$$H_0:\beta_1=0;H_1:\beta_1\neq 0$$

(2) t 检验的计算公式为 $t=\frac{\hat{\beta}_1}{S_1}$，其中 S_1 是回归系数估计量 $\hat{\beta}_1$ 的标准差。

$$S_1 = \sqrt{\mathrm{Var}(\hat{\beta}_1)} = \frac{S_{yx}}{\sqrt{\sum (x - \bar{x})^2}} \tag{11-17}$$

(3) 给定显著性水平 α，确定临界值 $t_{\alpha/2}(n-2)$。

(4) 若 $|t| \geqslant t_{\alpha/2}(n-2)$，则拒绝 H_0，接受备择假设，即总体回归系数 $\beta_1 \neq 0$；否则不能拒绝 H_0。

［**例 11-5**］ 根据例 11-1 的资料，计算可决系数、估计标准误差，并对回归方程进行检验（$\alpha = 0.05$）。

首先将每个 x 代入回归方程 $\hat{y} = 181.583\,0 + 0.441\,4x$，得到一个 $\hat{y}$ 序列，再根据式（11-15）、式（11-16）、式（11-17）和 $S_{yx} = \hat{\sigma}$，将有关数据代入计算，可以用 Excel 软件辅助计算，如表 11-4 所示。

表 11-4　计算检验回归方程统计量的辅助表

年份编号	人均国内生产总值/元	人均消费金额/元	y^2	xy	$\hat{y}$	$(\hat{y}-\bar{y})^2$	$(y-\bar{y})^2$	$(y-\hat{y})^2$	$(x-\bar{x})^2$
	x	y							
1	4 854	2 236	4 999 696	10 853 544	2 324.151 104	754 319.283	915 211.111 1	7 770.617 09	3 871 712.111
2	5 576	2 641	6 974 881	14 726 216	2 642.837 316	302 312.315 2	304 336.111 1	3.375 729 07	1 551 685.444
3	6 054	2 834	8 031 556	17 157 036	2 853.823 478	114 814.706 4	128 641.777 8	392.970 289	589 312.111 1
4	6 308	2 972	8 832 784	18 747 376	2 965.937 464	51 406.131 27	48 693.777 78	36.754 340 9	263 853.444 4
5	6 551	3 138	9 847 044	20 557 038	3 073.196 12	14 273.211 53	2 988.444 444	4 199.542 87	73 260.444 44
6	7 086	3 397	11 539 609	24 071 142	3 309.341 72	13 613.068 13	41 752.111 11	7 683.974 01	69 872.111 11
7	7 651	3 609	13 024 881	27 612 459	3 558.729 13	134 001.727	173 333.444 4	2 527.160 38	687 793.777 8
8	8 214	3 818	14 577 124	31 361 052	3 807.233 752	377 692.702 7	391 041.777 8	115.912 09	1 938 592.111
9	9 101	4 089	16 719 921	37 213 989	4 198.749 916	1 012 203.504	803 413.444 4	12 045.044	5 195 360.444
合计	61 395	28 734	94 547 496.00	202 299 852.00	28 734.00	2 774 636.65	2 809 412.00	34 775.35	14 241 442.00
均值	6 821.666 7	3 192.666 7							

可决系数　$r^2 = \dfrac{\mathrm{SSR}}{\mathrm{SST}} = \dfrac{\sum (\hat{y}_i - \bar{y})^2}{\sum (y_i - \bar{y})^2} = \dfrac{2\,774\,636.65}{2\,809\,412.00} = 0.987\,6$

估计标准误差　$S_{yx} = \sqrt{\dfrac{\sum (y_i - \hat{y}_i)^2}{n-2}} = \sqrt{\dfrac{34\,775.35}{9-2}} = \sqrt{4\,967.907\,3} = 70.483\,3$

或：

$$S_{yx} = \sqrt{\frac{\sum y^2 - \hat{\beta}_0 \sum y - \beta_1 \sum xy}{n-2}}$$

$$= \sqrt{\frac{94\,547\,496.00 - 181.583\,0 \times 28\,734 - 0.441\,4 \times 202\,299\,852.00}{9-2}}$$

$$= \sqrt{\frac{34\,735.40}{7}} = 70.44$$

t 检验：

$$S_1=\frac{S_{yx}}{\sqrt{\sum(x-\bar{x})^2}}=\frac{70.483\ 3}{\sqrt{14\ 241\ 442.00}}=0.018\ 7$$

$$t=\frac{\hat{\beta}_1}{S_1}=\frac{0.441\ 4}{0.018\ 7}=23.63$$

$\alpha=0.05, t_{\alpha/2}(n-2)=t_{0.025}(7)=2.365$，因为 $|t|=23.63>t_{\alpha/2}$，所以拒绝原假设 H_0，接受备择假设，即总体回归系数 $\beta_1\neq 0$。

或者做 F 检验：

$$\text{MSR}=\text{SSR}=\sum_{i=1}^{n}(\hat{y}_i-\bar{y})^2=2\ 774\ 636.65$$

$$\text{MSE}=\frac{\text{SSE}}{n-2}=\frac{\sum_{i=1}^{n}(y_i-\hat{y})^2}{n-2}=\frac{34\ 775.35}{9-2}=4\ 967.907\ 1$$

$$F=\frac{\text{MSR}}{\text{MSE}}=\frac{2\ 774\ 636.65}{4\ 967.907\ 1}=558.512\ 2$$

$\alpha=0.05, F_\alpha(1,n-2)=F_{0.05}(1,7)=5.59$，因为 $F=558.512\ 2>F_\alpha(1,n-2)$，所以拒绝原假设 H_0，说明总体回归系数 $\beta_1\neq 0$。

Excel 解决方案

①将数据输入工作表中，如图 11-6 所示；

②选择菜单“工具”—“数据分析”，打开“数据分析”对话框，如图 11-7 所示；

③选择其中的“回归”，打开“回归”对话框，如图 11-8 所示；

④正确填写相关信息后，单击“确定”按钮，结果在 B16 到 J33 这个区域内显示，如图 11-9 所示。

年份编号	人均国内生产总值（x）	人均消费金额（y）
1	4854	2236
2	5576	2641
3	6054	2834
4	6308	2972
5	6551	3138
6	7086	3397
7	7651	3609
8	8214	3818
9	9101	4089

图 11-6　数据输入

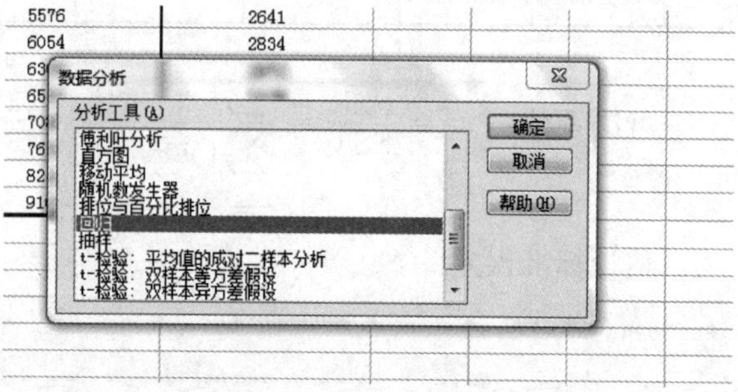

图 11-7　“数据分析”对话框

四、一元回归方程的预测区间

建立回归模型的目的就是能够用它进行预测，经过检验的回归方程可以用于区间估计。所谓回归分析的预测区间，是指对于给定的 x 值，求出 y 的平均值的置信区间或 y 的一个个别值

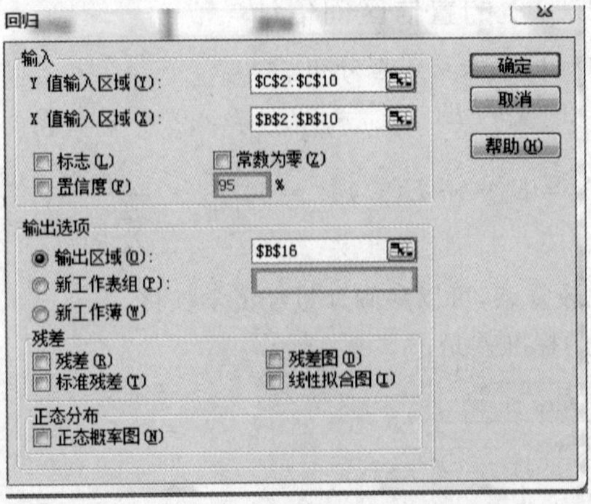

图 11-8 “回归”分析工具对话框

	B	C	D	E	F	G	H	I	J
13									
14									
15									
16	SUMMARY OUTPUT								
17									
18	回归统计								
19	Multiple R	0.993791648	相关系数						
20	R Square	0.98762184	可决系数						
21	Adjusted R Square	0.985853532							
22	标准误差	70.48338284	估计标准误差						
23	观测值	9							
24									
25	方差分析								
26		df	SS	MS	F	Significance F			
27	回归分析	1	2774637	2774637	558.5122	6.17064E-08			
28	残差	7	34775.35	4967.907					
29	总计	8	2809412						
30									
31		Coefficients	标准误差	t Stat	P-value	Lower 95%	Upper 95%	下限 95.0%	上限 95.0%
32	Intercept	181.626349	129.5571	1.401901	0.203696	-124.7276174	487.9803	-124.7276	487.98032
33	X Variable 1	0.441393645	0.018677	23.63286	6.17E-08	0.39722929	0.485558	0.3972293	0.485558
34									
35									

图 11-9 回归分析结果截图

的预测区间，如图 11-10 所示。

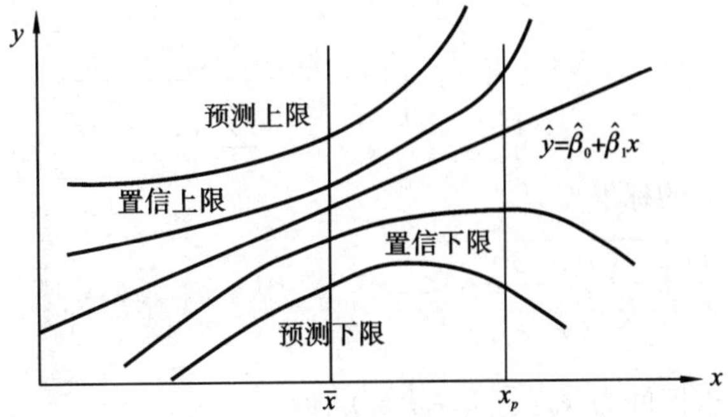

图 11-10 回归分析的区间估计

当自变量给定要预测因变量时，先将 $x=x_0$ 代入式(11-8)，得 $\hat{y}_0$。$\hat{y}_0$ 是对应于 x_0 的点估计值，但我们往往更希望能给出因变量的一个预测值范围。

（一）Y 的平均值 $E(y_0)$ 的置信区间估计

残差为 $\delta_0=\hat{y}_0-E(y_0)$，$\delta_0$ 服从正态分布。

δ_0 的期望　$E(\delta_0)=E[\hat{y}_0-E(y_0)]=(\beta_0+\beta_1x_0)-(\beta_0+\beta_1x_0)=0$

δ_0 的方差　$\mathrm{Var}\,(\delta_0)=E[\hat{y}_0-E(y_0)]^2=\sigma^2\left[\dfrac{1}{n}+\dfrac{(x_0-\bar{x})^2}{\sum\limits_{i=1}^{n}(x_i-\bar{x})^2}\right]$

这部分的公式推导比较复杂，可以参阅计量经济学教材。

用 S_{yx}^2 替代 σ^2，则 δ_0 的标准差是：

$$\sigma(\delta_0)=S_{yx}\sqrt{\frac{1}{n}+\frac{(x_0-\bar{x})^2}{\sum\limits_{i=1}^{n}(x_i-\bar{x})^2}}$$

则 $E(y_0)$ 的 $1-\alpha$ 的置信区间为 $\hat{y}_0\pm t_{\alpha/2}\cdot\sigma(\delta_0)$，即：

$$\hat{y}_0\pm t_{\alpha/2}\cdot S_{yx}\sqrt{\frac{1}{n}+\frac{(x_0-\bar{x})^2}{\sum\limits_{i=1}^{n}(x_i-\bar{x})^2}}\tag{11-18}$$

（二）Y 的个别值 y_0 的置信区间估计

残差为 $e_0=\hat{y}_0-y_0$，e_0 服从正态分布。

e_0 的期望　$E(e_0)=E[\hat{y}_0-y_0]=(\beta_0+\beta_1x_0)-[\beta_0+\beta_1x_0+E(\varepsilon)]=0$

e_0 的方差　$\mathrm{Var}\,(e_0)=\mathrm{Var}\,(\hat{y}_0-y_0)$

因为 $\hat{y}_0$ 与 y_0 相互独立，且

$$\mathrm{Var}\,(\hat{y}_0)=E[\hat{y}_0-E(y_0)]^2=\mathrm{Var}\,(\delta_0)$$

$$\mathrm{Var}\,(y_0)=\mathrm{Var}\,(\beta_0+\beta_1x_0+\varepsilon_0)=\mathrm{Var}\,(\varepsilon_0)=\sigma^2$$

所以

$$\begin{aligned}\mathrm{Var}\,(e_0)&=\mathrm{Var}\,(\hat{y}_0)+\mathrm{Var}\,(y_0)\\&=\sigma^2\left[\frac{1}{n}+\frac{(x_0-\bar{x})^2}{\sum\limits_{i=1}^{n}(x_i-\bar{x})^2}\right]+\sigma^2\\&=\sigma^2\left[1+\frac{1}{n}+\frac{(x_0-\bar{x})^2}{\sum\limits_{i=1}^{n}(x_i-\bar{x})^2}\right]\end{aligned}$$

用 S_{yx}^2 替代 σ^2，则 e_0 的标准差是：

$$\sigma(e_0)=S_{yx}\sqrt{1+\frac{1}{n}+\frac{(x_0-\bar{x})^2}{\sum\limits_{i=1}^{n}(x_i-\bar{x})^2}}$$

则 y_0 的 $1-\alpha$ 的置信区间为 $\hat{y}_0\pm t_{\alpha/2}\cdot\sigma(e_0)$，即：

$$\hat{y}_0\pm t_{\alpha/2}\cdot S_{yx}\sqrt{1+\frac{1}{n}+\frac{(x_0-\bar{x})^2}{\sum\limits_{i=1}^{n}(x_i-\bar{x})^2}}\tag{11-19}$$

归纳两个预测区间的特点：首先，由于 $\mathrm{Var}(\delta_0)<\mathrm{Var}(e_0)$，故总体均值的预测区间比个别值

的预测区间要窄；其次，样本容量 n 越大，则残差的方差越小，预测精度越高；最后，在 n 一定时，当预测点 $x_0=\bar{x}$ 时，残差的方差最小，预测区间最窄；离 $\bar{x}$ 越远，残差的方差越大，预测区间越宽，预测的可信度下降。

[**例 11-6**] 根据例 11-1 的资料，若第 10 年的人均 GDP 为 10 000 元，求人均消费 95%的置信区间。

将 $x_0=10\ 000$ 代入回归方程，得：$\hat{y}_0=181.583\ 0+0.441\ 4\times10\ 000=4\ 595.583\ 0$

查表得 $t_{\alpha/2}(7)=2.365$，其他数据参见表 11-4，代入式(11-18)和式(11-19)。

Y 的平均值的 95%的置信区间：

$$\hat{y}_0 \pm t_{\alpha/2}\cdot S_{yx}\sqrt{\frac{1}{n}+\frac{(x_0-\bar{x})^2}{\sum_{i=1}^{n}(x_i-\bar{x})^2}}$$

$$=\left[4\ 595.583\pm2.365\times70.483\ 3\times\sqrt{\frac{1}{9}+\frac{(10\ 000-6\ 821.666\ 7)^2}{14\ 241\ 442.00}}\right]\text{元}$$

$$=(4\ 595.583\pm150.987)\text{元}$$

$$=4\ 444.596\sim4\ 746.570\ \text{元}$$

Y 的个别值的 95%的置信区间：

$$\hat{y}_0 \pm t_{\alpha/2}\cdot S_{yx}\sqrt{1+\frac{1}{n}+\frac{(x_0-\bar{x})^2}{\sum_{i=1}^{n}(x_i-\bar{x})^2}}$$

$$=\left[4\ 595.583\pm2.365\times70.483\ 3\times\sqrt{1+\frac{1}{9}+\frac{(10\ 000-6\ 821.666\ 7)^2}{14\ 241\ 442.00}}\right]\text{元}$$

$$=(4\ 595.583\pm224.908)\text{元}=4\ 370.675\sim4\ 820.491\ \text{元}$$

【本章小结】

一般来说，相关分析是研究两个或两个以上变量之间相关程度大小以及用一定函数来表达现象之间相互关系的形式。而回归分析是研究现象之间的一般关系，求出关系方程式，由此从自变量的一个值推断因变量可能的值。在应用相关与回归分析时应注意要在定性分析的基础上进行定量分析，在确定哪些变量作自变量，哪些变量作因变量之前，必须对所研究的问题有充分、正确的认识，若对本来没有内在关系的现象盲目进行相关分析，将导致“虚假相关”的错误。还需注意的是，利用直线回归方程估计或预测，一般只限于原实际观察值变动的范围之内，若给定的值超过观察值的范围，就是延伸回归直线进行外推预测，其把握性较小。

相关分析是回归分析的基础和前提，回归分析则是相关分析的深入和继续。相关分析需要依靠回归分析来表现变量之间数量相关的具体形式，而回归分析则需要依靠相关分析来表现变量之间数量变化的相关程度。在具体应用过程中，只有把相关分析和回归分析结合起来，才能达到研究和分析的目的。

相关分析与回归分析的区别如下：

(1) 相关分析主要通过相关系数观察变量之间相关关系的密切程度和方向，不能估计推算变量之间相互关系的具体形式；而回归分析则是研究变量之间相互关系的具体形式，确定一个相关的数学表达式，用自变量数值推算因变量的估计值。

(2) 相关关系中两个变量可以都是随机变量，且变量之间不必区别自变量和因变量。而回归分析研究一个随机变量(Y)与另一个非随机变量(X)之间的相互关系，且变量之间必须区别自变量和因变量。

【练习题】

一、单项选择题

1. 变量 x 与 y 之间的负相关是指(　　)。

A. x 数值增大时 y 也随之增大

B. x 数值减少时 y 也随之减少

C. x 数值增大(或减少)时 y 随之减少(或增大)

D. y 的取值几乎不受 x 取值的影响

2. 下列各直线回归方程中，不正确的是(　　)。

A. $\hat{Y}=15+7X, r=0.92$　　B. $\hat{Y}=20-5X, r=0.85$

C. $\hat{Y}=-10+2X, r=0.78$　　D. $\hat{Y}=5-3X, r=-0.69$

3. 在回归直线 $E(Y)=\beta_0+\beta_1 x$ 中，回归系数 β_1 表示(　　)。

A. 当 $x=0$ 时，y 的期望值　　B. x 变动一个单位时 y 的变动总额

C. y 变动一个单位时 x 的平均变动量　　D. x 变动一个单位时 y 的平均变动量

4. 说明回归直线拟合程度的统计量主要是(　　)。

A. 相关系数　　B. 回归系数　　C. 决定系数　　D. 估计标准误差

5. 已知 $\sum(x-\overline{x})^2$ 是 $\sum(y-\overline{y})^2$ 的 2 倍，$\sum(x-\overline{x})(y-\overline{y})$ 是 $\sum(y-\overline{y})^2$ 的 1.2 倍，相关系数 $r=$(　　)。

A. $\sqrt{2}/1.2$　　B. $1.2/\sqrt{2}$　　C. 0.92　　D. 0.65

6. 计算估计标准误差的依据是因变量的(　　)。

A. 数列　　B. 总变差　　C. 回归变差　　D. 剩余变差

7. 如果变量 x 与 y 之间的相关系数 $\rho=1$，则说明两个变量之间是(　　)。

A. 完全不相关　　B. 完全正相关

C. 完全正线性相关　　D. 高度相关

8. 多元线性回归模型 $Y=\beta_0+\beta_1 x_1+\beta_2 x_2+\cdots+\beta_p x_p+\varepsilon$ 中的回归系数 β_2 表示(　　)。

A. 当 $x_2=0$ 时，y 的期望值

B. x_2 变动一单位时 y 的变动额

C. x_2 变动一单位时 y 的平均变动量

D. 在其他条件不变的情况下，x_2 变动一个单位时 y 的平均变动量

9. 对整个多元线性回归模型的显著性检验，应采用(　　)。

A. z 检验　　B. t 检验　　C. F 检验　　D. χ^2 检验

10. 设某种产品的产量为 1 000 件时，其生产成本为 30 000 元，其中固定成本为 6 000 元，则总生产成本对产量的一元线性回归方程为(　　)。

A. $Y=6+0.24x$　　B. $Y=6\,000+24x$

C. $Y=24\,000+6x$　　D. $Y=24+6\,000x$

二、多项选择题

1. 单位产品成本对产量的一元线性回归方程为 $Y=85-5.6x$，x 的单位为千件，Y 的单位是元，这意味着(　　)。

A. 单位成本与产量之间存在着负相关关系

B. 单位成本与产量之间是正相关关系

C. 产量为 1 000 件时，单位成本为 711.4 元

D. 产量每增加 1 000 件，单位成本平均增加 5.6 元

E. 产量每增加 1 000 件，单位成本平均减少 5.6 元

2. 如果两个变量之间的线性相关程度很高，则其相关系数应接近于(　　)。

A. 0.5　　B. −0.5　　C. 0　　D. 1　　E. −1

3. 线性回归分析中的回归平方和是指(　　)。

A. 实际值与平均值的离差平方和　　B. 估计值与平均值的离差平方和

C. 由自变量变动所引起的变差　　D. 受随机变量变动的影响所产生的误差

E. 总变差与残差平方和之差

4. 下列关于相关关系和函数关系的表述中，正确的是(　　)。

A. 函数关系是相关关系的一种特例　　B. 相关关系是函数关系的一种特例

C. 函数关系就是完全相关关系　　D. 相关关系就是线性相关关系

E. 完全不相关就是独立

5. 如果变量 x 与 y 之间没有线性相关关系，则(　　)。

A. 相关系数为 0　　B. 线性回归系数为 0

C. 可决系数为 0　　D. 估计标准误差为 0

E. 变量 x 与 y 不一定独立

6. 如果两个变量之间完全线性相关，则以下结论中正确的有(　　)。

A. 相关系数 $|r|=1$　　B. 可决系数 $r^2=1$

C. 估计标准误差 $S_y=1$　　D. 估计标准误差 $S_y=0$

E. 回归系数 $\beta_1>0$

三、计算题

1. 某公司 8 个下属企业的产品销售资料如表 11-5 所示。

表 11-5　某公司下属企业的产品销售量资料

企 业 编 号	产品销售额/万元	销售利润/万元
1	170	8.1
2	220	12.5
3	390	18.0
4	430	22.0
5	480	26.5
6	650	40.0
7	850	64.0

续表

企 业 编 号	产品销售额/万元	销售利润/万元
8	1 000	611.0

要求：

(1) 画出相关图，并判断产品销售额与销售利润之间的相关方向；

(2) 计算相关系数，指出产品销售额和销售利润之间的相关方向和相关程度；

(3) 确定自变量和因变量，求出直线回归方程；

(4) 计算估计标准误差 S_{yx}；

(5) 对方程中回归系数的经济意义做出解释；

(6) 在 95%的概率保证下，求当产品销售额为 1 200 万元时销售利润额的置信区间。

2. 某公司 10 家下属企业的产量与生产费用之间的关系如表 11-6 所示。

表 11-6　某公司下属企业的产量与生产费用

产量/万件	40	42	48	55	65	79	88	100	120	140
单位生产费用/元	150	140	138	135	120	110	105	98	88	78

要求：

(1) 画出相关图，并判断产量与单位生产费用之间的相关方向；

(2) 计算相关系数，指出产量与单位生产费用之间的相关方向和相关程度；

(3) 确定自变量和因变量，拟合直线回归方程；

(4) 计算估计标准误差 S_{yx}；

(5) 对相关系数进行检验(显著性水平取 0.05)；

(6) 对回归系数进行检验(显著性水平取 0.05)；

(7) 在 95%的概率保证下，求当产量为 130 万件时单位生产费用的置信区间。

3. 设某企业近年来总成本与产量的资料如表 11-7 所示。

表 11-7　某企业近年来的总成本与产量

年　　份	总成本 Y	产量 X	年　　份	总成本 Y	产量 X
2013	32 900	400	2013	86 300	900
2014	52 400	600	2014	139 000	1 200
2015	42 400	500	2015	115 700	1 100
2016	62 900	700	2016	154 800	1 300
2017	74 100	800	2017	178 700	1 400
2018	100 000	1 000	2018	203 100	1 500

要求：

(1) 试着拟合以下总成本函数：$Y_t = \beta_0 + \beta_1 x_t + \beta_2 x_t^2 + \beta_3 x_t^3 + \varepsilon_t$；

(2) 试根据以上结果推算总产量为 1 350 时单位产品的平均成本。

参考文献

[1]施金龙,吕洁,施然.应用统计学[M].南京:南京大学出版社,2016.
[2]刘瑾,葛联迎.统计学[M].北京:中国财政经济出版社,2014.
[3]陶立新.应用统计学[M].北京:北京交通大学出版社,2012.
[4]杨孝安.统计学原理[M].北京:北京理工大学出版社,2012.
[5]邓红,向辉.统计学基础[M].2版.北京:北京理工大学出版社,2015.
[6]马冀,赵养森,罗宏.统计基础与实用方法[M].上海:立信会计出版社,2012.
[7]卞毓宁,统计学概论[M].5版.北京:高等教育出版社,2014.
[8]陈建宏,杨彦柱.统计学基础[M].北京:北京理工大学出版社,2013.
[9]刘治,张晓艳 .统计基础与实务[M].北京:航空工业出版社,2014.
[10]胡恩生,曹时军.统计学[M].长沙:湖南师范大学出版社,2014.
[11]杨鑫慧.统计基础与实务[M].上海:立信会计出版社,2014.
[12]曾玉林,赵小明.统计学[M].长春:吉林大学出版社,2015.
[13]田浩.统计学[M].武汉:武汉大学出版社,2011.
[14]李卉妍,王浩. 统计学——原理与SPSS应用[M].北京:机械工业出版社,2013.
[15]尼尔·J.萨尔金德.爱上统计学[M].史玲玲,译.重庆:重庆大学出版社,2008.
[16]拉里·戈尼克,沃克特·史密斯.漫画玩转统计学[M].袁航,译.北京:中国人口出版社,2010.
[17]贾俊平,何晓群,金勇进.统计学[M].7版.北京:中国人民大学出版社,2018.
[18]曾五一.统计调查体系与调查方法问题研究[M].北京:中国统计出版社,2009.
[19]陈珍珍.统计学[M].4版.厦门:厦门大学出版社,2011.
[20]陈珍珍.《统计学》学习指导与练习[M].3版.厦门:厦门大学出版社,2010.
[21]龚秀芳,杭爱明,康正发.统计学基础[M].上海:立信会计出版社,2014.
[22]刘学华,刘荣多,袁淑辉,等.统计学原理[M].上海:立信会计出版社,2012.
[23]孙桂娟,殷晓彦.统计学原理[M].大连:大连理工大学出版社,2011.
[24]威廉·M.门登霍尔,特里·L.辛西奇.统计学[M].关静,等,译.6版.北京:机械工业出版社,2018.
[25]李舰.统计之美:人工智能时代的科学思维[M].北京:电子工业出版社,2019.
[26]戴维·莱文,凯瑟琳·赛贝特,戴维·斯蒂芬.商务统计学[M].岳海燕,胡宾海,等,译.7版.北京:中国人民大学出版社,2017.